本书为国家社科基金项目"数字劳动：数字传播时代的网络用
（编号：23FXWB018）的阶段性成果。

新闻游戏的发展进路研究

基于游戏技术可供性的视角

杨逐原　著

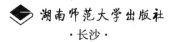

湖南师范大学出版社

·长沙·

图书在版编目（CIP）数据

新闻游戏的发展进路研究：基于游戏技术可供性的视角 / 杨逐原著.
--长沙：湖南师范大学出版社，2024.12
ISBN 978 - 7 - 5648 - 5366 - 2

Ⅰ.①新…　Ⅱ.①杨…　Ⅲ.①新闻—游戏—产业发展—研究—中国
Ⅳ.①G210

中国国家版本馆 CIP 数据核字（2024）第 060547 号

新闻游戏的发展进路研究：基于游戏技术可供性的视角
Xinwen Youxi de Fazhan Jinlu Yanjiu：Jiyu Youxi Jishu Kegongxing de Shijiao

杨逐原　著

◇出　版　人：吴真文
◇组稿编辑：李　阳
◇责任编辑：李　阳
◇责任校对：张圣仪　谢兰梅
◇出版发行：湖南师范大学出版社
　　　　　　地址/长沙市岳麓区　邮编/410081
　　　　　　电话/0731 - 88873071　0731 - 88873070　0731 - 88872256
　　　　　　网址/https：//press. hunnu. edu. cn
◇经销：新华书店
◇印刷：长沙市宏发印刷有限公司
◇开本：710 mm×1000 mm　1/16
◇印张：16
◇字数：280 千字
◇版次：2024 年 12 月第 1 版
◇印次：2024 年 12 月第 1 次印刷
◇书号：ISBN 978 - 7 - 5648 - 5366 - 2
◇定价：69.80 元

凡购本书，如有缺页、倒页、脱页，由本社发行部调换。
投稿热线：0731 - 88872256　微信：ly13975805626　QQ：1349748847

目 录

第一章
新闻游戏概述

在信息传播科技的赋能下，看似关联不大的游戏和新闻产生了密切的联系，催生了一种全新的新闻模式——新闻游戏。新闻游戏是新闻与游戏技术相结合的产物，它以游戏的形式来承载新闻，游戏成为一种媒介，但新闻依然是主角。

第一节　新闻游戏的内涵、类型及特征

作为一种新兴的新闻样式，新闻游戏一兴起就广受追捧。虽然人们对新闻游戏究竟为何物尚存在着诸多争议，但新闻与游戏的融合正进一步加深，以游戏的手段来报道新闻已逐渐成为常态。

一、新闻游戏的内涵

在虚拟现实技术的赋能下，大众传播媒体生产、传播新闻的方式发生了重要的变化，以游戏的程序化方式来讲述新闻故事，能够让玩家（本书所提及的玩家，特指新闻游戏的受众）以第一人称的视角来体验新闻，并参与到新闻的叙事之中，为新闻游戏的发展注入了全新的活力。

"新闻游戏"（News Games）一词最早由弗拉斯卡提出，用来指那些具有新闻价值事件的视频游戏。[①] 对于社会大众来说，新闻游戏的兴起正当其

---

① BOGOST L, FERRARI S, SCHWEIZER B. News games: journalism at play ［M］. Cambridge, MA: The MIT Press, 2010: 13.

时。众所周知，在新媒体时代，受众的需求已发生了显著的变化：第一，社交和娱乐成为最为重要的需求。有道是无社交不新闻，无娱乐性难以激发受众的兴趣。传统的新闻报道已越来越难以吸引受众的眼球，倒是各种网游、手游夺走了他们的大部分时间。就算是有新闻消费的需求，受众也往往选择能够与其他人互动、具有体验感的新闻形式。在这种情况下，越来越多的新闻工作者不得不考虑新闻报道形式的创新问题，他们精心拆分新闻报道，萃取新闻的核心内容、提炼出最重要的观点，以更为轻松、更具体验感的方式报道出去，而新闻游戏正是其中的一种新型报道形式。第二，体验式阅读已成为受众的一种重要习惯。在信息过载的新媒体空间中，受众的信息消费被滚滚的信息洪流包裹着，他们难以一一阅读，因而只接受最核心、最关键的信息就成为必然选择，很多人甚至只看标题和摘要（导语），但在各种网络游戏中，他们却能够乐此不疲地连夜奋战，因而以游戏的手段来承载新闻，能够让他们花较长时间沉浸于新闻之中，从而不断了解新闻的全貌。第三，信息可视化成为刺激受众选择新闻的一个重要因素。信息可视化不仅能够直观地呈现新闻要点，而且能够给受众有图有真相的感觉，而以"游戏化"的手段来报道新闻，正是一种重要的信息可视化方式。

当前，关于新闻游戏的定义比较多，其中较有代表性的主要有以下几种：一种观点认为新闻游戏就是以游戏的手段来对新闻事件进行报道的新闻形式。如杨保军就指出，新闻游戏实质上是对有关新闻事实的符号化或新闻报道的再符号化，更多时候是以既有的相关报道为蓝本，对新闻事件、新闻事实的再处理。[①] 一种观点则认为新闻游戏就是基于新闻事件来制作的游戏。如黄鸣奋认为，新闻游戏是视频游戏的一种，特点是力求应用新闻学原则去开发游戏的媒体功能，通常基于真实事件和问题，为玩家提供基于真实世界资源的虚拟体验。[②] 还有一种观点认为新闻游戏是介于新闻与游戏之间的作品。如在张建中等人看来，对新闻游戏尤为推崇的博格斯特就

认为新闻游戏是指介于视频游戏和新闻报道之间的大型报道作品。①

由此可知，我们需要对新闻游戏进行科学的界定。从根本上来说，新闻游戏就是将游戏作为承载新闻的媒介，以游戏的程序化修辞手段来呈现新闻内容，让玩家能够在获取信息的过程中扮演特定的角色，在充满悬念的场景中开展信息接收活动，并由此获得沉浸式体验的一种新闻报道方式。在社交媒体技术的赋能下，游戏的互动、虚拟现实等功能可以为新闻行业所运用。因而新闻游戏通常采用构建特定游戏模型的方式来让玩家在游戏的体验中开展互动活动，以获取特定的信息。事实上，远在原始媒介时期，人们就可以通过游戏的形式来了解很多东西，从而有效地推进自身的社会化进程。随后，在工业社会和电子信息社会，游戏的内涵得以不断丰富。而在数字社会中，游戏的指代逐渐被固化——体现为一种交互式的娱乐及体验活动。正如尚国强所说："游戏概念的改变正是伴随着大众传播媒介的改变而演化成并拥有了符合其所处时代媒介特点的语义。"② 因而，在今天的语境中，游戏多指以数字技术为支撑的游戏形式。借助游戏这一特定的表达形式，信息的获取得以在互动中展开。与传统时期的游戏不同，社交媒体时代的游戏的可接近性更强，玩家能够在信息获取中形成更广泛意义上的体验文化。

在谈及新闻游戏时，有一个问题需要明确，即"新闻 + 游戏"是否就是"新闻游戏"。事实上，这个问题涉及新闻游戏的边界问题。从表面意思来看，似乎"新闻游戏 = 新闻 + 游戏"，但这个等号的成立是有条件的——那种单纯的商业行为，即由游戏公司以某种特定的事件为噱头，只是为了提升玩家的娱乐感而获取利益，在制作中虚构故事情节，放弃传递真实和正确信息的游戏，其本质是新闻的"游戏化"，而非新闻游戏。新闻游戏虽然拓展了新闻生产和传播的边界，但这种拓展是有限度的，新闻游戏中的游戏是具备新闻价值的游戏，最明显的就是内容提供商应该是从事新闻生产和传播的主体，这关系到新闻生产和传播的合法性问题。此外，新闻游

---

① 张建中，王天定. 迈向新的媒体融合：当新闻遭遇游戏 [J]. 现代传播（中国传媒大学学报），2016（11）：111.

② 尚国强. 新媒介技术环境下中国电子游戏文化研究 [D]. 长春：吉林大学，2020：14.

戏需要遵循新闻报道中的伦理问题，即生产、传播的新闻必须是真实的、严肃的，不能是虚假的、错误的、庸俗的，不能对社会造成危害。一句话，新闻是核心，游戏是新闻的支撑结构和表达形态，新闻游戏中的知识必须是正确的、有价值的，玩家在"游戏化"的体验中能够对各种新闻事件进行查证和反思，他们不是被商业完全绑架的消费者。也就是说，新闻游戏应该塑造一种有利于新闻生产、传播和消费的公共领域。

由此可知，新闻游戏其实就是媒介技术的发展对人类新闻生产、传播活动的一种补偿方式。早在1984年，莱文森就提出了"补偿性媒介"的概念，认为媒介的发展史就是媒介不断进行补偿的一个过程，媒介进化是媒介与媒介之间的补偿。新闻游戏是将游戏技术作为人类新闻生产、传播活动中的一种知识可视化的表现形式，它采用多媒体手段来传播新闻信息。在社交媒体时代，新闻游戏对玩家的信息接收的补偿是多方面的，与主要以文字、图像传达信息的报道方式不同，新闻游戏更加关注新闻内容的互动化、多媒体化表述，其融媒体的叙事模式能够让玩家体验到更为立体化的信息，并能够让他们在体验中对信息进行再认知、再创造。因此，新闻游戏能够从主体认知、信息认知与情景感知等多方面对玩家进行补偿。

社交媒介技术补偿下的新闻游戏，以一种比之前的媒介更具体验感的游戏媒介为载体，借助游戏特有的程序修辞来激发新闻的趣味性和交互性。在每一个游戏中，大众传播媒体都能提供一个独立的新闻产品，而这些产品均能够遵循新闻报道的原则与规范，能够帮助玩家更为生动、更为全面地理解相关的新闻信息。与之前的新闻报道相比，新闻游戏具有程序化传播、沉浸式体验、互动性叙事、多媒体化表达等特征。在新闻信息的获取中，玩家可以从旁观者变成行动主体，参与到新闻的生产与再生产之中。新闻游戏构建的是一个开放式的新闻生产和传播空间，玩家能够在游戏的虚拟空间中感受现实世界的语境，更容易受到启发。正因为如此，作为一种极为新颖的报道方式，新闻游戏已在新闻传播领域掀起了不小的波澜，越来越多的大众传播媒体都采用游戏的手段来生产和传播新闻，这一手段让玩家以特定的角色融入相关的报道情境之中，沉浸地体验人世间的悲欢离合。一句话，新闻游戏通过模拟新闻事件发生的现场，将玩家带入特定的情境之中，让他们产生在场感，并让他们通过游戏的程序化修辞方式不断体验新闻故事。需要指出的是,新闻游戏是独立的作品新闻,而不是仅提供新闻背景或只是对新闻报道进行补充的新闻形式。

二、新闻游戏的类型

按照不同的标准,新闻游戏可以分为不同的类型。目前来说,学界主要从概念、呈现形态、内容题材、功能等方面对新闻游戏进行分类。

(一) 按概念来分

从概念方面来看,新闻游戏可以分为以下两种类型。

1. 由新闻事件改编而来的较为严肃的游戏

所谓"严肃游戏",是指在游戏中模拟现实世界发生的各种事件和各类现象,并为解决相应的问题提供有效的途径和措施的游戏,如《马德里》(*Madrid*)、《企鹅大战流氓》以及《钉子户大战拆迁队》等。一般来说,这类新闻游戏的"游戏化"特征较为突出,虽然游戏的设计是根据真实的新闻事件来进行的,但设计的主体往往是专门的游戏公司或者林林总总的游戏工作室,它们不追求新闻的时效性,不注重介绍新闻事件的相关背景,所制作出来的游戏形式比较单一,最关键的是不讲求新闻的客观性,而是在特定需求的驱使下来进行设计,很难凸显新闻报道的规律,因而这类新闻游戏不应该被纳入新闻报道的范畴之中。

2. 以游戏的程序化叙事来呈现的新闻

这类新闻游戏以游戏的程序化修辞策略来报道新闻,游戏成为新闻报道的一种重要方式。这类新闻游戏一般由大众传播媒体制作,属于一种典型的新闻生产和传播方式。它致力于通过游戏的手段来呈现新闻,让各种信息表达形式如文字、图片、音频、视频、动画等相互交融,立体化地开展新闻报道,因而可被视为一种"原生性"的报道,如《救救达尔富尔》(*Darfur is Dying*)、《刺杀肯尼迪:重装》(*JFK:Reloaded*)等。

(二) 按呈现形态来分

从呈现形态方面来看,新闻游戏可以分为以下四种类型:

1. 长篇纪实类新闻游戏

这类新闻游戏主要借助游戏特有的结构元素、视频的独特呈现方式,以及不同角色相互嵌入等手段来再现新闻事实。玩家可以在玩"游戏"的过程中解码新闻事件，从而能够更加深刻地了解新闻发生、发展的过程。因此，这类新闻游戏能够遵守新闻的真实性，不过就时效性来说，这类新闻游戏却较难达到要求。如在肯尼迪遇刺 41 周年后，英国的 Traffic Software 公司才推出《刺杀肯尼迪：重装》这款游戏，并声称推出这款新闻游戏的目的是重塑历史，让世人能够从不同的角度来认识这起令人震惊的案件。就真实性来说，《刺杀肯尼迪：重装》精确地再现了事件的诸多细节，如建筑物、车速及风速、人们的衣着和面部表情等，让扮演奥斯瓦尔德（刺杀肯尼迪的凶手）的玩家能够选择更多的角度来完成刺杀任务。

2. 交互式信息图表类新闻游戏

这类新闻游戏充分利用可视化技术以及数字化等方式，极力丰富新闻的呈现形式，并用简洁、直观、明了的图表来传达信息，提供交互式体验。如《预算英雄》（*Budget Hero*）这款新闻游戏就能够让玩家扮演政府官员，他们依据国会预算办公室所提供的经济模型及数据，对经济情势作出判断，目的是削减联邦预算，并为未来三十年中的联邦预算收支平衡问题提供解决措施。

3. 电子文献式新闻游戏

这类新闻游戏由玩家、新闻和电子文献三个要素组成，玩家可以在玩"游戏"的过程中点击相关的电子文献，从而了解新闻事件发生的过程、把握新闻事件的走势，达到深入了解新闻事件的目的。如《叙利亚 1000 天》（*1000 Days of Syria*）这款新闻游戏就是为了让更多的人了解叙利亚难民的实际情况，从而反对相关的战争。在这款游戏中，玩家可以在很大的程度上感受叙利亚战争的进程（从 2011 年 3 月 15 日反对派的抗议活动开始，一直到 2013 年 12 月 9 日叙利亚化学武器储备的拆除），前后长达 1000 天的时间，涉及叙利亚动乱的诸多细节问题。

4. 对现实世界进行模仿的新闻游戏

这类新闻游戏旨在通过游戏的手法来模拟现实世界的构成体系，玩家可以通过特定的视角来认知和解决自己所遇到的各种现实问题。如在《救救达尔富尔》这款新闻游戏中，玩家就能够扮演一个达尔富尔难民，扮演者除了自己要能够生存下来以外，还要协助当地的居民取到水源。

（三）按内容题材来分

从内容题材方面来看，新闻游戏可以分为以下六种类型：

1. 政治类新闻游戏

这类新闻游戏与政治有着密切的联系，大众传播媒体关注政党、政治事件和政治人物，并将相关的新闻报道融入游戏之中，力图通过"游戏化"的手段来快速、有效地传播政治新闻，达成某种政治目的。这类游戏比较常见，如《改变》（*Changed*）、《爱荷华州的霍华德·迪恩的游戏》（*The Howard Dean for Iowa Game*）以及《美国大选预测游戏》（*America Daitouryou Senkyo*）等。

2. 社论类新闻游戏

这类新闻游戏主要是对社会时事发表看法，特地针对新近发生的新闻事件而制作的游戏。如《9 月 12 日》（*September 12th*）这款新闻游戏，就是利用游戏的手段向全世界展示：在面对恐怖主义时，如果采用军事手段来实现以暴制暴的目的，则很难达到良好的效果，相反还有可能衍生出更多的恐怖事件。

3. 报道类新闻游戏

这类新闻游戏聚焦于如何利用新闻事件来设计特定的游戏情节，让游戏的情节与新闻事件的情节完全一致，因而它是对新近发生的新闻事件的真实呈现。如网易新闻就围绕章莹颖失踪的情节，推出了《75 天了，全世界都想找到她》这款新闻游戏，把章莹颖的基本信息、失踪的过程以及相关的结果用游戏的形式展示出来。这款游戏没有加入任何主观判断的东西，只是在呈现相关的事实。

4. 小报类新闻游戏

这类新闻游戏致力于挖掘奇闻趣事、娱乐等新闻题材，以软新闻的形式出现。因而在玩游戏的过程中，玩家能够保持相对轻松、愉悦的心情。2006 年世界杯足球赛，诞生了最早的小报类新闻游戏。当时，齐达内的"头球"让世界为之喝彩，该事件被制作成小报游戏，供人们娱乐，成为这款游戏的最大卖点。就小报类新闻游戏来说，玩家需要了解事件的概况，才能领会蕴涵于其中的各种笑料的精髓。需要指出的是，小报类新闻游戏一般以营利为目的，常常带有哗众取宠的意味。

5. 记录类新闻游戏

这类新闻游戏主要以某一个历史事件为中心来制作，将历史事件变成新闻游戏。如为了隆重纪念红军长征胜利 80 周年，我国推出了《重走长征路》这款新闻游戏，将长征这一伟大的历史事件作为制作素材，让玩家扮演红军参加长征，通过自身的选择和价值判断来决定自己在长征途中的命运，达到传达长征的艰辛、展现革命先辈们一往无前的精神的目的。这类新闻游戏能够将历史事件和时代精神紧密地结合起来。

6. 编辑类新闻游戏

这类新闻游戏一般都是由专业的媒体机构来制作，或者由专业的媒介机构与游戏公司联合制作而成。在制作的过程中，制作者会对新闻事件的内容进行编辑和处理，使记者、玩家等能够铭记当下的各类重大事件。

（四）按功能来分

从功能方面来看，新闻游戏可以分为以下四种类型：

1. 倡导型新闻游戏

这类新闻游戏致力于倡导社会大众选择特定的生活方式、树立特定的生活观念，或者引发他们对某种社会现象的关注。这类新闻游戏在今天较为常见，它能够树立积极向上的精神风貌。

2. 评论型新闻游戏

这类新闻游戏围绕已发生的新闻事件来发表自己的看法，表达自己的观点和态度。相关的评论在引导社会舆论、改变人们的态度和行为方面具有较大的意义。

3. 教育型新闻游戏

这类新闻游戏主要是以"游戏化"的手段来传播新闻知识、宣传特定的观点，以期对社会大众起到宣传教育的作用。如 2006 年美国发生菠菜污染事件后，就有人根据事件的相关信息，制作出了《细菌沙拉》（*Bacteria*

Salad）这款新闻游戏，实现了高效地普及知识、澄清流言的目的，较好地维护了公共利益。

4. 解释型新闻游戏

这类新闻游戏借用大众喜闻乐见的游戏形式，对相关的新闻事件进行解释说明，以求形象、生动地向玩家解释相关事件和问题。

需要强调的是，不管是按照什么来划分，也不管划分为哪一类新闻游戏。有一点始终需要牢记，就是在选择相应的素材时，要符合新闻的价值标准，要多角度、全方位地思考与新闻事件相关的话题，让那些知晓度较高、社会影响较大、持续时间较长、符合新闻伦理的新闻在游戏技术的赋能下绽放出独特的魅力。

三、新闻游戏的特征

（一）沉浸感及互动性

新闻游戏能够让玩家在玩游戏的过程中充分感受、体验各种新闻场景，使他们能够沉浸于其中，拥有自由的视线，360 度全景了解新闻的发生和发展过程。因此，在新闻游戏的消费中，玩家能够获得前所未有的在场感与体验感。借助多媒体技术和游戏的程序化修辞手段，新闻游戏拥有了与游戏和普通新闻信息截然不同的属性，它兼具游戏的趣味性和新闻的严肃性，在内容选择上往往倾向于具有重大社会意义且时效性也较强的社会新闻，在编排方式上习惯于采用非线性的手法。此外，新闻游戏的环境是相对开放的，一个玩家可以在充分体验新闻故事的情况下与其他的玩家展开充分的互动。由于新闻游戏具有沉浸感及互动性等特征，因而其必须在两个方面把好关：一是内容符合玩家的认知期待。就内容来说，新闻游戏的沉浸感、互动性需求并不是要求大众传播媒体一味迎合玩家的娱乐放松的欲望，而是以游戏的方式传播新闻，帮助玩家更为全面和深刻地了解、把握新闻事件的内涵。二是体验、互动符合玩家的娱乐需求。新闻游戏以传播新闻为主，但需要在新闻生产和传播中营造娱乐氛围。恰如孔少华所说："沉浸式体验可分为具身性互动式体验和高峰性心流式体验，技术发展和媒介融合带来的真实感和临场感主要作用于前者，传播内容和叙事模式与玩家认知的匹配程度和娱乐放松需求的满足程度主要作用于后者。"① 由此可知，新闻游戏的娱乐需求主要是在新闻生产、传播中给予玩家多重感官的刺激，让他们保持对新闻事件的注意力、保持新闻消费中的沉浸状态。

（二）玩家能够以第一人称的视角来感知新闻现场

在传统的新闻叙事中，传播者一般都是采用第三人称的视角来开展新闻报道，这种报道方式很难让受众在消费的过程中获得沉浸式体验的感觉。而在新闻游戏的叙事中，由于充分借助 VR、AR 等技术，新闻报道从第三人称转向了第一人称，作为受众的玩家能够随时随地参与其中，在身临其境的状态下体验新闻故事并与其他玩家进行互动。更重要的是，在新闻游戏的消费中，玩家还被赋予特定的角色和身份，游戏设计按照玩家的体验建构故事，使玩家具有置身新闻现场的感受，他们也因此成为新闻的"当事人"，在对游戏的探索中变成新闻事件的亲历者。如财新周刊推出的《我是市长》这款新闻游戏，就能够让玩家承担、体验市长的角色，以第一人称的视角来治理城市环境。这款新闻游戏大大加深了玩家对社会治理的复杂性、系统性的理解，因而在全球数据新闻大赛中获得了三等奖。

（三）排他性与想象性

首先是排他性。在新闻游戏这一虚拟空间中，玩家被带入全新的信息消费场景之中，他们能够摆脱现实空间的束缚，借助各种传播技术，较为自由地参与到新闻叙事之中，其交往空间更具私密性，甚至形成一个具有"排他性"的私人空间。其次是想象性。虚拟现实技术是为了"分享想象"而诞生的。② 新闻游戏具有浓烈的设计感，其虚拟现实性特征尤为突出。利用游戏技术，人们能够构建出一个个充满想象的虚拟空间，这个空间可以是完全虚构的，也可以是以现实世界的事物为模型而构建出来的。多角度构建虚拟情境，多手段呈现新闻信息，使得新闻游戏充满想象性。众所周知，真实是新闻的生命，因而想象似乎与新闻有着不可调和的矛盾。但新

---

① 孔少华. 从 Immersion 到 Flow experience："沉浸式传播"的再认识 [J]. 首都师范大学学报（社会科学版），2019（4）：74.

② MICHAEL H. Virtual realism [M]. New York：Oxford University Press, 1998：66.

闻与想象之间并不是完全不相容的，如果从创造性思维的角度来看，新闻游戏在场景设计、程序修辞等方面的想象，能够在某种程度上满足新闻讲故事的艺术需求，如文本结构的起承转合、特殊镜头的组合调整等，这些都需要发挥想象力。不过这不能成为游戏新闻制作中凭空想象、罔顾事实的借口。

（四）新闻事件的发酵期比较长

时效性是新闻的一个特别重要的价值，受众期望在最短的时间之内获知世界变动的信息，大众传播媒体也希望通过时效性来抢占受众市场。但就新闻游戏来说，由于需要进入事发地点进行深入的调查，并需要在此基础上进行精心的设计，所以需要花费比其他新闻报道形式更多的人力、财力和时间。因此，新闻游戏的制作需要较长的时间周期，比较适合用来报道较为稳定和持续时间较长的新闻事件。也就是说，新闻游戏所报道的新闻事件一般具有较长的发酵期，它意味着新闻记者所采集到的素材要有较长时间的保鲜期。这就是大众传播媒体经常选取各种重大事件来制作新闻游戏的原因所在。当然，强调选取持续时间较长的新闻事件来制作新闻游戏，并不意味着完全排除针对持续时间相对较短的事件来制作新闻游戏的情况。

（五）角色扮演的移情化和故事情节的戏剧化

首先是角色扮演的移情化。新闻游戏是新闻和游戏的结合体，玩家可以选择新闻事件中的任何一个角色，在扮演时沉浸在特定的情景之中，根据自身的行动来推进游戏进程、了解新闻事实。新闻游戏中的情节极为丰富、环境尤为逼真，玩家对新闻、社会的感知也会由生理层面上升到心理层面，在扮演相关角色时更容易出现移情的情况，并能够在移情状态下获取各种新闻信息。其次是故事情节的戏剧化。戏剧化是新闻工作者讲述新闻故事时较为常用的一种手段，戏剧化让新闻的呈现更加跌宕起伏，更为扣人心弦。新闻游戏倾向于用游戏的手段来报道新闻，因而故事情节的戏剧化是较为常见的事情。

（六）新闻报道逻辑的重构

在对传播的仪式观进行阐述时，詹姆斯·凯瑞曾将"戏剧"和"仪式"

视为新闻和传播的隐喻，认为新闻的阅读和写作，是一个仪式化的行为，更是一种戏剧化的行为。① 一般来说，新闻报道应该具有相应的体系性，应该是完整的，但在传统的新闻报道时期，诸多媒体为了追求时效性而仅仅报道了事发时的情况，让受众在短时间之内获得碎片化的信息。这些信息主要通过文字、图片、音频和视频等方式来呈现。毋庸置疑，碎片化的新闻报道不能很好地呈现出新闻事件的戏剧性和仪式感。而在新闻游戏的报道中，其叙事程序较为复杂多样，能够独立展现较为完整的新闻故事，且玩家能够较为自由地扮演新闻事件中的相关角色，这直接触动了新闻报道逻辑重构的阀门。此外，传统时期的新闻报道是线性的，相关的活动完全围绕"5W"模式来进行，什么时间、什么地点、什么事件、什么原因、什么结果等，都按照设计好的框架来撰写，其逻辑是较为稳定的。而相对来说，新闻游戏的报道逻辑具有较大的不确定性，玩家在游戏开始时并不知道发生了什么，也不知道结局会怎么样，可正是这些不确定性因素激发了玩家的兴趣，他们试图选择不同的角色、探索不同的路径，而不同的角色扮演和不同的路径选择会产生不同的结果。如《叙利亚之旅》(*Syrian Journey*) 这款游戏就让玩家以难民的身份参与其中，但游戏会在几个极为关键的位置设置不同的逃亡路线，选择不同的路线，就会有不同的结局。这有利于玩家全面地了解叙利亚战争。

（七）新闻的商品属性更为突出

新闻具有信息、宣传、舆论和商品等多个面向，虽然新闻的商品属性早就被人们所认可，但在传统媒体时期，这一属性并不突出。而在新媒体时代，新闻的商品属性日益凸显。作为一种新兴的新闻报道方式，新闻游戏不仅为新闻报道开辟了全新的渠道，更是培养了数量尤为庞大的新型玩家。这些玩家不是被动地消费新闻信息，而是主动地参与到新闻游戏的叙事和体验之中，这就让新闻的商品属性更为突出，尤其是资本的涌入，更是加速了新闻游戏的商业化进程。在这种情况下，新闻游戏除了要遵循新闻真实、客观等原则外，还要兼顾玩家的消费需求和新闻的商品属性。

---

① 詹姆斯·凯瑞. 作为文化的传播 [M]. 丁未，译. 北京：华夏出版社，2005：19.

（八）"游戏"属性与"工作"属性并存不悖

新闻游戏的设计和制作必须同时考虑两个问题——既能将信息传达给玩家，又能增加玩家的愉悦感。由此可知，新闻游戏应该在遵循新闻价值的情况下，用游戏的形式将信息传达给玩家。这就要求新闻游戏在叙事中把握新闻的客观性，并恰当地融入游戏的元素，实现"游戏"属性和"工作"属性的有效结合，让玩家在获得信息的同时也能获得精神上的愉悦感，因而能够获得良好的传播效果。

第二节　新闻游戏兴起的动因及其发展历程

新闻游戏是新媒体时代诞生的一种新兴的新闻形式，这种新闻是在社会、技术、顶层设计、市场、文化等诸多因素的共同助推下出现的，其发展也经历了从初具雏形到趋于理性的过程。

一、新闻游戏兴起的动因

"技术—社会"的交互影响，让新闻的"游戏化"成为可能，并使新闻报道呈现蓬勃生机，新闻游戏正成为当今新闻报道中的一道靓丽的风景线，新闻内容的生产与传播、玩家的新闻获取行为均呈现出"游戏化"的表征。从"技术—社会"互构的角度来说，新闻游戏兴起的动因主要体现在以下几个方面。

（一）社会的合理控制

在大众传播的游戏理论看来，任何一种新闻形式的诞生，都离不开社会控制。与其他的新闻报道方式一样，新闻游戏也是受到社会控制的。这里所说的社会控制，是指新闻报道必须遵循主流的价值观念，必须遵循新闻的客观规律，同时还要契合社会大众的消费需求。实事求是地说，只有基于合理的社会控制，新闻游戏方能获得长足的发展。不符合社会控制或者没有社会控制，新闻游戏就只是昙花一现的东西，很快就会被淹没在浩如烟海的信息洪流之中。就我国来说，新闻游戏的报道必须坚持马克思主义在意识形态领域的指导地位，必须践行社会主义核心价值观。在做到这些要求的基础上，新闻游戏还要始终坚持新闻的真实性原则、坚持客观性报道、坚持正面宣传为主的方针。也就是说，新闻游戏和其他的新闻报道形式一样，都是以社会大众为对象而进行的大规模信息生产和传播活动，都要参与到社会舆论的引导之中。需要指出的是，强调对新闻游戏进行合理的社会控制，并不是要否认新闻游戏自身的游戏属性，新闻游戏需要充分借助游戏的叙事特征来生产和传播信息。此外，在新媒体时代，玩家的信息消费习惯已经发生了巨大的变化，这也要求新闻游戏的生产者、传播者积极培育社会大众的"游戏化"阅读素养，以取得良好的传播效果。

（二）新兴传播科技的赋能

社交化、移动化、虚拟现实、动画等技术，尤其是游戏技术的赋能，是"新闻游戏"产生的重要杠杆。科技的进步为大众传播媒体探索更为丰富和多元的报道模式提供了更大的空间，正是在各种新兴传播科技的赋能下，新闻逐渐与游戏融合起来，而作为这二者融合物的新闻游戏，既拥有了新闻报道的内容优势，又拥有了游戏技术这一特殊的叙事手法，两者相辅相成，共同强化了新闻报道的效果。可以肯定，新闻游戏这一独特的报道方式，在新闻传播领域的运用将会越来越广。这是因为，具有人机交互体验的新闻游戏使原本枯燥无味的数据变得生动起来，虚拟体验刷新了社会大众获取和认知信息的方式，使新闻生产、传播和消费模式发生了巨大的变迁。作为亲身参与到新闻事件中的"当事人"，新闻游戏的玩家可以多维度、立体化地感知、把握新闻事件。如 2016 年，美国航天中心与《纽约时报》合作，启动了一个名为"探索冥王星冰冻的核心"（*Seeking Plutos Frigid Heart*）的项目，在较为全面地展示冥王星真实场景的基础上，利用相关技术构建起虚拟现实场景，让社会大众能够在虚拟场景中感知冥王星的全景镜像，不仅满足了社会大众的好奇心，也拓展了他们的想象力。

（三）顶层设计的孵化

新闻游戏的异军突起，与国家的顶层设计不无关系。近年来，我国将媒介融合提升为国家层面的战略，全面推动媒介融合发展。在这种情况下，我国的媒介生态发生了巨大的变迁，而这又触发了媒介管理理念和报道思维的变迁，多元化、体验化的报道逐渐成为主流。同时，随着媒介融合程度的不断加深，新闻业的边界也呈现出不断扩张的趋势。在媒介边界不断消失、版图不断重构的情况下，如何找到一种既坚持新闻专业主义，又充满体验感的新闻报道形式，是新闻业亟须解决的问题。要解决这一问题，就需要跟随新闻业扩张的步伐，向新闻业以外的行业去拓展新的报道模式，这就让新闻业与游戏业一拍即合，新闻游戏也应运而生。可以说，新闻游戏正是在顶层设计的加速孵化下迅速崛起的。

（四）受众地位的变化

在传统媒体时期，信息传播具有明显的单向性，受众的反馈渠道较为单一，他们往往被迫接收大众传播媒体灌输的信息。可以说，在传统媒体时期，受众有着特定的信息需求，然而他们未能和大众传播媒介进行有效的沟通，因而很难传递自身的信息需求问题。新媒体的兴起，为传受双方的平等对话提供了较大的空间，受众能够及时将自身的意见反馈给大众传播媒体，而大众传播媒体也能够及时调整相应的传播内容和方式。随着新媒体技术的进一步发展，受众的需求也逐渐向信息和体验并重的阶段发展。为了满足受众的这一需求趋势，大众传播媒体需要探索全新的报道模式，新闻游戏也应时而生。而在新媒体技术的长期熏陶下，不少受众已具备了较高的新媒体素养，他们能够较好地适应新闻游戏这一独特的报道方式。可以说，受众在信息接收中的地位的变化，是新闻游戏诞生的又一重要推动力。

（五）融合文化的勃兴

"融合文化"一词最早由亨利·詹金斯提出。在亨利·詹金斯看来，融合文化是一个新旧媒介交织、"草根"与"权威"互相碰撞、受众积极参与媒介文本生产的文化场域。① 在媒介融合的背景下，融合文化可以理解为各

---

① 亨利·詹金斯. 文本盗猎者：电视粉丝与参与式文化［M］. 郑熙青，译. 北京：北京大学出版社，2016：30.

种媒介的特定要素之间相互衔接、相互融合的现象。在新媒体时代，信息的生产主体呈现出多元化的特征，社会大众也成为信息生产和传播的重要群体。也就是说，信息生产出现了"平权化"的情况。而随着智媒体技术的普及，技术赋权更显神威，媒介融合、信息生产和传播相融合的程度进一步加深，融合文化逐渐流行起来，且在开放的新媒体空间中逐渐主导了多元化的新闻生产主体，让他们交互式、共时性地生产、传播新闻内容，且能够在不同媒体、不同平台上进行传播，也就是所谓的跨媒介叙事，它让玩家能够以亲身参与者、经历者的视角直接参与到新闻叙事之中，并获得沉浸式体验。由此可知，融合文化的勃兴引发了新闻生产和传播的变迁，能够让游戏技术与新闻有效地结合起来，为新闻游戏的产生奠定了较为坚实的基础。

（六）泛娱乐化的语境为新闻游戏的出现提供了较为肥沃的土壤

新闻游戏以游戏作为媒介来承载新闻，游戏能够满足人们的娱乐需求，让大家在充满体验感的情境中感受世界的发展变迁、感受人世间的悲欢离合。因而可以说，新闻游戏迎合了新媒体时代新闻生产和传播的泛娱乐化语境，而这一语境正是媒体吸引玩家开展信息消费活动，从而提升自身影响力的重要支撑点。这一点在新闻游戏中体现得更为明显——新闻游戏是在新闻工作者革新新闻生产和传播形态，以满足玩家的娱乐、体验需求的背景下诞生的，其发展也是在新闻工作者想方设法地让消费情景更加吸引玩家的情况下实现的。由此可知，泛娱乐化语境为新闻游戏的兴起提供了较为肥沃的土壤。需要指出的是，新闻游戏虽然是在泛娱乐化的背景下兴起的，但在报道中，新闻游戏必须承担起相应的社会角色。

二、新闻游戏的发展历程

新媒体技术的不断更迭及新闻生产与传播场景的不断变迁，推动着新闻游戏的不断发展。就目前来说，新闻游戏的发展主要经历了以下四个阶段。

（一）雏形阶段

新闻游戏是由新兴的传播科技催生的，但就游戏来说，其有着较为悠久的历史，它伴随着人类走过了极为漫长的岁月，游戏早就作为人类建立各种关系、开展各种娱乐消遣活动以及实施各种能力训练的重要工具而存在，其在人类文明的发展中留下了浓墨重彩的一笔。在相当长的一段时间内，游戏都被视为一种对抗性的活动，它受到各种规则的约束，参与游戏的各方在特定的博弈中获得差异化的结果。随着新兴传播科技的发展，游戏已不再停留于对抗层面，而是逐渐发展成为一种具有强烈参与感的活动。在赫伊津哈看来，游戏的参与是自愿的，它由规则与隐秘的社会界限构成。① 在萨伦和齐默尔曼看来，游戏是玩家参与的由规则定义的人为冲突系统，从而产生可量化的结果。②

由此可知，游戏已经突破了对抗性的层面，成了人们自愿参与的、充满娱乐和体验的活动。从这个视角来看，由《纽约世界报》在1913年推出的填字游戏，就可被视为新闻游戏的雏形。填字游戏开了大众传播媒体为玩家提供猜谜游戏的先河，刚一推出就引发了世人的热议。从功能方面来说，填字游戏能够起到更有效地传递信息和辅助玩家更好地理解新闻的作用。填字游戏的出现，预示着新闻与游戏开始走上交融的道路，其广受追捧也预示着一个新闻生产和传播新时代的来临。随着时间的推移，作为新闻游戏雏形的填字游戏也不断发展，其功能也得以不断完善——从最初的休闲娱乐到寓教于乐，再从寓教于乐到集新闻生产和游戏于一体，并由此催生出各种新闻游戏形式。在包昱涵看来，由填字游戏演化而来的诸多具有新闻游戏雏形特征的新闻报道形态，如新闻测验、谜题竞猜等，预示着新闻游戏的功能由之前的辅助理解新闻变为融合新闻内容传播。③

哪怕是在雏形阶段，新闻游戏的形态、功能都已发生了变化。种种变化说明，游戏制作者正在想方设法地接近和改造新闻，并使游戏从娱乐形态转化为一种独特的新闻传播形态。与新闻相结合的游戏，其随意性逐步丧失，变得客观和严肃起来，且事实属性也不断凸显。随后，在电子技术的赋能下，游戏也慢慢跳出传统媒体的束缚，并变得丰富多彩起来。正如

---

① 约翰·赫伊津哈. 游戏的人：文化中游戏成分的研究 [M]. 何道宽，译. 广州：花城出版社，2007：10.

② SALEN K, ZIMMERMAN E. Rules of play: game design fundamentals [M]. Boston: The MIT Press, 2003: 37.

③ 包昱涵. 新闻游戏的概念溯源、发展历程与前景展望 [J]. 今传媒，2017 (7)：88.

雅克·埃诺所说，电子游戏迅速产业化，成为令人瞩目的新技术形式。① 不过严格来说，雏形阶段的新闻游戏只能称为一种媒体游戏，它体现了新闻游戏诞生和最初的演化情况。诸如填字游戏、新闻测验、谜题竞猜等，只是大众传播媒体为了吸引社会大众，而在新闻报道的内容和形式方面进行创新的过程中所作的一种"游戏化"尝试，其目的是增强新闻传播的娱乐性，并由此提升新闻传播的效果。因而有不少学者认为雏形时期的新闻游戏只是大众传播媒体以游戏为噱头，吸引玩家参与其中，从而增强传受双方的互动性并以此增加经济收入，其核心并不是新闻事件或报道，因而这类游戏只能称为媒体游戏，而不是真正意义上的新闻游戏。尽管如此，在探讨游戏如何更好地与新闻相互融合时，雏形阶段的新闻游戏无疑有着极大的参考价值。

（二）萌芽阶段

新闻游戏进入萌芽阶段的一个重要标志是 PC 端新闻游戏的出现。萌芽阶段的时间为 2001 年至 2003 年。在这一时期，视频技术逐渐普及，一种新型的游戏形式——视频游戏开始出现。新闻行业也抓住这一契机，积极开发各类视频游戏，力图以视频游戏的形式来报道新闻，因而视频游戏开始成为游戏业和新闻业交互、交融的代表性产品，这为新闻游戏的发展提供了较为广阔的空间，新闻业由此开启了将视频游戏的相关理论和设计理念运用于新闻报道中的尝试。如弗拉斯卡就在 2001 年制作了《喀布尔大轰炸》（*Kabul Bombing*）这款视频新闻游戏，其素材来源于美国在喀布尔的炮弹袭击。不久，弗拉斯卡又根据"9·11"及马德里事件，制作出了《9 月 12 日》和《马德里》这两款新闻游戏，并在其新闻网站"News Gaming.com"上面播出。弗拉斯卡所制作的新闻游戏，一经推出就引起了各行各业尤其是新闻业和游戏业的关注，奈德基金会还因此给弗拉斯卡颁发了终身成就奖。在此之后，各种各样的 PC 端新闻游戏不断涌现。不过在这一阶段，新闻游戏只存在于 PC 端网页之中，并没有对移动场景产生影响。

萌芽时期的新闻游戏，是根据真实的新闻事件来制作的，其生产和传

---

① 雅克·埃诺. 电子游戏［M］. 马彦华，译. 成都：四川文艺出版社，2005：17.

播也遵循新闻的相关原则，且能给玩家带来全新的体验感，是对新闻"游戏化"的真正尝试。

（三）成长阶段

移动端新闻游戏的出现，是新闻游戏进入成长阶段的重要标志。这一阶段的时间为 2004 年至 2014 年，前后经历了 10 年。在智能手机兴起并逐渐普及之后，人们对手机的依赖性逐渐加深，手机也逐渐拥有了 PC 端的功能，基于手机这一特殊的移动终端所开发的各类 APP 也纷纷涌现。通过手机，人们能够随时随地打开新闻网页浏览新闻。在这种情况下，新闻游戏也开始向移动端进军，催生了"野牛数码"等极具代表性的视频游戏咨询公司，它们以游戏的形式来报道新闻事件，制作出了诸如《终结游戏：叙利亚》（*Endgame：Syria*）、《新闻留声机之上海电影节》（*News Phonograph：Shanghai Film Festival*）等新闻游戏，并将之推向移动设备端。其中，《新闻留声机之上海电影节》制作于 2015 年，是以 H5 这一较新的技术手段来制作的。移动端时期的新闻游戏，具有题材广泛、数量多、制作较为精美等特征，在很多新闻网站、很多场景中都能接触到。

鉴于移动端新闻游戏的影响力，以及其所带来的经济价值，大众传播媒体、游戏公司等都纷纷进入这一领域，不少媒体、公司甚至开辟了国际合作的道路，推出了大型编辑类、记录类新闻游戏，如《刺杀肯尼迪：重装》等。移动端新闻游戏的大量涌现，在为新闻业带来新气象的同时，也引发了不少问题，如一些媒体、公司只重视经济利益而忽视新闻的客观性原则，追求娱乐性而置严肃性于不顾，违背了新闻的伦理，引发了较大的争议。毫无疑问，这种现象亟待改变，新闻游戏必须走上理性化的道路方能生存和发展下去。

（四）趋于理性阶段

从 2015 年开始，虚拟现实技术被应用于新闻游戏的生产和传播之中，将新闻游戏带入了"趋于理性"的阶段。虚拟现实技术具有交互性、沉浸性和构想性等特征，其全方位呈现的新闻场景具有巨大的体验感，让人时时有"在场感"，且能以第一人称的视角来叙事，因而广受新闻界的关注。

《纽约时报》是第一批制作 VR 新闻游戏的媒体之一，它于 2015 年推出的《流离失所》（*Displaced*）这款 VR 新闻游戏，从孩子的角度披露了战争给儿童带来的危害——时刻面临着各种危险，难以预料死亡和明天谁会先到来。在国外媒体率先试水 VR 新闻游戏后，我国的媒体也开始制作 VR 新闻游戏，如新华社在 2016 年推出了《两会 VR 全景报道系列》这款 VR 新闻游戏。同年，财新网也推出了《"深圳垮塌事故"VR 新闻报道》这款新闻游戏。VR 新闻游戏的出现，意味着新闻游戏开始迈向更成熟、更完善的场景时代。

在这一时期，新闻游戏在新闻报道方面更为理性化。如在选题方面变得更为慎重，充分思考什么样的选题适合新闻游戏的制作，而不仅仅依靠热点事件来获取玩家的关注；在新闻制作中，有了更多理性的思考而不是简单罗列信息；在传播形式方面，积极探索更为灵活多样、更为成熟的传播模式。

第三节　新闻游戏的属性及价值

当前，人们对新闻游戏的属性尚未形成统一的意见，有人认为新闻游戏属于游戏，有人坚信新闻游戏处于新闻的范畴之中。从根本上来说，新闻游戏属于一种新兴的新闻形态，具有特定的功能和意义。

一、新闻游戏的属性

（一）新闻抑或游戏：新闻游戏的论争

对新闻游戏来说，大众对其的评判可谓赞赏与争议并存。由于新闻游戏是新闻与游戏的融合体，有人认为它是在游戏外衣的包裹下所开展的新闻报道，无论是内容还是形态都更接近"游戏"。但也有人认为，新闻游戏虽有游戏的成分，但游戏只是新闻的载体，新闻传播行业只是以游戏为手段来报道那些重大的新闻事件，其选题较有讲究（一般是重大的、具有持续性的事件），报道手法也较为严肃，且在制作中必须坚持新闻的客观性原则，因而新闻游戏就是一种新型的新闻样式。新闻游戏的属性之所以存在争议，原因在于新闻游戏涉及新闻和游戏两大行业，甚至还涉及与移动服务、场景体验等相关的行业，对如火如荼的新闻游戏持关注态度的不只有大众传播媒体，也有资本的虎视眈眈，还有玩家的期盼。在这种情况下，新闻游戏极有可能滑向游戏的一端，为了娱乐而娱乐，让新闻游戏的信息传播大打折扣。这也是一些人担心新闻游戏很难开展真正的新闻报道的原因所在。在他们看来，将具有重大社会影响力、具有时代感的深刻议题寓于游戏休闲、娱乐的氛围中，新闻报道难免会受到损害。如美国著名的游戏设计师博格斯特就曾指出："游戏化传播是营销领域的胡言乱语。游戏中垂涎欲滴的狂野让人们上瘾，身处不毛之地的大企业利用游戏驯化着人们。游戏成为神秘的、神奇的、强大的媒介，吸引了成千上万人的注意力——这使得他们在当代商业背景下野心可鉴。"①

（二）新闻游戏是一种新兴的新闻样式

通常来说，带有"游戏化传播"色彩的新闻游戏，容易被视为一种充斥着商业气息的东西。不可否认，新闻游戏既然以游戏为媒介，也说明新闻游戏具备相应的游戏元素。不过这种观念未免有些极端，众所周知，新闻也具有商品的属性，在新闻游戏这一报道形式出现之前，人们也对新闻工作者因为追求商业利益而置新闻的真实性于不顾的情况表示担忧。且从新闻游戏的发展历程来看，早在 1913 年就出现了填字游戏这类新闻游戏，但在那个时候，人们并未像今天一样给予较为严厉的指责。究其原因，应该是以传统媒体来承载的新闻游戏，不像以新媒体来呈现的新闻游戏那样充满娱乐性。但新闻报道走不走向娱乐化，是可以人为控制的，新闻游戏可以在选题和报道中坚守新闻伦理，在玩家需求和体验多元化、新闻社交化的情况下大展身手。也就是说，如果新闻游戏致力于借助游戏的互动性、程序性叙事，以及场景的体验感等优势来报道较为严肃的议题，以此取得更大的传播效果，达到更好地引导舆论的目的，就坚守了新闻的阵地且能够更好地发挥新闻的社会功能，相关的批评也就没有了立足之地。

由此可知，新闻游戏是一种新闻报道模式，新闻故事的建构取决于大众传播媒体而不取决于游戏，游戏只是新闻的媒介，只是一种特定的叙事

---

①　伊恩·博格斯特. 玩的就是规则［M］. 周芳芳，译. 北京：中信出版社，2018：15.

手段。在新媒体时代，借助游戏技术来开展新闻报道，让玩家在"玩游戏"的过程中将新闻作为必要的指引信息，在获得愉悦感的同时较好地接收新闻并形成深刻的印象，获得虚拟现实的体验，不失为一种较为有效的手段。而从社会大众的角度来说，他们之所以对新闻游戏满怀期待，是因为他们能够自由地、沉浸式地参与其中，通过扮演特定的角色，全方位地体验新闻的发生、发展过程，并对适合新闻游戏选题的重大事件形成接纳记忆。正因为如此，越来越多的人都主张将新闻游戏划入新闻的领域。

事实也是如此，新闻游戏归根到底还是在讲新闻。新闻领域多年来的实践告诉我们，无论是轻松、有趣的软新闻，还是较为严肃的硬新闻，均需要采用相对"软化"的方式来为自己赢得更多的受众，尤其是年轻的受众。所以说，在对新闻游戏的属性进行判断时，首先就要看它是不是对事实（最好是新近发生的事实）的报道。如果是，就属于新闻的范畴。当然，新闻游戏关注的热点事件或者具有重大时代价值的事件，制作需要较长的时间，因而在时效性上稍打折扣，但在真实性方面来说，由于坚持报道真实的事件和细节，且借助 AR 等技术，使玩家接受起来更有真实感和体验感。一句话，新闻游戏是在新媒体生态下出现的新闻与游戏的交融体，是众多融合新闻中的一种，它体现了新闻生产和传播叙事方式的创新，其本质依旧是新闻，游戏元素、机制是在非游戏环境中被使用的，它并不意味着需要专门针对某个新闻事件去开发一个游戏，而可以根据特定的信息传播和消费动机来设计特定的程序，这样不仅能够吸引更多的玩家，还能够提升媒体的竞争力。这也可以从贾德·安汀的观点中找到支撑点，在贾德·安汀看来，反游戏化阵营的成员所嘲笑的那些空洞的、虚拟的奖励与反馈并非参与动机背后真正的驱动因素，相反，诸如自我效能与所在群体及同侪的认可才实际激励着用户继续参与。①

新闻游戏既然属于新闻的范畴，就要求在采用新闻游戏的手段来报道新闻时，要兼顾媒体和玩家两个主体。对媒体来说，要学会在新闻报道中巧妙地融入游戏元素，在增加体验感的同时不冲淡新闻的价值和意义；同时，也要让玩家在接受信息的过程中产生关联感、自由感和掌控感，并以

---

① ANTIN J. Gamification is not a dirty word [J]. Interactions, 2012 (4): 14.

此激发他们的消费热情。对玩家来说，他们要在体验中对新闻事件进行认知和思考，而不能沉浸于娱乐之中。

二、新闻游戏的价值

纵观国内外优秀的新闻游戏，均在业界发挥了特定的效果，它们提高了新闻的体验感，使其产生了更好的传播效果。如英国 Auroch Digital 游戏制作公司推出的《叙利亚战争》（*Syrian Warfare*）这款新闻游戏，将叙利亚危机中的新闻事件整合到游戏之中，允许玩家扮演叙利亚反叛军领袖或者政府领导。在游戏中，玩家将会感受到战争的残酷与血腥，从而更加珍惜现在的和平与安宁。美国非营利新闻机构 ProPublica 开发的《心脏守护者》（*Heart Saver*）这款新闻游戏，只要玩家在地图上标注自身位置，程序便可计算出将病人送往医院的距离和时间，然后游戏就会通过地图上标注的各医院位置引导玩家送患者就诊。在"玩游戏"的过程中，玩家会认识到即时就医的重要性，并会对当前医疗资源与社会问题进行反思。由此可知，作为媒介融合时代的一种新兴的新闻类型，游戏新闻具有特定的价值，主要体现在以下几个方面。

（一）弥合新闻业和游戏业的边界

随着媒介融合的持续、深入推进，新闻业的生态已发生了巨大的变化，新闻生产的主体不断拓展、信息资源不断扩张，新闻业与其他产业的边界日益模糊。原本差异较大的证券、电商等产业，都在新闻生产和分发中逐渐承担起重要角色。而随着受众体验性、娱乐性需求的增加，游戏业强势进入新闻领域，新闻业和游戏业之间也擦出了火花，孕育出新闻游戏这一特殊的新闻产品，二者之间的界限不断弥合。由于游戏业和新闻业都有着共同追求的对象——受众（玩家），而受众（玩家）也乐见新闻和游戏的融合，因而新闻业和游戏业愈发显示出相互扩展、相互融通的趋势。大量的游戏公司以新闻事件为素材来开发游戏，而越来越多的大众传播媒体也以游戏化的手段来传播信息，游戏制作商和大众传播媒体合作开发游戏的现象越来越常见，一个个充满体验感的新闻游戏被不断推出来，新闻业和游戏业的联系不断加深。需要指出的是，在二者的合作中，新闻业应该起主导作用，牢牢把握新闻的真实性原则，切实发挥自身在舆论引导方面的作用。

（二）全方位地讲述新闻故事

讲好经济社会发展的故事，有效引导社会舆论，是大众传播媒体最为重要的功能。新闻报道的效果好不好，往往体现在其故事讲述能不能引起受众的共鸣，能不能启发受众去认真思考社会中的各种问题等方面。如果在讲述新闻故事后，能够引发受众的同理心，并激发受众参与经济社会建设的热情，新闻故事就收到了良好的传播效果。在信息大爆炸的年代，受众的注意力已变得越来越稀缺，信息传播再也不能像传统媒体时期那样用大量的篇幅对某个事件进行跟踪报道，特别是对重大热点事件的报道更是如此。面对受众需要在较短的时间内获取最多的信息、用最省力的方式了解事件的全貌等动机，大众传播媒体适时推出了新闻游戏这一独特的融合新闻形式，利用"游戏化"的叙事手法，将新闻事件较为全面、真实地还原出来，让受众在休闲娱乐中了解世事的变迁。这种全方位、生动性地讲述新闻故事的手段，让受众重回大众传播媒体的怀抱。

（三）透明化地传播信息

与传统媒体的新闻相比，新媒体的新闻在真实性方面一直广受诟病。原因在于，新媒体的传播主体极为多元化，在面对四面八方席卷而来的信息洪流时，接收者又很难对新闻的真假作出科学的判断，且很多人根本不去思考自己所接触到的信息究竟是真还是假，他们只看重信息的刺激性和轰动效应，这种带有"后真相"特征的新闻传播环境，更给新媒体新闻的真实性蒙上了阴影。新媒体必须甩掉这一存在已久的负面印象，重拾受众的信任。而新闻游戏的"透明化"传播模式（选题、背景、素材利用、传播走势等都是公开的、透明的），能够让玩家随时获取、感知新闻事件的变化情况。也就是说，利用新闻游戏这一特殊的报道形式，能够较为透明化地展示整个信息传播的过程，新闻的可视化、透明化生产和传播成为现实，新闻的选题、内容的来源以及传播的路径都变得一目了然，玩家不仅可以对信息进行追根溯源，还可以随时进行求证。

（四）增强用户的黏性

皮尤研究中心曾以 18 至 30 岁的年轻人为对象，以"新闻阅读时长"

为主题开展问卷调查活动。调查数据显示，2004 年，年轻人每天花在新闻阅读上的时间为 43 分钟。按理来说，随着新媒体技术的发展与普及，18 至 30 岁的年轻人会花费更多的时间来开展新闻阅读活动，然而按照皮尤研究中心的调查数据，2012 年，年轻人每天花在新闻阅读上的时间仅为 46 分钟，与 2004 年相比只增加了 3 分钟。这充分说明，大众传播媒体必须增加用户的黏性，否则就难以留住用户。用户的黏性是媒体发展的一个重要条件，没有用户的青睐，新闻生产就会陷入困顿。而要增加用户的黏性，就需要对传播内容和形式进行创新。集新闻与游戏于一体的新闻游戏，其多元化的叙事模式和程序化修辞，能够融新闻来源的真实性与传播场景的虚拟体验性于一体，在传播上兼具严肃性和趣味性，使新闻传播重新得到玩家尤其是年轻玩家的青睐，用户的黏性较强。

（五）有助于实现病毒式传播

对于一条信息来说，其传播的速度越快、传播的范围越广，所产生的影响就越大。而要达到快速、大范围传播的目的，就需要采用病毒式传播的方式。病毒式传播是指全面调动公众的积极性，让他们充分利用自身的人际关系网络来迅速传播信息的一种传播方式。病毒式传播的最大功能在于全面调动公众的积极性，这就要求信息具有感染力。新闻游戏能够让公众以第一人称的视角参与到新闻报道、体验之中，其感染力无疑是十分强大的。在既能娱乐又能了解事件全貌的动机的驱动下，公众能够全身心投入游戏之中，并主动与他人分享自己的感受和看法。尤其是在移动设备端广泛普及的情况下，新闻游戏更是成为公众获取信息的重要途径。而在公众的卷入和分享下，新闻游戏的病毒式传播功能更是被应用到极致。如人民日报客户端在 2017 年的建军节前夕，推出了 H5 小游戏《快看呐！这是我的军装照》，这款新闻游戏能够在进行人脸识别之后快速制作出玩家的个人军装照，引发了人们对军人的崇敬之情。据统计，这款新闻游戏在 8 月 1 日当天独立访客人数达到 5700 万，创下了单个 H5 产品访问量新高，① 其病毒式传播效果令人惊讶。

---

① 岳小玲. 新闻游戏的存在价值与问题反思：以 "Bury Me, My Love" 为例［J］. 传媒，2020（10）：63.

（六）加深受众对新闻事件的理解

在新媒体时代，信息传播的碎片化特征极为明显，再加上很多内容的专业性较强，让不少受众较难理解，时间一长，不少受众就对相应的新闻报道失去了兴趣。要改变这种情况，大众传播媒体需要将碎片化的内容进行缝合，并用可视化的手段将重要的内容凸显出来。作为能够综合利用文字、图片、音频、视频、动画等手段来呈现报道内容，且能较为全面地展示新闻事件全貌的报道方式，新闻游戏能够以专题的形式来传播信息，并营造良好的体验场景，让玩家在较为轻松的氛围中接触、了解和感受新闻事件，从而能够更好地理解新闻事件的本质和核心。如在新冠疫情较为严重的地方，不少人出现了"替代性焦虑"的情况，他们易于发怒、做事较为急躁，部分人甚至出现了失眠的症状，经常抱着手机浏览与新冠疫情相关的信息。在信息茧房和回音室等效应的作用下，他们时常产生已经被感染的错觉，容易被各种谣言所误导。针对这种情况，暨南大学推出了一款名为《真相战纪》的新闻游戏，让玩家以大学生的身份来感受新冠疫情中出现的真实场景。在玩这款新闻游戏的过程中，玩家不仅要自己作出选择，还要劝说父母进行选择；不仅要为自己而战，也要为朋友和他人而战。这款游戏具有很强的代入感，起到了普及疫情防控知识和稳定人心的作用。

（七）预测未来

新闻游戏能够全面地展示新闻事件，这让新闻生产和传播的意义发生了较大的改变。新闻游戏的核心是"程序修辞"，通过建构数据模型对事件编程来进行还原和模拟。[①] 这使得新闻游戏能够在玩家群体中构建起开放式的结构系统，这个系统不仅能够快速、全面地传播信息，还能够及时对相关的数据进行分析，并能够在分析之后提出相应的对策。这样一来，新闻游戏就能够对事件的未来走势及影响进行预测。如在 CNN 的 *Political Prediction Market* 案例中，根据新闻游戏的数据做出的结论就被运用于竞选的预测之中。新闻游戏的这种功能，让人们充分认识到，它不仅能够传播信息，更能够生成数据、预测未来。

---

① 悦连城. 新闻游戏：融合新闻的新尝试：概念、特征与功能 [J]. 现代视听，2016 (9)：37.

第四节　新闻游戏的应用情况

在信息传播、舆论引导和社会发展中，新闻游戏具有诸多方面的意义。为了有效地发挥新闻游戏的潜能，各个媒体都在积极实践，使新闻游戏成为广受欢迎的新闻报道样式。

一、媒体对新闻游戏的试水及推进情况

《心脏拯救者》这款新闻游戏，是美国较早开发的新闻游戏之一，它根据纽约市相关医院的死亡率和急诊医护水准的资料来设计。玩家在玩游戏的过程中，会感受到纽约市急救医疗资源分配不均的情况。而 How Y'all, Youse and You Guys Talk 这款新闻游戏，一经推出就引起了巨大反响，其目的在于测验读者的语言使用习惯。据统计，在推出 11 天之后，其点击量就超过了当年（2013 年）任何即时新闻、资讯互动图表的点击量。

受国外的影响，国内也开始试水新闻游戏，《人民日报》在 2016 年 G20峰会期间，推出了《G20 小精灵 GO》《重返这五年》等新闻游戏，吸引了不少玩家。近年来，不少新闻游戏都采用了 H5 技术进行制作，如《史上最牛创业经》《快看呐！这是我的军装》《全国两会喊你加入群聊》《"一带一路"行走记》《家园梦》等。需要特别指出的是，除了中央的主流媒体不断推出新闻游戏外，地方新闻媒体也积极制作新闻游戏。

从这些案例可以看出，新闻游戏已经被新闻传播行业所认可，玩家也比较喜欢。在这种情况下，众多的媒体和游戏制作公司开始了新闻游戏制作的角逐，新闻游戏也走上了蓬勃发展的道路。在具体的实践中，新闻游戏逐渐呈现出两条较为明显的传播路径。

（一）以虚拟传递真实

以虚拟传递真实主要是依托玩家的角色扮演来实现的。新闻游戏最显著的特征，就是通过游戏来构建模型，打造出特定的场景，并让玩家能够在相应的场景中感受真实的新闻事件及其发展情况。通过扮演相应的角色，

玩家能够对新闻事件进行思考，并能够获得情感的共鸣。在这种情况下，大众传播媒体达成了以游戏外壳包裹新闻报道，以虚拟场景传递真实信息的目的。可以说，以虚拟传递真实是新闻游戏报道取得应有效果的重要手段，在没有虚拟现实技术之前，大众传播媒体也很重视新闻情境的再现，发明了体验式报道这一独特的新闻报道方式，它能够采用第一人称的叙事手法来写稿，极大地增加了受众在接收信息时产生共情的可能性。由此可知，新闻游戏的出现，一定程度上弥补了新闻报道难以再现情境、难以具象化的缺憾，只要进入游戏中，玩家就会改变自己的受众身份，成为新闻报道中的特定主体，在虚拟空间中体验真实的事件，并从中感受到主人公的喜怒哀乐。

（二）闯关中拥有直观认知

为了增加新闻报道的互动性与趣味性，不少媒体会在报道中设置闯关的程序，将游戏元素融入新闻之中，让新闻更具吸引力。趣味性是新闻的一个重要的价值要素，在浩如烟海的信息中，受众往往会选择充满趣味的新闻进行消费，因而靠大量文字来进行深度报道的做法已不现实，因为在受众看来，它们大多是枯燥无味的东西。那么如何在趣味性这个取胜的关键因素上做文章呢？很多媒体如英国的《金融时报》《卫报》等采用答题等闯关模式，让受众可以通过互动图的形式看到新闻事件的各种要素及其发展变化情况，并在此基础上构建自己预设的模型。同时，受众还可以根据自己的闯关情况获得相应的分数，他们可以把自己的分数和经验分享给其他人。闯关新闻游戏在中国制作得也比较多，如为了纪念反法西斯战争胜利70周年，网易新闻推出了《逃跑人的日常》这款新闻游戏。这款新闻游戏总共设计了80种结局。在玩游戏时，玩家扮演一名英国的小兵，他计划逃离战俘营，选择不同的逃生路线，就会面临不同的生存威胁。在逃生的过程中，点击不同的选项，就会有不同的遭遇。这款新闻游戏让玩家在不断闯关中充分感受到战争的残酷性，达到了挖掘新闻价值、开展爱好和平教育的目的。

二、新闻游戏应用的特点

（一）跨界合作

在新闻游戏的生产中，经常存在着跨界合作的情况，不过在合作中，大众传播媒体起着主导作用。这也说明，大众传播媒体是新闻游戏生产的主力军，它们不仅有内容优势，还有报道经验优势。然而比起专门的游戏公司，大众传播媒体并不占技术优势，因而在制作新闻游戏尤其是大型新闻游戏时，大众传播媒体往往会与其他公司达成跨界合作的协议。大众传播媒体合作的对象较为广泛，既有教育部门、商业机构和娱乐公司，也有人工智能服务平台，更有专业的游戏公司。一般来说，大众传播媒体独立生产的新闻游戏的技术质量，不如与其他公司合作生产的新闻游戏的那么高，但专业性会更强。因此，在与其他机构、公司合作生产新闻游戏时，大众传播媒体应该充分发挥自身的专业优势，达到优势互补、突出专业性的目的。

（二）亲民的作风

无论是话题选择还是程序设计，新闻游戏都以亲民为主要风格。当前，我国的新闻游戏的选题几乎涉及社会的所有领域，而内容大多与民生相关，既满足了玩家对信息的多元化需求，又体现了亲民的情怀。新闻游戏走亲民作风，一方面与国家实施社会治理的策略有关，另一方面也与新闻报道化严肃为亲和相关。在亲民风的影响下，即使是以硬新闻著称的政治新闻，在报道中也设置了亲民的游戏，如《两会喊你加入群聊》就以微信聊天的方式来解读两会的热点。在玩游戏的过程中，玩家不但能够直接与发言人聊天，还可以接触到自己可能关心的其他问题。值得一提的是，就连那些比较严肃的科技类新闻，也通过亲民的作风来呈现，如《核辐射的回声》这款新闻游戏，就采用了平等对话的方式和朴实易懂的语言来传播信息，玩家可以选择自己感兴趣的对话内容，深受社会大众的欢迎。

（三）重视对受众记忆的强化

不少新闻游戏都将选题聚焦于重大纪念日、节日等能够构建、强化玩家集体记忆的领域。无论是国外还是国内，以重大纪念日、节日为主角的纪念性报道都是较为常见的。纪念类新闻游戏所涉及的纪念范围较为广泛，包括建党、建军、建国、历史人物的诞辰、抢险救灾、战争等，这类新闻游戏将相关事件还原，并将当前相关认识整合进去，以此构建、唤起受众的集体记忆。

（四）注重引导舆论

在马克思看来，舆论是一种"普遍的、隐蔽的和强制的力量"。① 经济社会的发展需要大众传播媒体来营造良好的舆论环境。因此，包含新闻游戏在内的所有新闻报道，都"必须坚持完全真实的原则，坚持舆论表达、舆论引导和舆论监督共同推进的原则"。② 大众传播媒体要对相关的政策进行详细的解读，围绕群众最为关心的问题来开展报道活动。在进行新闻游戏生产的过程中，以人民日报为代表的国内媒体，会同时刊发评论员文章，对错误的观点进行批驳，对正确的言论进行解读。同时，这些媒体还会设置风格多样的版块，对新闻游戏的玩家进行分众化引导。

（五）交互式设计尚需改进

总的来说，新闻游戏的设计较为简单，交互性还不够强。按理来说，交互性是电子游戏最独特的表达方式，它造就了电子游戏艺术区别于其他艺术的独特体验，③ 但当前新闻游戏的交互性设计还有较大的改进空间。刘涛、杨烁燏曾对我国新闻游戏的交互级别进行研究，"数据显示，我国新闻游戏以中级交互为主，总计66个，占比高达50.8%；低级交互总计41个，占比31.5%；高级交互总计23个，仅占17.7%"。④ 由此可知，中级交互占据半壁江山，而低级交互所占的比重也不小，说明我国新闻游戏习惯于向玩家提供较为简单的互动方式，但这种级别相对较低的交互方式很难为玩家提供应有的体验感。

三、新闻游戏应用的成效及问题

新闻游戏的应用已较为普遍。目前来说，新闻游戏的实践取得了较大的成效，但也存在着一些亟待解决的问题。

（一）新闻游戏应用的成效

1. 叙事方式：由独立叙事向互动叙事转变

先前的报道尤其是传统媒体的报道，往往都采用单向独立叙事的方式

---

① 马克思，恩格斯. 马克思恩格斯全集：第1卷 [M]. 北京：人民出版社，1995：385.
② 童兵. 马克思主义新闻观读本 [M]. 上海：复旦大学出版社，2016：39.
③ 刘衍泽. 电子游戏艺术的交互性表达及其启示 [J]. 中国文艺评论，2021（4）：105.
④ 刘涛，杨烁燏. 融合新闻叙事：语言、结构与互动 [J]. 新闻与写作，2019（9）：67.

来进行，侧重于传达相关的精神，大众传播媒体完全掌握着报道的主动权，受众缺乏有效的反馈渠道。而在新闻游戏的报道中，玩家能够较为自由地参与到报道的过程之中，能够作出自己的选择和思考，互动渠道也较为畅通，互动叙事成为新的潮流。

2. 角色扮演：从旁观者到目击者

在之前的报道中，受众只能站在第三者即旁观者的角度来看待新闻事件，信息接收中的体验感较差。而在新闻游戏中，玩家能够以第一人称的叙事视角参与到新闻报道之中，各种虚拟现实空间让玩家成为新闻事件的"目击者"，他们沉浸在"事发空间"之中，目睹新闻要素、事件细节的变化。

3. 报道文风：从"硬"到"软"

在文风方面，之前的新闻报道通常采用较为生硬、严肃的语言来叙述国家大事，呈现出较为明显的概念化、官方化特征，较难激发受众的兴趣。而新闻游戏则习惯于运用社会大众喜闻乐见、较为幽默风趣、较为平民化的语言来报道重大事件。如《史上最牛创业经》这款新闻游戏，就用年轻玩家喜爱的语言来叙述党史。以"软"文风来报道重大事件、热点事件，能够有效激发社会大众的参与热情，有利于培养他们的家国情怀。

4. 版权走向：从易于盗用到严格保护

由于通常采用文字和图片的形式进行报道，传统新闻的版权很难得到保护，因为只要对标题或者少部分内容进行修改，就能够进行大量的复制粘贴，使版权盗用随处可见，也使新闻报道出现了严重的同质化现象。而在新闻游戏的报道中，各种要素被内嵌到游戏程序之中，很难在不注明出处的情况下去盗用，新闻工作者的劳动成果得到了较好的保护。同时，这种情况也有利于媒体塑造和传播自己的品牌。

（二）新闻游戏应用中存在的问题

新闻游戏的制作往往需要较长的时间，且带有一定的娱乐化倾向。因而在将其应用于各种新闻事件尤其是重大新闻事件的报道时，如果把握不当，就很容易出现问题。

1. 题材的适用性问题

新闻游戏适用于那些影响较为巨大，且持续时间较长、叙事顺序较为明确的新闻事件。而那些影响力较小、持续时间较短且时间线不明确的新闻，则不适合用新闻游戏的形式来进行报道。同时，游戏有较为浓厚的娱乐属性，而新闻则是相对严肃和认真的东西，要做到报道内容和报道形式的有效结合，应以有趣的手段来传递有价值的信息。因而题材的适用性是一个必须高度重视的问题。

2. 时效性问题

传统的新闻报道只需要图文甚至只需要文字，就能在较短的时间之内把新闻报道出去。但新闻游戏需要设计特定的模型和板块，以程序化的修辞方式来传达内容，其制作周期相对较长，时效性远没有传统的新闻报道强。

3. 真实性问题

新闻游戏采取构建虚拟现实的手段来搭建新闻发生的场景，以此传达特定的新闻信息，并为玩家的体验提供足够的空间。而在场景制作中，稍有不慎就有可能将制作者的主观情感融入进去，出现误导玩家接收信息的情况。不可否认，新闻游戏不是冰冷的文字，它要求激发玩家的热情，但忠于事实仍然是其必须坚守的原则。

本章小结

新闻游戏是将游戏作为承载新闻的媒介，以游戏的程序化修辞手段来呈现新闻内容的新闻样式，其类型较多，特征也比较明显。社会的合理控制、技术赋能等条件是新闻游戏产生的动因。总的来说，新闻游戏的发展经历了雏形、萌芽、成长及趋于理性等四个阶段。从本质上来看，新闻游戏依然是一种新闻报道形式，属于融合新闻的一种，它有着独特的社会价值。无论是国外还是国内，新闻游戏的应用都比较普遍。新闻游戏的应用取得了诸多成果，但也存在着一些需要及时解决的问题，在新闻游戏的制作中，应该设法规避其负面效应。

第二章
技术可供性的由来及新闻生产、传播中游戏技术的可供性

可供性理论强调技术所意涵的关系属性，强调技术能为做某种事情提供支持的可能性。对新闻业来说，新媒体时代的游戏技术会与之建立新的关系。作为新闻报道的媒介，游戏除了能够承载新闻外，也能为新闻的叙事赋能，使之更容易被受众接受。

第一节　技术可供性的由来及其向媒介领域的延伸

"可供性"概念最先出现在心理学领域，用来描述生态系统中环境能为动物提供生存、生活的可能性。随着"媒介生态"的提出，新闻传播学者开始关注这一概念。新媒体时代媒介生态的巨变，促使学者们开始思考新兴的传播技术对新闻业发展的可供性问题。

一、技术可供性的由来

可供性最先由生态心理学家吉布森提出来，在 1979 年出版的《视觉感知的生态学方法》这一著作中，吉布森将可供性界定为"环境对动物提供行动的可能"。① 吉布森认为，可供性这一概念用于强调"环境与生物之间的相互

① NORMAN D A. The psychology of everyday things [M]. New York：Basic Books，1979：9.

关联性与互惠关系，这种关系能被生物感知并使它们采取相应的行动"。① 对于动物来说，他们感知环境的可供性，不是通过对环境的本质的了解来实现，而是通过感知环境能够提供行动的可能性来实现。如人类对所处环境中空气的感知，不是通过了解空气的成分和本质属性来完成，而是通过它能为我们的呼吸提供何种可能性来完成。

从社会发展的角度来说，可供性其实就是指人类借助某种事物能够做些什么。众所周知，技术是人类社会进步的坐标，特定的技术样式催生了特定的生产和生活方式，因而关注技术可供性无疑是人类生存和发展的一件极为重要的事情。按照吉布森对可供性的界定，技术的可供性可被定义为技术能够为人们提供行动的可能性。每种技术都有其天然的特性，因而在特定的时间内，每种技术都拥有左右人类认识和改造世界的效应。也就是说，技术能够影响人类的态度、情感乃至行动，进而影响人类的生产和生活。一般来说，技术对人类的可供性主要包括设计的可供性和想象的可供性两个方面。

（一）设计的可供性

人类借助技术设计出一系列的工具和产品，用以维持人类的生存和发展。因而探讨技术的可供性，需要重点思考技术在设计上的可供性。从设计学的角度来思考技术的可供性，可以将其视为技术能够为人们设计特定的工具和产品提供帮助的可能性。而在设计出特定的工具和产品后，人们会根据其所具有的功能去使用它们。也就是说，人们设计和使用特定的工具和产品，是通过对相应的技术的感知来进行的，因而可以将可供性理解为事物被感知的属性，它能够体现事物蕴藏的功能。在不借助任何提示符号的情况下，人类能够凭借感知来理解某种技术能够为自己的行动提供什么样的帮助。如看到笔就知道是用来写字的、看到盆就知道是用来装东西的、看到椅子就知道是用来坐的。从相对较为复杂的角度来说，看到电脑时知道怎么打开它、看到玩具时知道怎么去玩，看到奔驰的汽车时知道如何避开它。这些都是自动感知的，不需要进行特别的讲解和提示，它体现

---

① BOYD D. Facebook's privacy trainwreck: exposure, invasion, and social convergence [J]. Convergence, 2008 (1): 13.

了技术设计上的可供性。当然了，技术产品的功能并不都是外显的和凭感觉就可以感知到的，很多技术的可供性需要进行精心的探索。同时，对某一项技术工具、产品进行改造后，其可供性也往往会发生变化。这也是技术可供性的奥妙所在。

（二）想象的可供性

想象可供性是指人类对技术工具、产品进行想象，认为除了外显和熟知的可供性外，它们还可能具备的可供性。所以想象的可供性又被称为被想象的可供性。想象的可供性是观念方面的，人们看到一个事物，会思考通过它，在理论上能做什么，所以想象的可供性只存在于人们的心中。不过想象的可供性并不是没有任何价值的东西。相反，想象的可供性能够激发人们对事物的改造热情，让人们对事物进行技术改造后获得新的可供性。

综上所述，技术的可供性其实就是人们使用技术能够达成特定事项的可能性。简洁来说，就是技术对我们有什么用处。技术的潜能就摆在那里，人们可以使用也可以不使用。因而技术可供性体现了技术本身的物质属性，体现了用户在技术面前的主体性。当然了，技术的可供性还意蕴着技术的观念性，如某项特定的技术还有哪些可供性没有被发现，或者经过改造后还能有什么用处，或者就人类发展来说，未来的技术可能还能够为人类提供什么帮助。据此可以说，技术的可供性既实现现实需要，也满足观念需求。唯其如此，人类才能不断利用技术来拓展自身生存和发展的空间。

二、技术可供性向媒介领域的延伸

可供性被视为环境能够为动物提供什么样的行动可能。但环境的可供性不是一成不变的，随着技术的进步，人类能够利用技术来改造自己所生存的环境，以此不断提升环境的可供性。人类的生存和发展离不开社会交往，而媒介正是人类开展社交活动的重要中介。人类通过媒介能够达成什么样的交往，体现了媒介技术对信息生产、传播和交流的可供性。巴里·韦尔曼于2003年率先将可供性引入新闻传播领域，莱斯等人于2007年提出了媒介可供性的概念。对媒介技术可供性的关注，说明了可供性逐渐从心理学、生态学等领域拓展到了媒介学领域。

媒介学领域的可供性是理解传播技术和受众之间关系的重要概念，它意味着媒介技术能够为人们提供特定的帮助，意味着媒介技术与社会发展、与人的生产和生活存在着特定的关系。因而媒介学领域的可供性包括"技术属性"的可供性和"关系属性"的可供性两个方面。

（一）"技术属性"的可供性

诺曼认为"可供性是指事物的感知属性和实际属性，主要是那些决定如何使用事物的基本属性"。① 媒介可以用来传播信息、引导舆论，这是我们对媒介属性的感知。但媒介还有着更为深刻的价值，即通过不断引发人类的社交变革来影响人类对世界的认识和改造，并以此进入社会发展的动力系统之中。因而可供性在拓展到媒介领域后，人们就首先对其"技术属性"展开了研究。媒介"技术属性"的可供性聚焦于媒介技术为社会提供行动的可能性。从社交的角度来说，媒介技术究竟能为社会提供什么样的帮助呢？博伊德对 Facebook 的研究能够为我们提供一种思考路径。博伊德认为，Facebook 为"网络公众"的形成提供了可供性。在博伊德看来，可供性包括四个关键元素，即持久性、可复制性、可伸缩性和可搜索性。②

在国外对媒介技术的可供性研究得如火如荼的情况下，国内学者也开始对媒介的可供性进行研究。最早将媒介可供性介绍到国内的学者是潘忠党。在对新媒体进行研究时，潘忠党指出，可以从信息的生产可供性、社交可供性和移动可供性三个维度来对新媒体进行区分。其中生产可供性包括可编辑、可审阅、可复制、可伸缩、可关联；社交可供性包括可致意、可传情、可协调、可连接；移动可供性包括可携带、可获取、可定位、可兼容，并指出具备以上三个维度中要素越多的媒体通常就是"越'新'的媒体"。③ 媒介的可供性被介绍到国内以后，众多的学者便跟进研究。如2019 年，景义新和沈静就在潘忠党对新媒体的区分维度的基础上，进一步阐释了新媒体可供性的框架。同年，喻国明和赵睿依据可供性的三重维度，

① NORMAN D A. The psychology of everyday things [M]. New York：Basic Books, 1988：9.

② BOYD D. Facebook's privacy trainwreck：exposure, invasion, and social convergence [J]. Convergence, 2008 (1)：13.

③ 潘忠党，刘于思. 以何为"新"？"新媒体"话语中的权力陷阱与研究者的理论自省：潘忠党教授访谈录 [J]. 新闻与传播评论, 2017 (1)：2.

对"四全媒体"的建设进路进行了解读；常江分析了技术可供性对情感的媒介化效应的影响；而董晨宇和段采薏将匿名性、可及性、移动性与存储性作为社交媒体的可供性来说明社交媒体在线上恋情中的作用与影响。① 这些研究拓宽了国内有关媒介技术和传播变迁的视野，但相关的研究依然将可供性限定在"技术属性"的范畴之内，更多地强调大众传播媒介的"技术属性"对媒介的内容生产和使用的影响，没有涉及"技术属性"对人类行为和社会建构的影响。在这种情况下，媒介技术的可供性只体现了其静态方面的属性，即媒介技术具有什么样的可能性。而毫无疑问，对媒介技术可供性的动态方面的属性进行探讨，以体现媒体和社会发展的关系，也是极为必要的。

（二）"关系属性"的可供性

跳出媒介内容生产的视野，从"技术—社会"的框架来看，媒介技术的可供性体现的其实就是技术与社会之间的一种特殊的关系，对技术可供性的感知，是对技术特征和社会环境特征两者间的关系的感知。珊德拉·伊文斯认为，长期以来，传播学对可供性的研究大多聚焦于技术和用户之间二元关系的一个维度，即人们认为可以用技术做什么，或者人们如何使用技术。② 这一维度所关注的仅仅是媒介技术自身的功能，没有考量媒介技术与宏观的社会环境之间相互影响、相互构建的关系，忽略了人和技术之间的互动状态。面对这种困局，有学者呼吁让可供性回归其生态领域的意义，重新审视可供性所蕴含的"关系属性"，充分考量宏大的社会生态系统中各要素之间的相互联系、相互影响的关系。正如伊恩·哈奇比所说，可供性既不是决定论的，也不是相对论的，而是关系的，根据不同的环境以不同的方式促成或限制参与。③ 这说明要将媒介技术的可供性视为"不是技

① 董晨宇，段采薏. 反向自我呈现：分手者在社交媒体中的自我消除行为研究 [J]. 新闻记者，2020（5）：14.

② EVANS A. Stance and identity in Twitter hashtags [J]. Language & Internet, 2016（1）：13.

③ HUTCHBY I. Communicative affordances and participation frameworks in mediated interaction [J]. Journal of pragmatics, 2014（10）：72–86.

术固有的潜在能力，而是由某些群体激活的潜在能力"。① 在社交媒体时代，强调媒介技术可供性的"关系属性"更有价值，因为这更能反映人类交往中的关系网络促成和限制技术能力的方式，以及技术对人际交往关系网络的编织能力，同时也更能体现技术与社会之间的互构性。此外，在社交媒体时代强调媒介技术可供性的"关系属性"，有利于让人们摆脱平台中心主义的影响，让人们明白媒介技术的可供性不只是由平台来决定的，用户访问平台的方式、平台处于什么样的时空环境中以及平台基础设施的具体情况，均会对媒介技术的可供性造成特定的影响。媒介技术的可供性及其所受的约束，是在人的能动性、技术的物质性和社会环境的复杂性三者交互作用的情况下呈现出来的。这也说明，可供性不是固化的，而是动态性的，这为想象可供性理论提供了生存的空间，说明用户在使用媒介时，有着特定的感知、态度和期望，而这三者之间也存在着特定的关系网络。这些关系网络说明了人们对平台的可供性有着多重的想象，他们不局限于也不满足于技术的某一属性或功能。

由上述分析可知，媒介技术的可供性不只涉及"作为物体的技术"这一方面，更涉及"作为行动的技术"这一方面，它要求人们关注与媒体技术相关的实践活动，关注人在大众传播媒体中的行动。技术、人和社会环境的交互影响，说明媒介技术的可供性既受到技术的物质性的塑造，也受到人的行为的改造，还受到社会环境的控制。所以媒介技术的可供性既不由技术来决定、也不由人来决定，而是在技术、行动者和环境这三个要素之间的互构中实现的。

既然如此，探讨媒介技术可供性的"关系属性"，就必须回到人类的技术实践之中。从这个角度来说，一个技术摆在我们的面前，比如说网络技术，我们首先感知到的不是网络的硬件设备等物质性的东西，而是这种技术本身的属性，如技术平台、媒介、经营平台以及虚拟社会等，然后思考人类能利用这些属性来达成什么目标。回到实践，有助于摆脱技术决定论和社会建构论这两种极端的观点，强调对这两者进行协调，在两者之间找到一块较为妥

---

① MAJCHRZAK A, WAGNER C, YATES D, et al. The impact of shaping on knowledge reuse for organizational improvement with Wikis [J]. Mis quarterly, 2013 (3): 455.

帖的中间地带。在可供性实践思维的指导下，人们纷纷对各种新兴的传播技术的可供性进行分析，如平台的可供性、算法的可供性、数据的可供性、VR的可供性等，这与我们探讨的游戏对新闻的可供性有着相通之处，即研究新兴传播技术对信息生产和传播的可供性，让传播的研究回到"物—人"二元关系之中，研究他们之间的互动，以此扩展可供性理论的张力。

三、新闻生产和传播中游戏技术所具备的可供性

在大众传播技术进入数字化阶段后，人们便纷纷关注数字技术的可供性问题。而在受众的信息接收越来越注重趣味性的今天，自带娱乐性、趣味性的游戏在增强信息传播效果方面具有巨大的优势，且在相应的程序制作中，也体现出设计和想象等两个方面的可供性，同时还凸显了媒介技术在"技术属性"与"关系属性"这两重属性方面的可供性。因此，游戏在新闻生产中的可供性相关的研究逐渐成为热门话题。游戏的可供性已成为我们理解媒介融合时代新闻生产和传播的一个十分重要的视角，它让我们从游戏这一技术本身的属性出发，去谋划、拼接看似与其无关的新闻生产和传播问题，并将之置于数字化生存、数字化生活等社会背景下来思考。这种媒介生态学的思维，符合可供性的原初意义，即游戏技术对新闻生产具有可供性，但它不直接产出新闻，新闻工作者等新闻生产主体掌控着新闻游戏的生产流程，但新闻游戏的生产理念、行动却受到游戏技术的限制和社会环境的约束。那么，游戏技术对新闻生产和传播具有哪些可供性呢？

（一）游戏技术是对先前媒介技术的补偿

对新闻游戏来说，游戏就是承载、表达新闻的媒介，而新兴的媒介对先前的媒介具有补偿功能。

1. 何为"补偿性媒介"

补偿性媒介是由被称为"数字时代的麦克卢汉"的保罗·莱文森提出来的。在保罗·莱文森看来，补偿性媒介就是"修正自身缺陷，或补充已有媒介的不足，对人类隐私进行补救的媒介"。① 补偿性媒介理论提出以后，

---

① 莱文森. 莱文森精粹 [M]. 何道宽，译. 北京：中国人民大学出版社，2007：28.

学者们纷纷对之展开探讨，并利用它来分析各类新媒体诞生的原因及意义。媒介需要进行补偿，说明已有的媒介不是完美的，需要利用新的媒介来弥补自己的不足。按照"媒介即人的延伸"这一观点，媒介是朝着人性化方面进化的，它能够弥补人的各种感官的不足。将游戏视为新闻游戏的媒介，也意味着游戏技术能够在一定程度上弥补已有媒介在新闻生产和传播中的不足，这也是游戏可供性的价值所在。基于此，可以将游戏这一新兴媒介对新闻生产和传播的补偿概括为两个方面：一是游戏媒介对以往媒介所缺失的功能（如难以进行程序化修辞、难以用第一人称的视角来叙事）的补偿；二是游戏媒介对玩家的感官体验和全面发展需求的补偿。

2. 游戏如何"补偿"新闻生产和传播

游戏这一独特的媒介能够利用多媒体的手段来生产和传播新闻，能够让玩家以"现场目击者"的身份去认知、感受新闻事件，能够较好地对报纸、广播、电视等媒体进行补偿。主要体现在以下几个方面。

（1）对新闻报道的吸引力的补偿

一般来说，受众消费新闻，主要出于两个目的：一是求知，二是娱乐。这两者在受众的新闻接触中形成一个坐标体系，左右着受众对信息的获取和分享行为。实际上，要取得最大的传播效果，最好是将求知和娱乐两者统合起来，让受众在较为轻松、极具体验感的状态下获取知识。而游戏与新闻的结合，正是实现这一美好愿望的一个重要途径。也就是说，新闻游戏能够将"工作性传播"与"游戏性传播"结合起来，消除"工作性传播"中所隐藏的"痛苦"元素，让社会、人和技术相互建构，增强游戏技术的可供性，提升新闻游戏的吸引力。从补偿性的视角来思考问题，就比较好理解为什么很多主流媒体会经常利用新闻游戏的形式来报道新闻——哪怕是在选题和内容等方面都较为严肃的新闻，也倾向于通过游戏的手段来自我表达这一重大的问题了。事实证明，采用传统的图文手段来报道新闻，除非新闻事件本身具有娱乐性，或者是非读、非听、非看不可，受众才会去消费新闻。而用游戏的手段来报道新闻，由于其蕴藏着休闲、体验的成分，玩家往往会主动去接受，这正是游戏媒介的补偿性所在。有人说，游戏没有功利性，人们玩游戏往往是为了好玩，不想造成任何社会影响，因而"功利性"能够得以在虚拟空间中传播。其实，就算从功利性的视角来说，玩家也很乐意借助游戏的手段来获取信息。试想，如果能够在轻松愉悦的氛围中获取知识、解决问题，谁会拒绝呢？这充分说明游戏具有强大的补偿性功能。

（2）对受众认知世界的能力的补偿

媒介是不断进化的，正是这种趋势让媒介能够不断满足人类对世界的认知和改造需求。作为一种新兴的传播技术，游戏在延伸社会大众的感官、在提升他们的认知能力方面有着独到的价值。这主要体现在以下几个方面。

首先，对受众的主体认知能力的补偿。游戏是人的天性，任何人都对游戏有着特定的情结和需求。在进行繁忙的劳作之后，人们就需要用游戏来放松自我。在身处某种困境时，人们更需要利用游戏来发泄内心的苦闷和释放精神方面的巨大压力。需要特别指出的是，游戏与严肃性不存在天然的沟壑，大众传播媒体合理使用游戏的功能，就能够让受众在愉悦中获取知识，提升他们认识和改造世界的能力。在这方面，新闻游戏就是一个成功的案例。

其次，对受众的情境认知能力的补偿。传统媒体报道中的情境是比较单一的，很难给受众提供沉浸式体验，也就很难唤起受众的情感共鸣。而由游戏技术所支撑的新闻报道，则能够再现新闻事件发生的现场，将受众深深地嵌入相关的场景之中。在这种情况下，受众、技术和环境之间的互动就变得更为频繁，受众也因此能够更好地了解新闻事件及其所发生的情境的相关状况。不可否认，新闻生产的目的是让受众能够较好地接收到大众传播媒体所传播的信息内容，并以此强化或改变受众既有的态度和行为。但在如今的场景时代，信息内容和情境是密不可分的，大众传播媒体要想提升信息的传播效果，就必须将受众和内容放置于具体的情境之中，让受众以身临其境的状态来接受信息、认识世界。与报纸的图文、广播的声音、电视的声音和画面等相对单一的传播场景相比，游戏综合利用了文字、图片、音频、视频、动画等手段，营造出充满体验感的场景，将信息传播置于极具真实感的"情境"之中，让受众始终"在场"。由此可知，情境已成为继内容、形式和社交之后的又一个核心要素。借助情境，受众能够更好地理解和认知新闻事件。最为重要的是，一旦受众在新闻消费的过程中对特定的情境有了深入的体验感，则无论身处现实还是虚拟空间，他们都会自觉地察觉、识别相关的情境系统，其认知系统也会自觉地对相应的信息进行加工，从而能够更好地认识和改造世界。

最后，对受众的信息认知能力的补偿。在接触到大众传播媒体发布的信息后，受众会对之进行相应的识别和思考，并对之进行整合和改造。在这个过程中，受众会产生特定的心理活动，甚至会因此而采取相应的行动。正因为如此，受众对大众传播媒体所发布的信息的认知，会对社会的发展产生较大的影响。游戏技术能够立体化地呈现新闻信息，能够让玩家参与到新闻叙事之中，并对信息进行全方位的感知和思考，以此不断提升自己的信息认知能力。

（二）游戏已成为一种典型的新闻生产与传播媒介

按照"媒介即讯息""媒介即人的延伸"等观点，游戏就是一种新型的媒介——从这种媒介所开创的可能性这一宏观的层面来说，游戏体现了技术革新为新闻生产和传播活动带来的变革，并全方位地延伸了人的感官系统；从"信息载体"这一相对微观的层面来说，通过自身构建的特定程序和空间，游戏能够有效地担起承载新闻内容的任务，并能够激发运营商与玩家、玩家与玩家之间的信息共创和分享活动，让相关的主体之间有某种心照不宣的默契，进而使信息传播过程得以持续。

客观地说，作为一种传播媒介，游戏能够塑造玩家的信息消费欲望，在游戏技术的赋能下，各种新闻游戏将会不断涌现，而信息消费中的情感共鸣又会提升玩家对新闻游戏的认同度。因此，新闻游戏能够让玩家获得多重体验并促成信息消费的良性循环。从社交的角度来看，新闻游戏所催生的趣缘社群中的多人在线交互行为，能够构建多元化的玩家关系。通过这些关系，大众传播媒体能够更深入地了解玩家的内心世界和信息消费习惯。

需要指出的是，将游戏视为新闻的媒介，容易让人产生玩家将由"理性的人"走向"游戏的人"的感觉。原因在于，从康德、席勒等学者的作为审美的游戏，到麦克卢汉等学者的游戏媒介观，再到数字传播时代的游戏控制论，游戏被赋予的意义不断发生变化——从玩耍到具有特定的社会功用，再到负面异化效应——似乎游戏带有更多的非理性特征。然而技术始终是中性的，大众传播媒体与受众、受众与受众之间可以在文化理性的基础上构建起理性的交往空间。即大众传播媒体应该基于游戏的媒介功能，在对知识抱有敬畏之心的情况下，为受众提供有价值的新闻，而受众则应该在游戏的体验中保持理性。

（三）游戏构筑了更有传播价值的"共通的意义空间"

无论是哪一种媒体，其新闻生产和传播都是在特定的社会环境中进行的，既受到社会法律法规、价值观念的制约，也受到文化差异和受众知识水平的影响。针对这种情况，传播学者提出了"共通的意义空间"这一概念，用来形容传受之间要具备两个条件，传播才能产生效果：一是要对传播中所使用的语言、文字等意义符号有共同的理解；二是要有大体一致或接近的生活经验和相应的社会文化背景。① 先前的新闻报道都是以文字、图片和声画等手段来呈现，对"共通的意义空间"的要求比较高。而通过游戏的手段来传播新闻，能够让受众在开放的空间中习得共同的语言，构建起游戏化的学习氛围，由此重塑传播的内容和环境，构筑更加贴近当今受众的"共通的意义空间"。

第二节　技术可供性催生新闻与游戏的共生网络

技术的可供性，让新闻与游戏能够更好地融合，并逐渐构筑起二者相互建构的共生网络。

一、技术可供性构筑了信息传播与游戏景观共融的新闻环境

在数字技术的影响下，媒介融合的范围不断扩大、程度不断加深，传统媒体时期媒体之间泾渭分明的界限被打破，媒介版图也不断重构，一种新的新闻生态系统已然形成。在这种情况下，传播者、受众、内容和渠道

---

① 郭庆光. 传播学教程［M］. 北京：中国人民大学出版社，2011：5.

之间的单线条结构关系被打破，场景要素强势介入，各生态要素之间出现了多线条连接的关系网络，构筑了一幅新媒体时代的媒介生态图。在这个生态系统中，人际传播、群体传播、组织传播和大众传播相互交织，大众传播媒体、受众、各类组织、企业等不同的新闻生产和传播主体，怀着不同的动机参与到信息的生产和传播之中，使得媒介化社会的影响越来越大。众所周知，不同媒体技术的加入，都会使新闻生态系统发生变化。作为一种典型的新媒体技术，游戏介入新闻生产之中，使新闻生产景观更为绚丽多姿，而游戏技术的可供性也在新闻行业中构筑起了一幅信息生产、传播与游戏景观共融的生态图。

长期以来，人们习惯将数字时代的新闻生态分为两个层面，认为存在着两个新闻业：一是以职业的新闻内容生产者为主体的新闻业。在这个新闻业中，除了专业的媒体人以外，还包括一些专门从事新闻内容生产的自媒体。这个新闻业承担着传播信息、引导舆论的重要使命，是社会这艘大船上的瞭望者，由他们构筑的新闻生产和传播空间，依然是最为重要的公共领域。二是由各个组织、企业、个体和机器共同构筑的新闻生产空间。相对于职业化的新闻内容生产者来说，这些主体缺乏专业新闻素养，他们生产的新闻良莠不齐、较为杂乱，难以承担公共领域所期望的使命。如果管理不好，这个新闻业将会产生较大的破坏性。我们认为，目前中国没有所谓的两个新闻业，中国的新闻业是党领导下的光辉事业，在党管媒体理念的指导下，中国的新闻生产和传播必须坚持党性原则，因而专业媒体的新闻活动，代表着中国的新闻业。然而不可否认的是，在新兴传播技术的赋能下，组织、企业和社会大众确实能够并且已经加入了新闻生产和传播体系之中。所谓的第二个新闻业已经渗入到第一个新闻业中，它可能成为第一个新闻业的延伸和补充，也可能以对抗的姿态出现。在这种情况下，必须充分发挥专业媒体的新闻生产和舆论引导能力，让它们承担起统筹新闻生产的任务。

游戏技术的可供性，能够在一定的程度上为专业媒体把组织、企业和社会大众的信息生产整合到专业的生产体系中提供支持。因为新闻游戏能够让相关各方都可以以第一人称的视角参与到新闻事件的报道之中，共同感知世事变化、共商发展大计、共同引导舆论。不过这需要专业媒体对数字时代的新闻生态有足够的认知，它们必须实现真正的数字化转型，重新定位自己在新的新闻生态系统中的角色，继续肩负起传播主流价值观、鞭挞不良思想的神圣使命，巧妙整合生态系统中的各种力量，排除干扰和对抗，引导相关各方共同讲好中国故事、传播好中国声音。

二、技术可供性视角下新闻与游戏如何互构共生网络

新闻与游戏的"共生关系网络"的编织，主要体现在大众传播媒体如何恰当地利用游戏技术来开展新闻报道方面。也就是说，大众传播媒体需要与游戏技术构建起一种良性互动的关系网络，这个网络的编织主要体现在以下两个方面：一是大众传播媒体为游戏提供更为充分的叙事空间，让游戏在呈现新闻的过程中获得更多的能动性；二是在新闻报道中，游戏要符合新闻的客观性原则，要坚持保证事件的真实性，并用丰富多彩的手段来传播信息，从而更好地引导舆论。一句话，新闻和游戏均要坚持向善的原则，共同助力社会信息的生产和服务，共同促进政治、经济和文化的发展。具体来说，编织新闻与游戏的互构共生网络，需要解决好以下问题：一是把握新闻游戏中的"魂"与"体"问题；二是游戏如何介入新闻的可供性领域的问题；三是新闻业如何更好地利用游戏的可供性问题。

（一）把握新闻游戏中的"魂"与"体"

在游戏中，新闻是"魂"（精神指针），游戏是"体"（呈现新闻的媒介或载体）。在报道中，要将"魂"与"体"有效地结合起来。众所周知，新闻游戏是新闻和游戏的融合体，但从根本上来说，新闻游戏就是一种新兴的新闻形态。与其他新闻报道方式一样，新闻始终是"魂"，媒介始终只是"体"。不同于其他类型的游戏，新闻游戏的取材不是虚幻的，其源于现实中发生的新闻事件，因而无论是从出发点还是从落脚点来说，新闻报道都是指针，游戏只是新闻的一种叙事手段。借助游戏这一叙事手段，新闻报道给予了受众更为充分的选择权，并利用奖励积分、送道具等方式，使新闻报道更为亲民，并提升了新闻产品的服务水平。游戏这个"体"，打破了传统媒体时期新闻报道的线性叙事结构，使新闻报道充满悬念。同时，游戏的程序化修辞手法也让受众获得了更多的体验感和愉悦感，新闻报道

的魅力也因此得以大大增加。

新闻为"魂"与游戏为"体"告诉我们，在对新闻游戏进行制作和评价时，不要总抓住游戏的休闲和娱乐性不放，不要习惯性地批评软性报道会降低新闻的严肃性——实际上，软性报道已成为提升新闻报道效果的重要方式，将严肃的新闻事件以较为轻松的形式报道出来，符合新媒体时代受众的信息消费习惯。因而，如果过于强调"体"的负面影响，就会让新闻与游戏之间受到"浮士德"式交易的影响。既然新闻游戏在报道新闻、引导舆论，以及拓展和完善人类的知识体系、丰富社会意义方面有着独特的价值，就应该跳出游戏的娱乐性这个习惯性思维，避免出现"一叶障目，不见泰山"的情况，从而客观地思考新闻与游戏的"共生关系网络"的编织问题。事实上，在数字技术的影响下，新闻游戏也逐渐被景观所强化，成为一种依靠虚拟现实手段来展现真实的新闻事件的重要方式。人机互嵌、互构程度的不断加深，昭示着后人类时代的到来。后人类突破了现有人类的体力、智力和生命力，成为一种介于人与机器之间的"超人"，本身就体现了人与技术交融共生的实际情况。人与技术的交融共生，必然要求大众传播媒体精心编织新闻与场景交相辉映的空间，而新闻与游戏的"共生网络"正是这个空间的一部分。

（二）游戏如何介入新闻的可供性领域

在社交媒体时代，游戏主要通过以下几种手段介入到新闻的生产与传播之中。

1. 生产和传播手段

游戏嵌入新闻领域，与新闻共同构筑了一个全新的信息生产、传播和消费空间，无论是新闻工作者还是社会大众，都可以随时随地进入这一空间，开展新闻的生产和传播活动。依靠这个空间，新闻的所有流程均可以在线完成，新闻生产和传播的效率大大提升。对于受众来说，他们不但可以参与新闻生产，还能参与到新闻传播和消费之中，大大提升了新闻工作的效率。而社交媒体时代新闻内容的可见性、可复制性、可搜索性等技术优势，又为社会大众提供了更多的信息增量。由此可知，游戏通过自身的技术优势，为新闻生产和传播提供了全新的空间。

2. 社交手段

游戏的社交化功能，使之能够为新闻生产和传播提供互动化空间。客观地说，游戏所拥有的社交优势，让新闻工作者之间、玩家之间，以及新闻工作者与玩家之间能够随时展开互动交流活动，使新闻的生产、传播和消费更具趣味性，且出现了多主体采集、制作和发布新闻的局面，让新闻素材更为丰富、新闻的传播效果更好。

3. 情感手段

情感是一种典型的心理体验，其带有较为明显的个性化特征，由于担心情感表达给新闻的客观性造成特定的负面影响，因而新闻传播学界长期将情感驱离在新闻生产和传播的准则之外。而随着 VR、AR 等技术的兴起，沉浸式体验逐渐受到信息消费者的追捧，在新闻生产中注入适当的情感逐渐被新闻工作者所接受。有人曾对普利策新闻奖的获奖作品进行分析，发现不少优秀的作品其实并没有排斥情感因素，甚至一些作品还包含着"情感性的策略仪式"。所谓"情感性的策略仪式"就是指新闻工作者通过制度化、系统化的情感叙述，让新闻在具有特定的情感因素的情况下不丧失其客观公正性。游戏的体验性、情感性色彩虽然较为浓厚，但如果能够较好地将情感融入新闻游戏之中，则新闻的可读性将会大大增加。

4. 跨边界手段

所谓跨边界是指新闻能够打破新闻素材边界、受众感知边界、人机边界、传受边界的区隔，在多边界、多领域中实现新闻的协同式生产与传播。首先是打破新闻素材的边界。游戏具有典型的数字化特征，而数字技术是当今新闻生产的重要推动力。凭借数字技术，人们能够将所有新闻资源转化为特定的数据格式，并在将其整合加工后创造出丰富多彩的新闻产品。这些带有数字烙印的新闻产品能够通过互联网、物联网等在网络、家庭、社区、各种单位、各类交通工具以及其他装备了数字设备的场所等空间中进行传播。其次是打破受众感知的边界。游戏技术具有较高的智能化特征，它能够超越受众的感知边界，包括超越受众原有的可感知的范围以及超越各个感官之间的边界的可能性。而这种超越性能够进一步提升新闻的可视化程度。再次是打破人机的边界。游戏技术让人机交互成为一种全新的现象，机器已强势介入新闻的生产与传播之中，机器逐渐向人靠拢，人逐渐变成新物种——人机结合体，各种各样的"后人类"也不断涌现。最后是打破传受之间的边界。在游戏技术的赋能下，传受双方的界限日渐模糊，受众能够"亲临新闻现场"，以"目击者"的身份感受、传播乃至生产新闻，而在受众的爆料下，大众传播媒体也会以"受众"的身份消费相关信息，且在发现有价值的新闻后，也会及时跟进采访、及时开展报道活动。可以说，在游戏技术的作用下，传受双方身份出现了互嵌的情况，这让传受双方的界限不断模糊化。

5. 场景手段

场景是还原报道现场、提升新闻体验感的重要空间。在大数据、虚拟现实技术的作用下，各种场景应运而生。借助这些技术，游戏能够模拟新闻事件发生的空间，推演新闻事件的进程，而受众也可以获得更有品位的新闻消费空间和更有质量的连接对象。在这种情况下，新闻的体验感和可读性都会大大提升。

（三）新闻业如何更好地利用游戏的可供性

要利用好游戏的可供性，新闻业就需要重点掌握游戏技术可供性的"关系属性"，因为在"技术属性"方面，新闻业已经有了自己的应对技巧，即自己制作或者与游戏公司等第三方合作制作新闻游戏。对于新闻游戏来说，最重要的不是秀技术，而是要将新闻的价值有效地呈现出来，以此提升新闻的传播效果。由此可知，游戏的"技术属性"是客观存在的，不以新闻传播者的主观意志为转移，但在技术的使用中，传播者的目标、认知和行为的不同，会对技术的使用效果造成影响，并因此影响新闻的传播效果。因而此处侧重探讨游戏技术在"关系属性"方面的可供性。

1. 做好融合性报道

新闻业已经来到了媒介大融合时代。因而在新闻报道中，要致力于将游戏和新闻有效地整合起来，用多媒体、全媒体的手段来讲述新闻故事。众所周知，新闻的发展得益于技术可供性的提升，但却受制于媒介生态系统的运行状况。在媒介融合如火如荼的当下，新闻业更需要在充分掌握游戏技术的基础上，把握媒介融合的规律，发现新闻生产和传播新的增长点，掌握新闻报道变迁的底层逻辑，不断创新媒介的组织形式，努力做好融合性报道。从这个角度来看，新闻业应该充分利用游戏技术进一步打通新闻生产与分发的作业体系，不断增强新闻的叙事能力与体验感，让新闻游戏这一报道模式更好发挥其信息传播的功能。

2. 实现受众与算法的良性互动

算法是一个充满争议的议题，有人声称算法是一个伪命题，有人指责算法是"暗箱操作"……算法困境、算法负效应等正成为人们关心的重要问题。游戏是一个深受社会大众尤其是年轻人喜欢的娱乐方式，当游戏渗入新闻行业时，新闻的受众规模将会迅速扩大、传播频率将会迅速提升，而大众传播媒体也因此获得了更多的掌握受众消费需求和习惯的机会，并以此勾勒出受众的面相。借助这种可供性，大众传播媒体应该寻找更多的算法推送与受众互动的路径，使算法更为人性化，而不是将其置于主宰地位，让受众产生算法恐惧症。一旦受众与算法之间产生良性互动，受众就能更好地认知新闻游戏，而不是以想象的方式来看待新闻事件。这种情况能够重塑受众和大众传播媒体的关系格局。

3. 消除受众的情感焦虑

新闻游戏具有互动性较强、场景构造水平较高等特征。同时，相较于之前的新闻报道来说，新闻游戏中的关系更强，用户的黏度更高。这些都有利于消除或降低玩家在新闻消费中的情感焦虑。众所周知，网络传播中的情感、情绪问题一直广受关注，不少人将网络空间中的传播视为一个"情绪化"的传播场域，用"后真相"来形容网络空间中受众不太重视新闻事实、极易于被煽动的情况，甚至认为互联网就是一个"情感共同体"。这些观点究竟有多大的合理性暂且不论，但其足以说明，在新媒体时代的信息传播中，情感、情绪已成为巨大的困扰因素。有鉴于此，新闻业应该充分利用游戏手段来科学地呈现新闻，让用户在身临其境的状态下感受、认知、思考新闻事件，通过游戏的情境勾连为玩家参与讲述新闻故事提供动力，消除他们对新闻事件的误解，从而消除他们的情感焦虑。

第三节　游戏技术为新闻业的发展提供了广阔的空间

游戏为新闻生产、传播与消费提供了全新的技术支撑体系，为新闻业的发展构筑了新的生态环境和体验场景，使新闻报道有了全新的修辞手法和叙事模式，让新闻信息的推送和把关更有针对性。

一、营造新的生态环境

游戏技术让受众能够以事件"亲历者"的身份参与到新闻的叙事之中，拓展了专业媒体的叙事空间和触角，使新闻的生产和分发更为灵活多样。具体来说，新闻游戏情境中的新闻生态呈现出玩家规模庞大、主体多元化、内容阐述丰富化、传播情境体验化、生产与消费的匹配化、新闻与其他互联网服务业关联化等特征。在这种全新的生态环境中，新闻生产系统发生了重构，人与人、人与机器的交互更为频繁，而新闻资源数据化的趋势也进一步加深，新闻处理也更为方便和快捷。这种生态环境为新闻业的发展提供了全新的空间。

二、构筑新的场景模式

游戏技术为新闻生产、传播和消费提供了流动化、利益化和现实化的消费景观。自互联网诞生以后，场景就有了被各行各业构筑出来的可能性。在游戏中，场景的组合方式更为多样化。游戏所构筑的场景并不是完全虚拟的，它通过数字技术将现实生活中的人和事有效地连接起来，竭尽所能地模仿、构筑符合受众需求、具有极佳体验感的场景。由于能够对现实场景进行模拟和再创造，游戏与新闻融合后，就能让远离新闻源的受众感受现实的新闻事件，并能够依据新闻游戏中的场景来思考和解决诸多实际问题。此外，由游戏技术所构筑的新闻场景，还能与现实社会中的各种场景形成互补关系，大大突破了传统媒体时期新闻生产、传播和消费场景较为单一的困境。

新闻游戏的场景将信息传播、社交支付、娱乐等融为一体，从诸多维度挖掘新闻的体验感，大大拓展了新闻业的社会价值。不过这也需要注意一个问题，即上述各种应用程序服务商之间的博弈问题。用布尔迪厄的场域理论来看，信息传播、社交支付和娱乐等服务的提供商会形成"斗争"关系，不同服务商之间的合作，会塑造不同的关系。而对于新闻游戏来说，隐藏在其背后的诸多博弈会让它面临着新闻专业主义和各种新闻伦理的考验。不过总的来说，各服务商之间的博弈，始终是围绕受众这一数量庞大的信息消费群体来进行的，各服务商之间的博弈以特定的节点如生产者、传播者、消费者、信息、技术等为轴心。在博弈中，这些节点会编织出相应的关系网络，构筑出各式各样的场景，连接着各种各样的社会关系。由此可知，围绕着受众这一特殊消费群体所构筑的场景，在新闻生产和传播中存在着一种更为灵活的内部机制。从新闻价值和功能的角度来说，无论各领域的服务商怎么博弈，新闻游戏的场景都要以新闻专业主义为指针。

新闻游戏已经产生并已形成了巨大的影响力，说明游戏场景已进入新闻生产的逻辑之中，新闻与游戏正不断融合，构筑出了一个又一个的新闻生产和传播景观，影响着新闻业的发展。新闻游戏中的景观是一种流动化的景观，传播、消费行为均以流动化的形式存在于其中，玩家的消费不再受到时空的限制，消费也不再局限于一个固定的过程，它通过场景与新闻事件中的各种关系相互连接、相互影响。此外，新闻的消费也不是强制的，它借助游戏场景将信息潜移默化地传播出去，让玩家在场景体验的驱使下主动地消费信息。这种情况十分有利于新闻的生产与传播。

三、提供新的修辞程序

游戏场景是对现实世界的模拟，这需要科学地建构模型，并采用程序化的修辞来传递信息。由此可知，新闻游戏的核心就是模型构建和程序修辞，它借助模型将事件进行编程，对事件的发展演变进行模拟和还原，然后用"程序化"的修辞手法将其表达出来。这就说明，新闻游戏不像之前的新闻报道那样通过简单的文字、图片来描述现实新闻事件的发展变化情况，而是通过事先设计的模型和流程来揭示新闻事件的发展演变原理和规则。

据此可说，尽管游戏不能事无巨细地模拟新闻事件发生的场景和事件的演化过程，但其对重要场景和事件的模拟，足以还原新闻的真相，且让新闻的传播更具感染力。新闻游戏的程序化修辞，让作为玩家的受众在玩游戏的过程中，能够与大众传播媒体和其他玩家进行交互，满足了玩家信息分享与社交娱乐双丰收的目的。

四、开创新的叙事模式

游戏为新闻提供了数字化的表达手段，这种手段能够让玩家充分沉浸在新闻游戏的消费场景中，以第一人称的视角来感知、感受和思考新闻事件。因此，新闻游戏的叙事已经跨过了以小说为代表的书写文本的叙事阶段，来到了数字化叙事时期。数字化叙事以新媒体如电脑、手机等为界面，采用多媒体融合的方式，集文字、图片、音频、视频、动画、游戏于一体，整合多种叙事元素，让玩家从观看者变为"亲历者"。

总的来说，新闻游戏的叙事模式主要体现在以下几个方面：一是用虚拟技术手段来模拟新闻事件。在建构的虚拟现实中来呈现新闻，让玩家在身临其境感受中完成对现实世界的认知，并由此完成对新闻事件的情感投射。二是巧妙地借助嵌入、连接以及交互等手段，将新闻故事有效地串联起来。以非线性的方式来讲述新闻故事，突破了先前新闻报道的线性叙事结构，扩大了信息的容量，达成了从不同的时空角度来综合叙事的目的，使新闻要素更为全面、关联性更强。三是打造融合性的叙事系统。将新闻素材视为具有整体关联性的叙事材料，为新闻事件中的每个故事提供独立的叙事界面，并力图展示相关主体的行为动向，让新闻要素的时空结构和关系有效地呈现出来。四是巧妙地转换叙事主题、表达风格、呈现技巧等，为玩家提供全新的新闻消费视野。五是将真实、形象、情感和道德有效地结合起来。真实是新闻的生命，新闻游戏通过虚拟现实技术，呈现出真实的新闻场景，并将新闻要素融入仿真空间中，保证了新闻的客观真实性。同时，游戏技术能够把抽象的新闻议题转变为直观的形象，让较为严肃的硬新闻实现"软着陆"，并以此深化新闻主题。此外，游戏能够将情感恰当地融入新闻情境之中，从而起到增进对话、提升认同的作用，通过情感的召唤体现特定的话语表达策略。当然了，新闻游戏还要讲道德，相关的报道要符合新闻伦理，要能够赋予玩家高品质的认识框架，达到"启人悟道"的传播效果。

五、开辟新的营销路径

在新媒体时代的信息营销中，算法是一种极为常见的手段。通过对用户在信息消费中的行为和关系进行分析，能够捕捉用户的消费兴趣和习惯，然后有针对性地推送相应的信息。这就是所谓的个性化推送，它能够针对用户的需求，及时聚合特定的信息，并将其自动推送到受众的面前。算法推送信息能够解决通过人工手段来识别、筛选受众需求信息的耗时、耗力且不够精准的难题，它能够在短时间之内调取、过滤信息，然后及时聚合和分发，这在信息超载极为严重的今天，确实是一种极为有效的手段。新闻游戏能够有效捕捉到玩家的兴趣爱好，并采用算法手段生产、提供更符合玩家需求的信息，在保证新闻生产的情况下，还能够根据玩家的需求聚合、分发相关新闻。因此，新闻游戏在有效地拓展新闻报道的时空、丰富新闻素材的同时，还能够进一步培养玩家的消费习惯。

六、赋予新的把关手段

新媒体时代的信息浩如烟海，多主体参与到新闻生产和传播活动中，更让新闻的真实性难以求证，而新闻的质量也让人担忧。在这种情况下，新闻的把关变得相当困难。游戏技术能够让数量庞大的玩家沉浸于其所构建的场景之中，在了解他们需求的基础上，用特定的叙事手段来讲述故事，从而让大众传播媒体掌握新闻生产和传播的主动权，有效地过滤不良的信息。

本章小结

　　技术可供性是新闻生产和传播得以不断拓展的重要根基。在生态心理学者对可供性开展大量研究工作后，新闻传播学者也在 2003 年将技术可供性引入到相关的领域，并提出了媒介可供性的概念。与其他领域的观点一致，新闻传播学也将媒介技术的可供性分为"技术属性"的可供性和"关系属性"的可供性两个部分。作为对先前媒介的重要补偿的游戏技术，刚与新闻相结合就释放了强大的能量——催生了新闻与游戏的共生网络，为新闻业的发展提供了广阔的空间。

第三章
生态的可供性与新闻游戏发展的空间构建进路

　　在新闻业的发展中，媒介生态的影响是尤为巨大的。从新闻业发展的历程来看，新的媒介生态环境一定会催生新的新闻业务，而传播科技又是引发媒介生态变迁的首要因素。在游戏技术的赋能下，新闻传播领域的媒介生态发生了巨大的变化，并由此催生了新闻游戏这一新兴的新闻形态。在新的生态环境下，新闻游戏的发展获得了诸多的可供性，并由此进入了发展的快车道。

第一节　新生态孕育了新闻业的"游戏化"作业模式

　　与传统媒体时期相比，新媒体时期的媒介生态已经发生了根本性的变化，最明显的就是信息生产和传播的智能化水平不断提升、媒介融合风起云涌。在这种情况下，新闻的游戏化生产与传播呈现出勃兴的态势。

一、走向智能化及融合化的媒介新生态

（一）智能化：数字化推送和体验生态的浮现

　　在大数据、云计算等新兴传播科技的赋能下，人类的信息生产与传播迅速走上了智能化的道路，智媒体也因此应运而生。所谓智媒体，是"依托于共享经济实现对个体认知盈余的充分利用，以及通过依托移动互联、

大数据、虚拟现实、人机交互等新技术的自强化生态系统而建立的多元化、可持续的商业模式与盈利模式，最终实现用户需求与信息内容的智能匹配的媒介形态"。① 智媒体具有三大特征：万物皆媒、人机合一和自我进化。其中，"万物皆媒"是指大众传播媒体向"人"以外的生产主体拓展，与各类媒体技术相关联的智能化载体或机器设备都可能成为新的媒介，呈现出丰富多元的生产者格局；"人机合一"是指在多元生产主体这一生态环境中形成的新的生产者协作方式，其改写了传统的新闻生产、分发、传播及赢利等媒体作业形式；"自我进化"则构成了智媒体的核心运作模式——传统的受众分析依赖于简单的阅读量、收听率、收视率、浏览量、点赞量、转发量等统计数据，并辅以人为判断，而新的受众分析则是在智能算法的加持下，对人的数字化身（用户在平台上的所有数字痕迹）进行智能汇总和分析，这种手段可以精确研判甚至预测用户的个性化需求。

值得注意的是，当用户在网络上的痕迹不断被跟踪、分析，进而转化成其数字化身时，用户对媒介平台的主动使用行为就很有可能逐渐被平台的数字推荐机制所挤占甚至替代，而平台对用户喜好的推断、对用户行为的预测等手段常常被世人所批判，认为其滑向了信息茧房的窠臼。正因如此，众多从精英主义出发的学者也担忧这种信息推荐机制会在信息层面造成对用户的数字化歧视与剥削，不利于用户获取能够促进其向上流动的信息资源和发展机会，用户的主体性权力经受着技术的降维打击和深层异化。

在这种媒介生态下，万物皆媒已然浮现，媒体不再局限于生产和传播信息的平台——任何能够实现信息搜集和传播的终端均为媒体，人们的日常生活已被此类智能媒体重重包围，数字化生存成为媒介化时代的最好注脚。媒介超越时空的特性无疑扩大了人的行为边界，如大数据捕获了人们生活的所有细节以形成人类的数字化身、物联网则实现了人和物的互动与对话等，各类技术逐渐在人的周围构筑起一个全方位的智媒体生态环境，让人无可遁形。吊诡的是，人们对这种生态所携带的"驯化"力量视而不见，反倒是沉迷于其中，不断体验着各种信息生产和传播景观，这也是新闻游戏这一带有沉浸式体验的新闻报道形态一兴起就受到社会大众广泛追

---

① 郭全中. 智媒体的特点及其构建［J］. 新闻与写作, 2016 (3)：59.

捧的原因。

（二）媒介融合：多媒体叙事生态的凸显

在新技术的作用下，各类大众传播媒体已然走上了媒介融合的道路，媒介融合已成为新闻传播领域的一股尤为强大的洪流，它不仅促进了传播的变革，更是重新建构了传播与社会的关系，这是重新理解新闻生产与传播的重要依托点。在媒介融合方面，我们不应该只看到传播媒介之间的融合，还应该看到技术与人的融合，这也是技术赋能下媒介融合的一种重要形式——技术逐渐融入人的肉身，继而成为主体的一部分，各种各样的"后人类"也因此而诞生。"人机结合体"这一由人与技术相融而成的新型主体，正发展成一个终极的媒介，即"赛博人"。在不久的将来，"赛博人"会成为统合所有社会连接的界面。那么，"赛博人"将会以其独特的需求参与到信息传播链条中，也会随之改写人与信息、人与物、人与机器的关系，并形成新的新闻生产和传播格局。在这个特定的生态系统中，新闻的生产和传播均能够以文字、图片、音频、视频、动画、游戏等手段来呈现，形成了特有的多媒体叙事手法。

由此可知，媒体行业的融合变革将是持续的和深层次的，除了增强专业壁垒之外，大众传播媒体还要主动打破行业边界，向外寻求发展，建立新的竞争力，新闻游戏便是一个有益尝试。

二、新闻游戏：新生态下新闻业作业模式的变革

理解新闻游戏，需要首先了解影响新闻游戏的媒介生态。新闻游戏的出现是特定的社会历史条件的产物，其发展顺应了智能技术、媒介融合趋势与用户主动性提升这三大生态背景。具体来说，智能技术增强了新闻业的生产可供性、社交可供性、移动可供性和体验可供性，提供了促进新闻游戏产生的底层架构，使得基于视频技术的新闻游戏能够实现从理念到现实的落地，得以在短时间内制作完成并发布到智媒体平台，并由此获得广泛的传播；媒介融合帮助大众传播媒体整合了生产新闻游戏的技术和人才力量；用户主动性的提升使他们能够积极参与到信息生产和传播的体验之中，形塑了有利于新闻游戏产生和发展的文化背景。由此可知，游戏技术

（一种新兴的媒介技术）催生了新闻游戏这一独特的新闻形态，使新闻业的作业模式发生了较大的变化，主要体现在游戏强势嵌入新闻业务之中、新闻业与游戏产业呈现出纵深融合的情况、新闻生产流程的创新以及新闻生产方式的变革等方面。

（一）游戏强势嵌入新闻业务之中

在当下的媒介生态环境中，移动互联网、大数据、人工智能、VR、AR等技术，是形塑传媒生态发生深层次变革的重要力量，而社交媒体平台、新闻生产系统、新闻分发平台及信息终端是理解这一生态变革的几个重要变量。具体来说，社交媒体平台对用户画像的描绘是基于与用户相关的各种智能物体所传来的数据如可穿戴设备等来进行的，这种数据分析可以深入到用户的行为和身体状态层面来预测他们潜在的需求。此外，场景和社交关系也是一个分析用户需求的重要变量，如抖音就是基于用户的地理位置和社交网络来推送信息的。在新闻生产系统方面，新闻生产主体将向新闻工作者以外的"非人类"主体拓展，如机器、算法、数据、"云"等，这对传统媒体和新闻工作者来说既是机遇也是挑战。在信息终端方面，智能家居、智能汽车、可穿戴设备等将会让信息接收与消费变得无处不在。如此种种将进一步消融传媒业的原有边界，"促逼"着传统媒体加入重建新版图的竞争之中。而在这样的生态下，传统媒体仍需以专业能力作为安身立命的根本，同时也需要不断推出可以增强新闻产品吸引力的新型新闻形态，如新闻游戏等。就新闻游戏来说，其娱乐性特征、交互性叙事和沉浸式体验，正是增强新闻产品竞争力的重要因素。

毋庸置疑，在进入新闻领域后，游戏大大地拓展了新闻业务的空间。众所周知，由新闻和游戏互构而成的新闻游戏，符合新闻娱乐化的发展趋势，而这一趋势能够有效地拓展新闻业务的空间，主要体现在以下几个方面：一是新闻游戏能够促进玩家的深度参与和体验，同时延伸他们的触觉，即延伸玩家与新闻游戏的交互界面，从而促使玩家产生更深的情感卷入和忠诚感，这就孕育了新闻游戏的一个最为巨大的优势，即扩大了传统严肃新闻的受众面——培育了更多的数字原住民，他们是体量极为庞大的新兴消费群体，借助新闻游戏培养他们的新闻阅读习惯，无疑有助于新闻传播业的长远发展。二是新闻游戏能够以多种方式体现交互性，如交互性信息图表和现实仿真等，这有助于吸引玩家的参与。Web3.0 的发展促进了参与式文化的兴起，受众的需求也随之转变，能够满足受众的参与性需求的媒体才能在新的竞争中胜出，因而具有交互性特征的新闻游戏无疑是传统媒体有效增强自身竞争力的重要业务方向。三是新闻游戏营造了沉浸式体验的空间，全身心的体验可以激发玩家对新闻报道的兴趣，并能够提升他们的忠诚度。一般来说，新闻游戏都会有一个相对完整的故事线索，玩家能够深入体验其中的酸甜苦辣，他们能够依据自身的生活经验、个人喜好等来感受新闻事件，甚至可以影响新闻事件的走向。四是很多新闻游戏能够形成一种为玩家量身定制新闻的效果，迎合了玩家的个性化信息消费的心理。

（二）新闻业与游戏产业的纵深融合

新媒体技术改变了新闻业的生态环境，大众传播媒体经受着内外部的威胁和挑战，因而不得不加入新闻业变革和竞争之中。要在激烈的竞争中站稳脚跟，各媒体平台除了要强化自己的优势外，还要学会与那些开展相关业务的公司合作。就目前来说，与游戏公司的合作不失为一个良策。由于新闻游戏产生于新闻和游戏"边界融合"的生态环境中，新闻业需要在不断交叉融合的模糊边界中重构自身，这种具有重构性质的融合体现在形态、功能、组织架构等方面，包括新闻业向游戏产业的融合和游戏产业向新闻业的反向融合这两个方面。

首先是新闻业向游戏产业的融合。在新闻中融入游戏元素，是适应受众娱乐化、参与性需求的一个重要手段。新闻游戏是个颇具价值的新闻报道形式，象征着新闻媒体向其他产业的主动融合，这种融合促使大众传播媒体积极开拓新的经营空间。在新闻业向游戏产业融合的过程中，有一个问题是需要高度重视的，那就是新闻游戏的制作难度较高，不少传统媒体在人才方面较难满足相应的要求。面对这种情况，大众传播媒体需要采取多种方式引进大量游戏技术人员，并积极变革自身的人才管理方式。同时，大众传播媒体也可以采取将新闻游戏的部分生产工作外包给游戏公司的做法，这有助于打破大众传播媒体以往的"自产自销"这一相对封闭的生产理念，从而增强大众传播媒体的多维竞争力。

其次是游戏产业向新闻业的反向融合。对于游戏公司来说，与大众传播媒体开展合作可以拓展游戏的内容和形式。在今天，游戏公司主动寻求与新闻业合作的现象也较为常见，这说明游戏业出现了向新闻业反向融合的新动向。这种反向融合有助于游戏公司在新闻领域获得新的发展机遇。以英国的"野牛数码"公司为例，该公司将自己创建的"游戏新闻网"（网站名称）定位为全球首个运用游戏形式来报道新闻的新闻记者站。"游戏新闻网"与《卫报》《赫芬顿邮报》等许多媒体建立了合作关系，通过制作新闻游戏来向新闻和社会领域扩张。"游戏新闻网"具有与传统游戏的虚构性特点大相径庭的新素材，这些素材源于社会生活中的真实新闻事件，更为多元丰富。正因为如此，"游戏新闻网"制作的新闻游戏就兼具新闻的贴近性、真实性和游戏的互动性、参与性。

（三）新闻生产流程的创新

新技术与新闻传播行业的融合创新了新闻生产模式，最明显的就是再造了新闻的生产流程。游戏对新闻生产流程的再造，主要体现在以下几个方面。

1. 确定受众所需要的产品

不同于传统的新闻生产流程中的编前委员会，新闻游戏的策划是以产品的思维来进行的，这也是互联网思维的集中体现。在新闻生产中，第一步就是要确定产品的基调，这需要综合考虑新闻选题本身的特点和用户的偏好。在新闻游戏的生产中，用户的地位被提升到了一个新高度，凸显了新闻游戏生产中"用户至上"的生产理念。也就是说，在新闻游戏的选题中，新闻信息的唯一性地位被打破，大众传播媒体必须将用户需求这一极为重要的问题纳入新闻生产的流程之中，以此来优化新闻产品、提升传播效果。目前，常见的受众分析方式包括传统的问卷调查、面对面访谈、电话访谈等，但这些方式的局限性也十分明显，如样本数量较少、访谈对象的代表性不够、调研的人力物力财力成本较高等。而在智媒体时代，各种智能技术（如大数据、物联网等）的应用，能够让大众传播媒体获得大量丰富且针对性强的新闻线索，对受众的分析也深入到态度和偏好层面，甚至能够预测受众自身不曾意识到的潜在需求。

2. 提出产品原型概念

提出产品原型概念是新闻游戏产品生产中的重要一环，其直接决定着新闻产品的内容创作与形式呈现。新闻游戏的策划流程包括新闻编辑、数值策划、关卡策划和表现策划。产品原型概念的提取，需要提前定好新闻游戏的题材与玩法，将游戏分成若干个互相衔接的子模块，然后确定各子模块的规则逻辑与文案策划，接着撰写新闻游戏的脚本等。有人曾针对新闻游戏策划提出了"新闻增量"这一概念，旨在让玩家在游戏中获取与新闻有关的事实性信息的同时，也能够了解与新闻事件的前因后果等深层次信息，甚至能够产生情感共振。

3. 产品经理设计产品原型

产品原型是新闻游戏的初始形态，从中可以看到其交互性设计、场景设计等关乎玩家体验的内容，也有利于减少产品设计成本。负责产品原型设计的编辑人员被称为产品经理，产品经理根据新闻游戏策划中确定的方案设计出具体的游戏场景，确保游戏场景的交互性和结构化；同时细化新闻游戏的细节，如文案撰写、页面排版、交互逻辑、具体动效和动效时长等。原型设计之后便是原型开发阶段，即最小可实行产品设计，可与玩家进行有限的交互，这一阶段包括两个目标，一是以最小投入来测试玩家是否喜欢此类题材和玩法，二是预测技术实现的可能性如何等，即探索产品可实现性和产品与市场的匹配情况。这可视为传统受众分析在时间上的提前，或把关主体向用户端的扩散。需要注意的是，新闻游戏产品的落地需要各部门的沟通交流与协同合作，这需要在原型设计阶段加强与各部门的工作对接，如开发部门和测试部门需要分别作出冒烟测试与测试用例，来推动设计方案的统一协作与最终落地。

4. 美术设计完成场景素材

新闻游戏的美术设计师包括原画师、动作动画师、UI 设计师等，他们需要与策划、产品、开发、运营等部门进行沟通，以设计好页面颜色、场景、按钮位置、弹窗大小等组件风格与样式，这些设计是新闻游戏可视化特征的体现，也是吸引用户参与的重要视觉元素，如《重走长征路》这款新闻游戏中"镰刀、锤子与红旗"的形象，就体现了新闻游戏玩家的角色身份。

5. 新闻编辑优化产品文案

在产品原型策划和设计阶段，新闻编辑均参与到新闻游戏文案的撰写与修改之中，在前期的原型策划阶段，他们需要确定文案框架和风格；在原型设计阶段，他们需要根据各场景的动效和 UI 来微调文案。新闻编辑可以借助原型设计工具如墨刀来调整产品原型中的文案，以此模拟和优化玩家的体验感，这部分结束之后，产品的最终形态就显现出来了。由此可见，产品文案的优化对新闻编辑提出了更高的要求——既要掌握新兴的产品设计工具，也要具有产品设计思维。

6. 开发测试和运行维护

技术开发人员需借助编程来将产品原型转化成最终的产品形态，之后就要对这个新闻游戏产品进行测试和修改。新闻游戏产品的开发阶段是整个新闻游戏生产流程中最重要的阶段，直接关乎产品原型中的交互设计能否真正实现。在具体工作过程中，产品经理和项目经理也参与跟进项目动态、解决新增的具体问题，同时还要监督产品设计的质量。产品研发之后就要进行 BUG 和性能测试，以最大限度地保障新闻游戏产品的质量和玩家的使用体验，接着就是宣传与发布工作，以促使新闻游戏获得最大的曝光和最终的落地。

7. 产品迭代阶段

在新闻游戏产品发布之后，需要运营人员继续推进产品的推广、发行，比如上传到各大线上平台或联系广告商与大众传播媒体进行宣传等。此外，还要监测游戏运行的稳定性、收集玩家的实时体验、及时跟进处理玩家的反馈意见等，以进一步明确玩家的需求，促进后续的产品迭代。这需要运营人员与各部门协同合作，形成信息共享机制。

由此可见，新闻游戏产品的生产流程与传统的新闻生产存在诸多差异，也需要更多部门（如运营、技术开发等部门）的协同合作，这体现出多元主体参与新闻游戏生产的"去中心化"特征。

（四）新闻生产方式的变革

新闻生产方式的变革体现为新闻生产由单向性和垄断性向开放协商和迭代式方向迈进。技术创新对传统新闻生产的创造性破坏与结构性重塑既体现在具体的生产环节上，也体现在新闻生产方式的改变上。传统的新闻生产方式具有高度的垄断性和单向性，新闻生产的话语权更多掌握在专业媒体的手中，受众只是被动接收信息的对象。在这种情况下，传统的新闻生产方式是闭合式的。然而，随着游戏技术的普及和大众媒介素养的提升，人们可以借助多种渠道反馈自己的意见，其意见也被整合进新闻生产体系之中，传受边界的消融带来了开放式、协商式、迭代式的全新新闻生产方式。

　　新闻游戏生产的开放性体现在受众对新闻文本的解读和评论上，受众的多元解读可以通过多种形式来反馈给媒体平台，如评论区留言、社交媒体话题区讨论等，受众的主动创作既是开放性新闻文本的一部分，也有助于将其他受众聚集在一起，形成新的社群传播，从而扩大新闻产品的影响力。在新闻游戏中，玩家通过评论区、社交媒体、游戏论坛等渠道表达情感和态度、分享游戏攻略，是对新闻文本的进一步延伸，丰富了新闻报道的价值与意义。如共青团中央联合橙光游戏网站推出的《重走长征路》这一新闻游戏，其评论区充满着玩家个性化的"逃亡"游戏体验经历，留言多达1000余条。如网友"英雄阿匕"的部分评论就表达了对红军长征的敬仰之情："游戏可以读档，但那些红军战士的生命无法重来，他们完成了世界军事史上前无古人的壮举，最终让星星之火在全中国燃烧。"此类分享也出现在其他游戏论坛或知乎、贴吧等平台上，形成了玩家自发分享的裂变式传播格局。

　　新闻游戏产品的迭代性特征尤为明显。与传统新闻一次性制作的生产方式不同，新闻游戏的生产是不断迭代升级的：初始版本的发布并不是产品的终点，而是要不断根据玩家的体验反馈和需求来进行产品更新与升级，不断提升玩家的游戏体验感。版本迭代是传统媒体时期的新闻机构不能实现的生产方式，其体现了玩家在新闻生产中的话语权和影响力。因此，新闻游戏的迭代式生产方式反映出新闻生产方式从封闭式、垄断式的生产转向开放协作式及迭代式的社会化生产，即"新闻生产不再仅仅是一个专业组织的封闭生产形态或者机制过程，而是共同参与、协同生产的活动"。①如《重走长征路》就在游戏发布时开放了评论区和投票区，收集玩家对游

①　张志安，吴涛. 互联网与中国新闻业的重构：以结构、生产、公共性为维度的研究［J］.现代传播（中国传媒大学学报），2016（1）：44.

戏体验的反馈，继而不断对游戏进行校验、更新，甚至根据玩家的意见改写情节与结局，这些做法让《重走长征路》占据橙光游戏网站非遗类游戏榜第一名，近百万玩家参与，同时获得近三万的点赞、分享与收藏数。这种产品思维也被应用到了《逃跑人的日常》这款新闻游戏中，并细化了投票区的问题选项，如"立绘太垃圾""剧情没头绪""历史知识不够丰富""动效、场景无设计"等，顺应了玩家的思考惯性，提高了问题反馈的准确度。因此，在新闻游戏产品的迭代过程中，玩家的反馈意见占据了更高的权重。这也和新闻游戏的产品特性有关，新闻游戏不仅要传递事实的信息，还要注重优化玩家的交互性体验，甚至激发玩家的情感共鸣和忠诚度，因而"玩家体验"成了检验新闻游戏产品质量的关键性因素。这时，新闻生产的理念也发生了变化，大众传播媒体不再是高高在上的指挥者，而是注重与受众平等协商的主体。实事求是地说，传统新闻产品的生产也可以借鉴游戏的迭代特性，根据受众反馈优化报道方式，或将受众反馈补充进新闻报道中，从而提升受众的参与感与满足感，这种"协商式生产"在新闻生产各环节的应用，充分诠释了马克思所提出的"报刊的有机运动"这一观念。也就是说，新闻游戏的迭代性生产显示了新闻生产底层价值的逻辑转换，即新闻报道对真相的追求是一个无限的过程，可以借助对事件后续发展的补充、追踪与优化来不断提升人们的认识水平。

第二节　新生态对新闻游戏发展的可供性逻辑

新媒体生态下新闻游戏可供性的逻辑包括理论、技术、文化和跨界等四个方面，每一方面既独立又相互依存。

一、理论逻辑：作为游戏的传播

新闻通常被视作一种"公共知识"，[①] 它旨在通过公正、全面地传递信

---

① 迈克尔·舒德森. 新闻的力量 [M]. 刘艺娉，译. 北京：华夏出版社，2011：1.

息来消除"不确定性",其功能之一便是公众思想和行动的指南。① 新闻传播丰富了人类的知识,助推了知识的扩散与应用。② 新闻被视为实现民主的有力手段,承担着各类社会责任和道德期望,被塑造出一副精英主义的严肃面孔。

然而,新闻不仅是知识与信息的传播过程,同样也是游戏的传播过程。麦克卢汉指出,"游戏是对日常压力的大众反应的延伸,因而成为一种文化准确可靠的模式。它们把整个人口的行为和反应熔为一炉,使之成为一个动态的形象"。③ 游戏并非与严肃格格不入,加达默尔强调了这样一个观点:"游戏活动本身就具有一种独特的、甚而是神圣的严肃。"④ 大众传播甚至被威廉·斯蒂芬森视为游戏性传播,它允许受众沉浸于主观性的游戏中。⑤ 这些理论阐明了新闻作为传播的"游戏"这一特征,具有某种娱乐性的心理功能。

新闻游戏作为一种新兴的新闻报道样式,集中体现了当下媒介环境中的互动性、娱乐性的发展趋势,拓展了新闻的"游戏"属性,正符合罗杰·凯洛依斯所谓的"独立性""规则性""自愿参与""角色扮演""不确定性""非生产性"等游戏特征。⑥

新闻游戏的游戏性和娱乐性特征主要体现在以下五大方面:第一,新闻游戏为玩家的新闻消费提供了可供替代的新型方式,丰富了玩家获取新闻的方式和渠道。第二,新闻游戏的结果是根据玩家的操作而改变的,具有极大的不确定性和体验性,有利于吸引玩家的参与。如在很多以战争难民为素材而设计的新闻游戏中,要求玩家以难民的身份帮助难民逃亡,而玩家能否帮助难民成功逃离,取决于其能否作出正确的判断与选择。第三,

---

① 迈克尔·舒德森. 新闻的力量 [M]. 刘艺娉,译. 北京:华夏出版社,2011:1.

② 卡斯珀·约斯特. 新闻学原理 [M]. 王海,译. 北京:中国传媒大学出版社,2015:10.

③ 马歇尔·麦克卢汉. 理解媒介:论人的延伸 [M]. 何道宽,译. 北京:商务印书馆,2000:291.

④ 汉斯-格奥尔格·加达默尔. 真理与方法 [M]. 洪汉鼎,译. 上海:上海译文出版社,1999:131.

⑤ STEPHENSON W. The play theory of mass communication [M]. Chicago:The Univesity of Chicago Press,1967:1.

⑥ 周逵. 作为传播的游戏:游戏研究的历史源流、理论路径与核心议题 [J]. 现代传播(中国传媒大学学报),2016(7):25.

新闻游戏借助互联网建构了一个全新的游戏场域，这个游戏场域虽然允许玩家自主探索，但背后仍体现出新闻游戏的指导性和规训性，这是由新闻事实、游戏精神及现实逻辑共同决定的。第四，新闻游戏仅具有知识性和娱乐性，不是实际的生产性行为。第五，新闻游戏作为博格斯特所界定的"程序修辞"，对新闻故事的呈现是借助交互性的游戏模型来实现的，从而构建了一种可以供受众/玩家亲身体验的"社会情境"，① 这使得他们可以获得某种角色想象，在这个社会生活的模拟演练场中内化互动与角色规则。

总而言之，新闻游戏带来了一种非线性的新闻叙事，新闻事实可以通过情境、故事和角色的构建而获得一种全新的发散性叙事模式，② 即"新闻背景介绍—新闻发展节点选择—新闻情节推进—新闻故事结局"，玩家的主体性被肯定，玩家可以选择发展节点而体验到不同的新闻故事结局。因此，新闻游戏不仅具有信息传播功能，也具有娱乐性和体验性功能，玩家在交互性的故事情境和可操作的游戏任务中拓展了情感体验、虚拟交流与参与社会公共事务的渠道和方式，以一种更具娱乐快感的形式参与到新闻建构的拟态环境中。

二、技术逻辑：具身技术与沉浸式体验

新闻游戏的本质是以游戏形式呈现的新闻，它既符合游戏的规则与形式，也遵循着新闻的价值原则。新媒体技术如人机接口、数字图像处理、模式识别、传感等技术是游戏新闻形成的重要基础，这些技术的结合能够同时延伸人们的视觉、听觉、触觉等感官，形成一个玩家可以进入、参与的"具身性"仿真环境，同时也有助于增强新闻的真实性。

一方面，真实是新闻游戏的生命。新闻游戏是建立在真实的新闻资料和新闻故事的基础之上的，这使得其与那些虚构的电子游戏存有着根本性的区别。新闻游戏的最终目的是制作出一份正确的、能传递意见的好报道，同时像记者一样保持批判性思考。新媒体能够在技术维度上再现新闻游戏

---

① 乔治·H. 米德. 心灵、自我与社会［M］. 赵月瑟，译. 上海：上海世纪出版社，2005：126.

② 周敏，侯颗. 新闻边界视角下的新闻游戏探究［J］. 现代传播（中国传媒大学学报），2016（1）：161－162.

的真实性：从初级层面看，新媒体技术如音视频、多线程处理、地理位置信息、语义化、绘图等技术可以丰富新闻中的"5W"要素的再现方式。①多种媒体技术如文字、图片、视频、音频、动画、游戏的组合运用，可以保证信息的高保真性和丰富度。而从高级层面看，新媒体技术如增强现实技术等，除了可以模拟、再现人类的真实经验外，也可以超越人类的现实生活，构建一个完全虚拟的仿真世界。因此，新闻游戏在理论上具有多面向、多角度、多层次再现新闻事实以及保持报道的平衡性的潜能。

因此，基于新媒体技术的新闻游戏能够最大限度地还原新闻现场、再现新闻故事。如《急诊人生》这一新闻游戏，就还原了真实的医疗场景，其背景为大型的医学中心，还穿插着相关的新闻资讯，玩家的角色是挽救重危病人的急诊室医师，他们自主选择救治方案，并根据救治成功的病人数量来获得相应的晋级水平。这说明新闻游戏可以经由技术辅助更全面、具体地还原新闻故事情节、新闻场景和新闻素材的真实状态。

另一方面，游戏本身是一种代入式消遣，它提供了一个可以逃避现实世界的具身体验情境，人们在游戏规则内自主探索，获得某种情感满足和快感体验。而随着虚拟现实技术、增强现实技术和混合现实技术的发展，虚拟空间的具身性有了极为显著的提升，凸显了身体在场的重要性，也延伸、强化了身体的知觉，情感体验也会伴随身体知觉的卷入而产生，从而增强了新闻游戏的沉浸性、卷入度和情感忠诚度。

波尔特和格鲁森认为"虚拟现实给人的感觉是沉浸式，也就是说，这一媒介的功能是化为乌有、了无行迹"。②美国心理学家米哈里·契克森米哈于1975年提出了"沉浸理论"，该理论主要用来描述情感沉浸这一现象，即人们为什么能够完全投入某种活动中，出现注意力高度集中的状态。在他看来，"沉浸"的产生需要适当的挑战性，这样会使得玩家产生情感沉浸，以至于忘却自己的存在、体会不到时间的流逝，这种情感体验产生于一个技巧与挑战能够微妙平衡之时，若挑战过小，就会失去足够的吸引力

---

① 杜翼. 移动互联网时代下的网络编辑创新：以基于Html5新闻游戏为例 ［J］. 新闻研究导刊, 2016 (4)：37.

② 罗伯特·洛根. 理解新媒介：延伸麦克卢汉 ［M］. 何道宽, 译. 上海：复旦大学出版社, 2012：278.

来让玩家留驻；若挑战过大，则会使玩家因失去掌控感而产生焦虑、挫败感和想要放弃的冲动。[①]

新闻游戏借助游戏营造的虚拟新闻现实，可以增强玩家的情感卷入度。一方面，通过让他们产生亲临新闻现场的逼真感受，激发他们身体知觉的沉浸，包括听觉、视觉乃至其他感官的沉浸；另一方面，新闻游戏允许玩家依据自身的经验和喜好来自主探索、主动参与，可以实现行为系统的沉浸，包括语言表达、交流、反馈等。[②] 总的来说，新闻游戏是一种具身性的新闻体验，玩家借助终端设备"进入"技术建构的仿真式新闻现场中，忘我地投入新闻故事的逻辑之中，但同时仍具有参与新闻事件、扮演新闻角色、推动情节发展的主动性，既获得了实用丰富的新闻信息也产生了娱乐性的消遣。

三、文化逻辑："仿真"文化和消费主义文化

罗伯特·洛根富有警示性地指出，"'新媒介'对新闻生产者的冲击更富于戏剧性，胜过它们对新闻消费者的冲击"。[③] 在大众门户时期，新闻生产者只需要把内容搬运到网站上，而随着移动互联网的发展和网络社会的崛起，单纯的内容搬运已然不能满足新媒介时期受众的需求，这要求生产者转换新闻生产逻辑，向"新新闻"的方向寻求转型突破。新闻游戏便是"新新闻"主义的产物，它不单单意味着新闻报道方式的改变，更是深深契合了当下的"仿真"文化逻辑和消费主义文化逻辑。

首先，新闻游戏表现了新媒体文化的核心文化特征，即"仿真"文化逻辑。波德里亚对拟像的三个阶段的分析指出，文艺复兴到工业革命时期的主要模式是"仿造"，这一模式在工业时代和当前代码主导时代则相继转化成了"生产"和"仿真"。[④] 根据波德里亚的论述，仿真文化存在三个核

---

① 刘研.电子游戏的情感传播研究［D］.杭州：浙江大学，2014：25.
② 杭云，苏宝华.虚拟现实与沉浸式传播的形成［J］.现代传播（中国传媒大学学报），2007（6）：21.
③ 罗伯特·洛根.理解新媒介：延伸麦克卢汉［M］.何道宽，译.上海：复旦大学出版社，2012：128.
④ 让·波德里亚.象征交换与死亡［M］.车槿山，译.南京：译林出版社，2006：67.

心特征，它们彼此间存在关联：第一，可在计算机上设计出客体并建构出设想的场景来运作这些客体，如对其进行损坏试验；第二，超现实由于比现实更加真实而取代现实；第三，仿真的层次在编码的世界中得以存在——今天的文化能够以二元编码甚至是二元选择的形式来体现自身，如：对或错、0 或 1。①

新闻游戏恰恰是计算机仿真的产物，其将新闻场景和新闻事实以一种非线性、多层次的形式呈现出来，建构了一个比新闻真实更为立体、丰富、完备和可接触的真实，从而消弭了"真实"和"虚拟"或"表象"之间的界限。新闻游戏在现实之外营造了一个比现实更为真实的拟态环境，正是拟态环境而非现实本身指引着人们对世界的认识和行动。在新闻游戏中，玩家虽然看上去获得了前所未有的主动权，但他们的行为依然受着程序规则的指导和规训，且这一过程是不易被察觉的。

其次，新闻游戏反映了数字化生存时代的"新新闻"消费逻辑。新媒体对新闻生产的影响不单是传播渠道的扩展，更是培养了不同于传统媒体时期的消费群体，他们作为主动的新闻消费者而存在。新闻游戏有利于满足主动型新闻消费者的诉求，主要体现在以下几个方面。

第一，新闻游戏丰富了消费者消费新闻的方式和渠道。在当前的信息超载环境下，新闻消费的主导性逐渐取代新闻生产的主导性，因为新闻消费是根据用户的需求来开辟新型报道方式的，轻松、娱乐化的新闻更有助于他们的接受和消费。

第二，新闻游戏赋予玩家/消费者一种虚拟身份，使其能够在角色扮演时认可角色附带的"符号价值"——包括对自我身份的想象（自我想象、自我认知）、群体身份的认同（群体归属感及共同体文化）以及自我反思与社会反思等，这是新媒体时代的受众自我持存的独特方式。比如在《预算英雄》这一新闻游戏中，玩家被赋予的角色是执行削减联邦预算这一棘手工作的政府要员，游戏提供了国会预算办公室的经济模型和数据，玩家依据这些信息作出经济决断，并模拟处理联邦预算如何在未来 30 年实现收支

---

① 尼古拉斯·盖恩，戴维·比尔. 新媒介：关键概念［M］. 刘君，译. 上海：复旦大学出版社，2015：100.

平衡这一难题。该游戏除了提供相关新闻信息外，也赋予了玩家一种新的游戏身份，使其得以亲身体验决策过程并表达自己的观点和态度。

第三，新闻游戏具有交互性和具身性特点，能够刺激受众的知觉感官并使其产生相应的情感体验。加拿大传播学家罗伯特·洛根指出，"新媒介"使用户成为积极的使用者、互动参与者和内容生产者，而不再是被动的信息接收者。① 新闻游戏搭建的是双向互动的信息沟通平台，新闻游戏得以留存玩家的独特优势不在于实用性的信息内容，而在于其作为"广泛的文化联系与幻觉的功能"，② 因为它在游戏中附加了参与决策、共同受难、引导拯救等想象性的角色，加上游戏本身的仪式化，玩家彼此间能够产生丰富的"共情体验"③ 和参与者的想象性满足。这对于玩家来说，产生了一种跨越肉身和地理的超越性，④ 且拉近了一般意义上而言的生产者与使用者、专业人士和业余人士以及作者与读者、工作和休闲之间的距离。

四、跨界逻辑：新闻媒体与商业平台的深度融合

习近平总书记在人民日报社就全媒体时代和媒体融合发展举行的中共中央政治局第十二次集体学习时强调，推动媒体融合发展、建设全媒体成为我们面临的一项紧迫课题。总的来说，要统筹处理好中央媒体和地方媒体、传统媒体和新兴媒体、主流媒体和商业平台、大众化媒体和专业性媒体的关系，形成资源集约、结构合理、差异发展、协同高效的全媒体传播体系。可靠的信源、专业的新闻生产，以及党和政府政策的传递者角色，为主流媒体的公信力和影响力提供了强大的支撑力量。商业平台也展现出了自身的优势，即内容汇聚、用户中心等特点，体现出独特的内容传播优势。

---

① 罗伯特·洛根. 理解新媒介：延伸麦克卢汉 [M]. 何道宽，译. 上海：复旦大学出版社，2012：5.

② 迈克·费瑟斯通. 消费文化与后现代主义 [M]. 刘精明，译. 南京：译林出版社，2000：21.

③ 潘亚楠. 新闻游戏：概念、动因与特征 [J]. 新闻记者，2016（9）：2.

④ 尼古拉斯·盖恩，戴维·比尔. 新媒介：关键概念 [M]. 刘君，译. 上海：复旦大学出版社，2015：83.

移动互联网的发展更快地抹平了媒体间的边界分野，同时商业平台的迅速崛起和边界扩张使其成了主流媒体的一个强劲竞争者和潜在的合作者。从媒体融合的角度来看，主流媒体可以充分利用其公信力优势与商业平台的互联网思维，形成优势共振的局面。近年来主流媒体与商业平台在重大主题报道中的合作都获得了前所未有的传播力和影响力，成了媒体融合研究的范本。

在新闻游戏领域，新华社与腾讯QQ飞车的合作是媒体融合的成功案例之一。在传播前期，新华社在社交媒体平台上广泛造势，并采用图片、漫画、视频等大众喜闻乐见的方式来宣传"飞跃神州"赛道；腾讯则发挥其在游戏领域的专业实力，引导玩家参与"飞跃神州"赛道，通过设置激励反馈模式、赠送游戏道具和"找彩蛋"、互动留言等互动方式来促进玩家的参与。后期，平台对玩家留言的大数据分析显示，"骄傲""生日快乐""惊喜""自豪""我爱你中国"是玩家留言中的主题词，彰显了此次跨界合作在制造传播仪式、展现家国情怀上的成功之处。而在传播的后期，其热度也持久不散。国庆期间，网络用户尤其是网络原住民，纷纷在线下打卡新闻游戏中所展示的景点，如鸟巢、广州塔等。由此可见，这一新闻游戏的制作使得主流媒体在数字原住民群体中也获得了巨大的影响力。

第三节　生态可供性视域下新闻游戏发展空间的拓展

新闻游戏与传统的文本式报道不同，它具有游戏的空间建构特征，即虚拟现实性。虚拟空间概念最早可以追溯到威廉·吉布森创作的《神经漫游者》这一科幻小说中所创造的"赛博空间"一词。众所周知，Web3.0时代的网络空间具有更为突出的沉浸式特征，而网络的物质性便是由其空间性来体现的，新闻游戏借助多媒体技术、虚拟现实技术、增强现实技术等建构了一个虚拟的沉浸式互动空间，这个空间为数字时代的文化生产提供了尤为重要的场所。生态可供性视域下新闻游戏发展空间的拓展，可以围绕以下几个方面来进行。

一、建构生态变迁的底层空间

在行动者网络理论看来，技术是影响新闻生态的一个尤为重要的底层逻辑，诸如新闻游戏等新兴的新闻形态，正是建立在 Web3.0 这一数字技术发展和普及的基础之上的。把握媒介生态的底层逻辑，也就能够构建起新闻游戏发展的底层空间——这个空间就是数字技术的可供性。数字技术的可供性特征及其对新闻业的赋能，为厘清媒体发展的"新"与"旧"提供了参照标准，即大众传播媒体在信息生产可供性、社交可供性、移动可供性以及体验可供性四个方面的水平越高，就越趋近于"新"媒体。

（一）生产可供性

在进入新闻生产领域以后，数字技术便引发了新闻传播生态的变革与重构，它使大众传播媒体得以不断拓展信息分发的渠道，全天候地向大众供给新闻内容，从而增强了新闻生产的可供性。然而，入驻门户网站和互联网平台也意味着不得不与平台的内容生产逻辑与信息分发逻辑相协调，这有损于大众传播媒体的自主性和独立性，需要大众传播媒体不断平衡专业性与时效性、严肃性与娱乐性等多种矛盾。值得注意的是，传统媒体之外的外部媒体入驻其实是增强新闻生产可供性的主要力量，这得益于技术门槛的降低，即技术可供性对多元内容生产者的加持。此外，新闻生产的主体也不仅仅限于人类，被应用于新闻生产中的各种数字处理技术也可视为全新的新闻生产主体，而这又反向要求新闻从业人员增强人机协作能力，不断提高新闻生产质量和效率。数字处理技术在新闻游戏中的应用主要体现为大数据报道，即通过对海量数据的挖掘和处理来更直观、全面地呈现社会现象或社会规律；数据分析也可以应用于前期的新闻选题策划与后期的传播效果评估，即根据对网络热点事件或话题的分析来组织新闻报道以更好地回应用户需求，通过内容的点赞、转发、评论以及浏览时间等数据分析用户的满意度，这也是新闻游戏生产中用户思维的体现。因此，数字技术在技术与文化的双重意义上影响了新闻生产的基本生态。此外，云计算、物联网等技术将会成为深化新闻生产可供性的巨大潜在力量。

（二）社交可供性

新闻游戏生产的社交可供性得益于社会化媒体以及利基社交网络的兴起。社会化媒体使受众从传统的信息消费者转变成了新的生产与消费主体，从而在影响媒体的内容生产与分发等方面获得了更大的话语权。即使受众不能直接决定或影响大众传播媒体的内容生产，但他们的参与却让新闻生产和传播的环境更为开放。社交媒体的广泛应用促进了受众间的内容分享行为，这无疑有助于打通信息传播的"最后一公里"，形成裂变式的传播效果。在这个意义上，社交可供性也有助于转化成信息生产可供性。由于受众的社交分享伴随着信息的流通，便出现了公共领域和私人领域相互融合的局面，一些公共信息如新闻报道在从公共领域流向私人领域的同时，不少私人交往内容以及个人感受态度等也混杂进了公共领域。

（三）移动可供性

智能手机等移动通信技术的应用，在信息接收端提高了新闻生产和传播的移动可供性。用户的新闻获取由大段的固定时间被切割成碎片化的移动时间，新闻游戏的消费不再受制于媒体制定的空间情境或时间规程。在移动媒体时代，"场景"开始成为组织新闻生产与分发的重要因素，也就是结合受众在特定时间、空间、行为模式以及社交氛围等各种因素协同影响下的特定需求，随着受众场景需求适配能力的提升，未来的移动可供性也会转化成场景可供性。

（四）体验可供性

数字技术在新闻产品消费端增强了新闻体验的可供性。在门户网站时代，Flash 技术创造了一种基于多媒体的、具有交互性的新闻叙事模式，这强调了对用户体验的重视；在 2000 年左右，西方的一些媒体编辑开始开发 Flash 小游戏来对新闻进行补充说明，同时吸引玩家参与以增强黏性；在移动媒体时代，H5 等技术取代了 Flash，如《人民日报》发布的《快看呐！这是我的军装照》，就是对这种交互体验的延续和发展。不过，这种交互更多是在视觉方面的交互，VR、AR 等技术则实现了对人的视觉、触觉、听觉等感官的全面延伸，用户可以依据自己的主观视角来进入"新闻现场"，获得对新闻事件的个性化、主观化了解，也有助于增强用户的情感体验，产生对新闻人物的共情与认同。但是，新闻游戏也招致了损害新闻"客观性"的批评。总的来说，当前多形态的智能新闻生产反映了新媒体的交互性、娱乐性等趋势，而新闻游戏虽还没有广泛普及，却也是对如火如荼的新媒体文化的集中反映，其存在具有特定的技术和文化因素，无疑符合莱文森所言的"媒介演化的人性化"趋势。

需要特别指出的是，数字技术除了增强新闻传播业在新闻生产、传播和体验等诸多方面的可供性外，也深刻重构了新闻传播业与其他产业的原有边界，媒介融合便是最为典型的印证。媒介融合最早可追溯到美国学者尼葛洛庞帝在 20 世纪 70 年代的一个预言，即广播和动画业、印刷出版业和电脑业这几大产业将出现融合趋势。媒介融合的实质在于，过去在媒介与它所提供的服务之间存在的一对一的关系正在被侵蚀：一方面，单一媒介可以承载过去多种媒介才能承载的服务；另一方面，任何一种过去只能由单一媒介提供的服务，例如电话、报纸、广播等，现在都可以由多种媒介来提供。目前，我国主流媒体正在向深度融合的方向推进，以更好地提升传播力、引导力、影响力和公信力。与此同时，新闻传播业也出现了商业平台吸收传统媒体的优秀理念与思维的"反向融合"的现象。也就是说，媒介融合不仅发生在新闻传播业内部，也发生在大众传播媒体和其他产业的结合中。传播业边界的扩大与融合，是新闻游戏产生的生态背景和历史条件。新闻游戏不仅体现了媒体与技术公司的融合，也集中体现了受众与大众传播媒体的融合，即大众传播媒体可以在满足受众新闻信息需求的同时满足受众参与新闻事件的需求。

二、构建新闻游戏的虚拟文化空间

虚拟空间能够为新闻游戏提供独特的社会情境。在数字时代，社会科学经历了一场空间转向，将数字媒体建构的环境也视为一种实践空间，这一虚拟空间是网络物质性的具体体现，具有特定的技术逻辑和文化规范。梅罗维茨指出，戈夫曼的拟剧理论在电子媒介时代发生了新的变化，社会活动中的"前台"与"后台"的界限被跨越时空的电子媒介所消解。梅罗维茨将地域分为"社会性地域"与"物理性地域"两大类别。在电子媒介出现之前，人们的社会交往距离和范围受到肉身和地理的极大限制，且人们只能处于固定的、封闭的物理空间中，遵循着物理性地域给人划定的角色规范和社会规范。而电子媒介跨越时空的特性，使受众可以获得新的共在关系，即离身性共在，受众可以随时随地进入不同的虚拟空间中，彼此建立社会性连接，形成新的社会与文化共同体。因此，虚拟空间也是虚拟化身开展社会实践活动的社会情境。

新闻游戏也搭建了一个虚拟空间，这一虚拟空间具有其自身的内在特点，且随着 VR、AR、体感等体验性技术的应用，这一虚拟空间将允许玩家进行更具沉浸感的社交互动，其社会情境属性也因此更加凸显。众所周知，新闻游戏兼具信息属性和娱乐属性，是典型的虚拟文化空间，既有各类技术的支撑，也有特定的文化氛围，同时也允许玩家自主探索、实现个人意识在虚拟空间中的交互性沉浸。建构新闻游戏的虚拟文化空间，要把握其所具备的相关特征。

（一）物理空间边界的消融

不同于传统地理空间，新闻游戏所建构的空间是虚拟的、跨地域的，任何玩家都可以借助终端设备，凭借虚拟化身进入到更为辽阔的文化场域。著名游戏研究学者赫伊津哈认为，游戏在运行的过程中便形塑了一个与现实空间相区别、相隔绝的特殊空间，该空间具有自身的独特运行逻辑和文化规则，玩家可以通过角色嵌入自主地获得交互式体验，并由此实现虚拟空间中的文化生产。[①] 新闻游戏借助文字、图片、视频、音乐、动画、VR、AR 等搭建了一个虚拟场景，玩家可以随时参与到新闻游戏之中，根据自己的经验和喜好去推动新闻情节的发展，新闻故事便嵌入在这样一个虚拟的空间之中。此外，采用 H5 等技术所制作的新闻游戏，玩家无需下载 APP 即可参与其中，这有助于降低新闻游戏参与的时间和精力成本。

（二）空间的开放与包容

虚拟空间具有去中心化和开放包容的特点。首先，新闻游戏是面向所有玩家开放的，且新闻游戏的情节设置、游戏内容的书写等都以玩家的兴

---

① 约翰·赫伊津哈. 游戏的人：文化的游戏要素研究［M］. 傅存民，译. 北京：北京大学出版社，2014：11.

趣为出发点，以期更好地吸引玩家的注意力、提高游戏的参与度。其次，新闻游戏不仅包含新闻的真实性，也包含游戏的娱乐性，因此新闻游戏在文化上具有兼容并包的特点，新闻游戏也接入了其他文化，如沙画、音乐、电影、动漫等艺术形式，构成了一个泛娱乐化的虚拟场所。最后，新闻游戏与新技术具有较高的融合度。新闻游戏的出现是技术进步的结果，也终将在新技术的加持下产生更具沉浸体验的虚拟空间。未来，VR、AR、体感技术等将会持续优化玩家在新闻游戏这一虚拟空间的交互体验和情感感受。

（三）虚拟文化生产的自主性

新闻游戏构建的虚拟空间具有文化层面的包容性，即除吸纳、融合有益的外来文化外，其空间内部也随时进行着文化的再生产活动。而在文化的再生产中，以玩家为主导的自生产是最为主要的模式。玩家在虚拟空间中的互动会形成新的虚拟文化，包括玩家与玩家、玩家与游戏环境之间的互动。玩家在游戏空间中生产的虚拟文化可能会渗透到其社交网络或现实生活中，形成文化的融合发展以及虚拟空间与现实空间的相互建构。

总之，新闻游戏建构了一个虚拟的文化空间，这是数字空间的一种，其发展与技术生态和媒介文化均存在重要联系，这一虚拟空间正成为人们获取信息和娱乐，以及形塑文化共同体的重要场域。

三、构建新闻游戏的沉浸式体验空间

构建新闻游戏的沉浸式空间，需要实现数字空间向数字地域的转换。有道是没有体验就没有受众，在数字媒体时代，大众传播媒体必须构建起极具体验感的空间，为受众提供沉浸式体验。就新闻游戏来说，玩家之所以会不断向虚拟空间聚集，是因为他们有共同的兴趣爱好，且虚拟空间能够为他们提供沉浸式体验，他们对自己聚集的虚拟空间有着较为强烈的认同感和归属感。在新闻游戏中，玩家的参与度和自主性较高，他们可以自主选择身份，扮演相应的角色，在既定的游戏规则中施展自己的主动性，在一些新闻游戏中，玩家的不同决策和选择都会产生不同的结果，这有助于提高玩家的精神沉浸性。与此同时，智能终端的普及和遍在的网络连接，大大降低了受众的接入和使用门槛，5G 布局带来的网速提升也有助于优化受众的游戏体验，从而产生媒介透明的效果、获得沉浸式的新闻游戏体验。

新闻游戏的沉浸性是其未来发展的一大趋势。人们借助虚拟现实、增强现实等体验性媒介技术所产生的虚拟经验，潜在地要求此类技术要能够制造与真实环境更为接近的仿真环境，从而使玩家产生更逼真的感官体验和更全面的情感卷入。新闻游戏的虚拟空间建构具有开放性体现在两个方面：一是对各类新技术的接纳和应用；二是对玩家交互性和自主性的实现。建立在体验性媒介技术基础上的虚拟空间是人类现实空间的延伸，人们可以在其中开展社交、学习、娱乐、购物、创造等活动，从而实现对自身的超越性。人们的数字化身在虚拟空间中能够产生主观性的社会临场感，继而让所谓的数字空间转换成能够使人们产生情感连接和共同体感觉的数字地域。新闻游戏的沉浸式空间的构建，可以从社会情境化和社会临场感两个方面来努力。

（一）促进社会情境化

社会情境理论认为，对于观察者来说，其所接收到的环境信息并不是同质的、现成的，每个观察者都可以根据其所处的社会情境、自身需求和目标来获得各自的叙事机会。至于空间可供性，并非隔绝于事物之外，反而是一种可以被开掘和诠释的社会资源。分析新闻游戏的相关研究发现，在新闻游戏体验的过程中，玩家可以基于游戏内部的开放性世界和空间叙事弹性自由地去体验、去诠释。

从这个意义上来说，新闻游戏的空间可供性也需要在玩家参与的基础上去诠释。新闻游戏虽然依赖技术的可供性得以搭建一个丰富逼真的虚拟空间，但这一虚拟空间中的临场感则依赖玩家基于具体的、持续的社会互动所形成的虚拟社区，即社会情境。在这一过程中，虚拟空间的价值更多地在于为社会互动提供一个场所，使人们的行为情境化，以及为特定的行为赋予特定的社会文化意义。在当前的新闻游戏产品中，虚拟场景的环境背景音能够起到与现实世界的背景音相似的引导和指示作用，比如音乐声、飞机音效声、风吹麦浪声等，可以唤起玩家熟悉的空间感知。随着受众对虚拟空间与虚拟物体的熟悉度的增加，他们越来越卷入相应的情境之中，他们的内心也会投射出对虚拟空间和虚拟物体的意义认知，这一过程体现了虚拟空间向"地域"的转变。也就是说，客观抽象的空间由于被身处其中的个体赋予了主观的定义并产生了情感归属与数字文化意义，空间也就变成了所谓的地域，人们在其中获取意义、进行社会互动。

（二）营造社会临场感

虚拟空间向虚拟地域转化的另一个重要标志是社会临场感，它能为受众提供身临其境的体验。根据社会临场感理论，新媒体的传播效果取决于受众获得的"身临其境"的感知状态，而提升这一效果的关键则在于受众能否在此空间中与其他参与者进行社交互动。社会临场感理论是以面对面的人际传播为基准的，其认为计算机中介化传播不能传递人的面部表情、声音、体态语言及真实的社会场景，因此也就很难使人产生真实交流的社会体验。社会性体验对受众的社区认同感、归属感来说是至关重要的，社会临场感高的虚拟社区更有助于玩家产生情感认同，从而更好地融入虚拟社区中。因此，社会临场感本质上是一种依赖受众在双向互动的基础上所产生的一种社会情境，并不是纯粹的技术效果。当下，计算机也可以传递人们的声音和面容，一些具身性的交流符号如表情包等也能使人们产生更多的情感连接，借助虚拟空间进行的人际传播甚至可以产生比面对面交流更高的社会性体验。

社会临场感在某种程度上也是一种社交满足感，是一种具有亲密感、连接感的社会互动实践。社会临场感主要与媒介的形态相关，不同的媒介形态会产生不同的社会临场感，但社会临场感的产生也与社会文化、用户特质以及交往情境相关。不同的媒介，如书信、电子邮件、电话、网络文字、网络视频等，虽然它们所延伸的感官存在着差异，但受众都可能会获得社会临场感的心理满足。而新闻游戏产生于 Web3.0 时代，其可以综合借助文字、图片、图表、声音、视频、动画、VR、AR 等多种媒介形态来建构更为逼真和更为丰富的虚拟空间，这更有助于让受众产生社会临场感。当然，技术环境并非决定受众临场感的唯一因素，关键主要在于受众能否参与互动、彼此间能否在互动中建立更深入的情感连接等。可以看到，大多数新闻游戏都将参与式文化放在首位，会开放评论区、留言板以及设置话题等引导玩家进行互动，在这种情况下，玩家实现了在虚拟空间中的人际交往和情感连接需求，虚拟空间便转化成了情境化的地域，玩家的社会临场感也更为鲜明。

本章小结

游戏技术的介入使媒介生态发生了较大的变化。在新生态的影响下，新闻业的作业模式也发生了巨大的变化。新生态为新闻游戏的发展提供了独特的可供性逻辑：一是作为游戏的传播这一理论逻辑；二是具身性技术的技术逻辑；三是以"新新闻"主义为核心的文化逻辑；四是新闻机构与商业平台优势协作的跨界融合逻辑。新闻游戏是建立在 Web3.0 这一技术生态环境的基础之上的，数字技术的信息可供性、社交可供性、移动可供性和体验可供性构成了影响新闻游戏生态的一个至关重要的底层逻辑。除此之外，数字技术也增强了新闻体验的可供性、促进了媒体与游戏公司的边界融合，为大众传播媒体的发展注入了更多新鲜活力。

第四章
场景的可供性与新闻游戏发展的景观化进路

　　在新媒体时代，场景已成为新闻生产和传播中的一个极为重要的元素，它不仅能够"还原"新闻现场，还能够提升受众对新闻的体验感，使新闻生产和传播进入景观化时期。在新闻游戏中，场景更是发挥了举足轻重的作用，让新闻可听、可视、可触摸、可展演和展播。可以说，在游戏技术的支撑下，新闻的发展有了更多的场景可供性。大众传播媒体需要充分利用场景的可供性来促进新闻游戏的发展。

第一节　作为新闻游戏重要元素的场景

　　新闻游戏与场景存在着天然的联系。在新闻游戏的发展中，场景的各种要素均发挥着独特的作用。

一、新闻游戏何以与场景产生联系

　　新闻游戏借助游戏形式来传递新闻事实或讲述新闻故事，而这依托于对虚拟场景的构建，信息的传递和玩家的参与都发生在这一虚拟场景中。数字媒介时代的场景包含虚拟场景与应用场景。新闻游戏中的场景是根据游戏形式与规则构建的虚拟场景。与此同时，新闻游戏的传播和应用又与玩家所处的现实场景息息相关。目前，新闻游戏传播的渠道包括新闻客户端和微博、微信等社交媒体，这些平台都可以申请获取玩家的地理位置信息，因此玩家的社交互动和信息消费行为便与"场景"密不可分。

新闻客户端是传统媒体在移动互联网时代的变革之举，是自身主导的传播阵地的延伸。新闻客户端的使用时间峰值主要发生在人们通勤、午休、睡觉前等碎片时间。此外，新闻客户端等移动媒体也结合用户的地理位置信息、社交互动网络等对用户的信息获取有着重要影响的因素来推送新闻信息，这得益于新闻客户端内嵌的数据分析、地理位置定位系统等场景优势。

新闻游戏具有轻量化、易传播的特点，可以通过微信公众号、微信小程序、微博发布、朋友圈转发等进行传播。基于社交媒体传播依赖的是用户的社会关系网络，由于用户好友间的信任度和相似性比较高，新闻游戏一旦引起玩家的参与和分享意愿，便很容易获得裂变式传播。由此可见，新闻游戏在微博、微信等社交媒体平台的传播更为强调社交场景要素。

二、场景已成为新闻游戏的重要元素

Web3.0 时代是典型的场景媒体时代，场景的重要性不言而喻，在新闻游戏领域尤其如此。新闻游戏的产生顺应了很多学者所说的技术发展的"人性化趋势"，"场景"这一要素结合玩家的实时状态，为他们提供更为完善的新闻服务体验。新闻游戏对场景要素的运用主要体现在新闻游戏的建构、应用和分发这三个阶段，而对场景的运用则基于移动设备、社交媒体、大数据、传感器和定位系统等"场景五力"。此外，在新闻游戏中应用场景的相关要素，本质上是对玩家主体性的尊重，这有助于增强玩家体验的沉浸度及其对虚拟社区的归属感，也可以提升新闻游戏分发的精准度，达到优化传播效果的目的。

（一）场景在新闻游戏中的体现

一个完整的场景包含空间与环境及其基础之上的社交状态。① 随着移动终端和社交媒体的发展，新闻游戏的应用也从 PC 端拓展到了移动社交媒体上，VR 类新闻游戏还可搭载在可穿戴设备上。这一趋势表明，场景要素将

① 彭兰. 场景：移动时代媒体的新要素 [J]. 新闻记者，2015（3）：20.

在新闻游戏中获得更多的权重。因此，梳理新闻游戏中的场景要素有助于寻找到优化新闻游戏传播效果的新思路。

1. 现实场景与虚拟场景

新闻游戏中的场景多取材于新闻故事所发生的现实场景。这类现实场景有时会直接呈现在新闻游戏中，有时则会被制作成虚拟场景。虚拟场景的建模符合游戏的独特叙事方式，具有一定的新奇性，也有助于优化用户的体验感。场景在新闻游戏叙事中具有极为重要的作用，如交代新闻故事发生的背景和环境、帮助理解人物角色的思想和行动等，这也是故事情节发展的必要环境。如在网易"原点"项目组制作的《不要惊慌，没有辐射》这款新闻游戏的场景搭建中，虚拟人物的行动空间是现实拍摄的全景，既与现实场景相联系，又能对用户的心理和行为产生影响。

2. 固定场景与移动场景

场景不仅指用户所处的空间，也包括该空间的具体个体和环境特征，以及个体在该环境下的行为方式及其与周围事物的交互模式。基于这个认识，可以将人们所处的媒体场景分为固定场景和移动场景这两大类。固定场景指某个不变空间环境中的场景，且场景中的人际关系较为稳定，而移动场景则用来形容用户所处的时空场景及处在这类场景中的用户需求都是动态变化的。新闻游戏的应用与玩家所处的场景及其在该场景下的具体需求息息相关，这也是新闻游戏在分发推送过程中需要考虑的重要变量。比如，财新网于2015年发布的《北京落户积分，算算你的积分？》这款新闻游戏，所针对的便是处于北京市的用户，而其他地区的人群则很少有此类需求。

（二）新闻游戏中的"场景五力"

新闻游戏的产生与发展对"场景五力"有着极大的依赖性，场景五力指的是大数据、移动终端、社交媒体、传感器和定位系统等五大技术力量。目前，这五大技术力量在新闻游戏的制作与分发上均发挥着至关重要的作用。

1. 作为硬件基础的移动设备

目前流通于市场中的移动设备除了智能手机、平板电脑等，还有智能手环、VR 眼镜等可穿戴设备。新闻游戏的发布也从 PC 端拓展到了各类移动终端，玩家可以借助移动终端随时随地享受网络带来的便利性，获得更自由的新闻游戏体验。与此同时，新闻游戏的虚拟场景、音效动画等，也能得到完美的呈现。这正体现了移动设备对其他四种场景技术力量的整合优势。①

Game The News 网站于 2012 年发布了一款名为《终结游戏：叙利亚》的新闻游戏。这款游戏的背景与场景设置是叙利亚战争，玩家可以扮演反政府武装军的角色，同时在情节框架内作出一系列选择，比如是否与政府军进行谈判等。而玩家在游戏中的选择将会影响其在游戏中的威望值，这其实是一种巧妙地将背景信息融入新闻游戏的方式，有助于玩家从另一个视角来了解叙利亚战争中的反政府力量，从而能够更为全面地了解叙利亚战争的相关情况。这个游戏最初是在 PC 端发布的，后又陆陆续续地发布到智能手机、iPad 及 iPod Touch 等便携式电子设备上面。这表明，新闻游戏既可以应用于固定的场景中，也可以应用于移动的场景中，这让新闻游戏有了更为广阔的生存空间。

2. 作为传播渠道的社交媒体

社交媒体是指能够供用户自主生产内容、发表意见、彼此交流互动的平台。在社交媒体中，基于用户社交关系的传播网络具有传播速度快、可信度高等特征，一些引起社会大众共鸣的新闻事件很容易产生病毒式的裂变传播效果。在场景传播时代，新闻游戏更为注重依靠玩家的社交关系网络进行传播。此外，新闻游戏也借助微信公众号、微信小程序以及微博链接等进行传播。基于各类社交媒体来进行传播的新闻游戏，其广泛的使用和快速的传播进一步强化了玩家间的互动和连接，有助于形成线上社群，甚至影响到玩家的现实社会关系。

以新华社与网易新闻于 2017 年制作的《一分钟漫游港珠澳大桥》这款新闻游戏为例。这是一款利用 H5 技术制作的新闻游戏，其随着港珠澳大桥通车的相关进程而发表新闻报道，为社会大众了解港珠澳大桥提供了一个

---

① 罗伯特·斯考伯，谢尔·伊斯雷尔. 即将到来的场景时代 [M]. 赵乾坤，译. 北京：北京联合出版公司，2014：14.

更为全面、立体、新鲜、有趣的视角。这款新闻游戏让玩家以第一视角观看港珠澳大桥，玩家可以跟随长镜头边看风景边听记者对大桥的介绍，延伸了自己的视觉和听觉，营造了更为真实全面的感官体验。同时，《一分钟漫游港珠澳大桥》的场景中还设有 8 个拍照点，玩家可以参与拍照，照片是现实拍摄的真实风景，还可以转成可供线上保存、转发的明信片，从而激发了玩家参与和分享的热情，激活了社交关系传播链，产生了裂变式的传播效果。对于玩家来说，除了获取有价值的新闻信息、满足娱乐需求以外，还产生了与好友互动的连接感。因此，社交媒体是新闻游戏不可或缺的发布和传播平台。

3. 作为信息基础的大数据

大数据因为其庞大的信息量而被世人所关注。在万物皆数的今天，大数据成了最具价值的资源。借助大数据制作用户画像，可以更为精准地推送信息。新闻游戏在用户分析、内容制作和内容分发等环节中都可能得到大数据的加持。2012 年，《纽约时报》制作发布了《雪崩：特纳尔溪事故》(*Snow Fall：The Avalanche at Tunnel Creek*) 这款新闻游戏，它以美国史蒂文斯·帕斯滑雪场的雪崩灾难的素材为背景制作而成。在游戏设计之前，便通过大数据对潜在玩家的生活习惯、兴趣爱好、娱乐活动等进行了统计分析，从而更为精确地迎合玩家的偏好。《雪崩：特纳尔溪事故》获得普利策新闻奖，得益于它在内容制作中运用了大数据技术和计算机模拟技术，根据卫星搜集的雪崩速度、当时的风速等数据模拟还原了雪崩时的真实场景，有利于帮助人们更全面地了解新闻事实。

4. 作为感知基础的传感器

在罗伯特·斯考伯和谢尔·伊斯雷尔看来，传感器是通过模仿人类的五官感觉来测量数据和报告变化的。① 通过传感器搜集到的数据具有较高的精确性和可靠性，有助于提升新闻游戏内容的真实性与权威性。新闻游戏在终端的应用，无论是智能手机还是可穿戴设备，都需要依赖传感器来实现用户与设备的交互。还是以《雪崩：特纳尔溪事故》为例，在这款新闻

---

① 罗伯特·斯考伯，谢尔·伊斯雷尔. 即将到来的场景时代 [M]. 赵乾坤，译. 北京：北京联合出版公司，2014：21.

游戏的制作过程中，传感器获取了雪崩发生时的风速、雪崩速度等数据；而在"玩"该新闻游戏的过程中，玩家借助鼠标来控制内容的播放，也是依靠传感器实现的。

5. 作为制作与传播基础的定位系统

目前，人们经常使用的定位技术一般包括以下两种：一是全球定位系统，即 GPS 定位系统；二是电信运营商的无线电通信网络定位功能。① 在场景传播时代，定位系统对新闻游戏的制作与传播至关重要。就新闻游戏的制作而言，利用卫星定位可以获取不易拍摄地点的地理资料，如《雪崩：特纳尔溪事故》的制作便结合卫星定位和动画模拟技术再现了滑雪场的全景地图；就新闻游戏的传播而言，与玩家所处的场景有关的地理位置信息便是依靠移动媒体中的地理位置定位获得的，且处于同一场景的人可能会产生相似的需求，因此玩家能够在社交媒体、资讯平台中接收到附近的人所感兴趣的内容。此外，玩家在第一次登录使用资讯平台、社交媒体等 APP 时，也会收到 APP 的地理位置定位权限请求，这些 APP 将根据玩家的实时地理位置来推送与他们具有地理接近性的信息内容，而它们所推送的信息通常也是玩家需要的。

（三）场景在新闻游戏中的价值

新闻游戏越来越重视场景的建构与应用，其场景适配功能也逐渐得到完善与发展。上文提到，媒介化生存时代的场景被划分为虚拟场景和应用场景两类，新闻游戏在建构虚拟场景和通过应用场景来影响玩家心理和行为方面，均具有极大的影响力和独特的传播价值。

1. 从信息获取到关系搭建：增强玩家的主体性

传统的新闻生产以信息内容为中心，遵循的是"人找信息"的庙堂式逻辑，而新闻游戏的生产则着眼于以玩家偏好为中心，遵循的是"信息找人"的平等参与性逻辑。传统新闻生产构建的是"信息流"，而新闻游戏生产则是通过建立"关系流"来促进内容在玩家关系网络中的裂变式传播，具有独特的场景价值。

---

① 刘美生．全球定位系统及其应用综述（二）：GPS［J］．中国测试技术，2006（6）：5.

2016 年，共青团中央联合橙光游戏推出了《重走长征路》这款新闻游戏，纪念红军长征胜利 80 周年。该新闻游戏的结局是开放性的，它允许玩家根据自身背景、偏好、价值观念等作出自主选择，不同的选择获得不一样的游戏结局，实现了个性化定制的游戏体验。同时，《重走长征路》为玩家不同的选择匹配了不同的历史信息，将信息传递与娱乐参与结合起来，更能激发玩家的能动性、共情感等。新闻游戏中允许玩家主动选择和扮演相关角色的设定，其实是新闻游戏"以人为本"理念的彰显，有助于增强玩家的主体意识，能够培养善于独立思考的理性公众。此外，《重走长征路》这款新闻游戏将新闻事件的事实性和背景性信息融入游戏构建的场景之中，更有助于培养玩家理性思维和价值观念。

2. 虚拟场景协同现实场景：提升玩家的沉浸度

对新闻游戏来说，要想提供最佳的体验感，就需要构建有效的场景搭建和激发玩家的互动参与。对于玩家来说，当虚拟场景与现实场景有所出入，或虚拟场景的主体不能清晰辨认时，玩家的注意力就会受到不必要信息的干扰，从而影响他们的体验感，最主要的是会影响他们参与的卷入度与沉浸性。因此，新闻游戏在制作时要兼顾虚拟场景的完整呈现及其与现实场景的匹配度。

在虚拟场景构建上，新闻游戏要利用多媒体技术模仿再现玩家在现实世界中的感官体验，从而增强他们的真实感和卷入度。在现实世界中，玩家协调使用多种感官来获得对世界的全面感知，新闻游戏可以综合利用文本、音频、视频、动画、VR、AR 等多媒体技术来同时延伸玩家的视觉、听觉、触觉等感官知觉，以增强他们的感官卷入度，使他们获得身临其境的真实感，从而潜移默化地向他们传达新闻的价值，提升新闻游戏的传播效果。

3. 用户画像助力场景匹配：提高分发的精准度

新闻游戏分发的场景匹配包含两方面内容，一是新闻游戏与传统新闻的相辅相成，二是新闻游戏与玩家使用场景的相互契合。首先，新闻游戏往往是作为传统新闻的补充而出现的，其信息含量较少，但可以促进玩家的参与热情，实现新闻事件的二次传播。如《卫报》于 2015 年制作的《答完题目之前，你可别夸口说完全了解今年的奥斯卡》这款新闻游戏，它是在美国好莱坞演员莱昂纳多荣获奥斯卡最佳男主角奖之后推出的，该事件曾吸引了世人的关注和热议。这一新闻游戏与传统的新闻报道有着较大的区别，它不再聚焦于描述"是什么"类的信息，而是向"为什么"和"怎么样"的维度拓展，两者相得益彰，使新闻事件得以更为全面地呈现出来。其次，玩家所处的场景会影响其心理特征和行为偏好，继而影响他们参与新闻游戏的主动性和卷入度。目前，新闻游戏搭载在各移动终端，制作者可以根据定位系统、大数据分析来预测玩家在特定场景下的信息和娱乐需求，从而增强新闻游戏应用的场景匹配度。如网易新闻客户端于 2016 年（正逢切尔诺贝利核灾难发生 30 周年）推出了 H5 新闻游戏《核辐射的回声》，以及与 VR 新闻游戏《不要惊慌，没有辐射》，这两款新闻游戏与传统的新闻报道形成了相互补充的关系。同时，这两款新闻游戏在推送上利用大数据实现了个性化分发，利用社交媒体实现了社交性传播，利用定位系统实现了场景化应用，从而提高了分发精准性和场景匹配度。

4. 虚拟场景演化为社交场景：增强玩家的归属感

在虚拟场景中，用户与设备之间的交互，以及用户与用户之间的交互是交互性传播的两大面向，而前者是后者的基础。事实上，用户与界面之间的所有互动行为都可被视为交互，即用户与设备之间的交互；而用户与用户之间的交互除了基于用户与设备之间的流畅互动，还需要用户自身的参与和卷入，通过自身的体验获取信息和意义，与其他用户产生互动与交流行为，继而形成共享共建的虚拟社区，从而实现麦克卢汉所言的电子媒介时代的"重新部落化"。① 电子媒介跨越时空界限的特性，允许世界各地的人们根据趣缘聚集在一起，通过互动分享再建云端社交网络，而社交场景的构建需要激发用户的情感。用户在使用产品时，更为注重产品所处的场景及其投射的情感体验。② 因此，新闻游戏搭建的场景要以能够激发玩家的共鸣为关注点，这可以根据玩家的点赞、评论和转发等数据来进行分析，它们正是玩家所反馈的观点和态度。

① 马歇尔·麦克卢汉. 理解媒介 [M]. 何道宽，译. 南京：译林出版社，2011：16
② 吴声. 场景革命：重构人与商业的连接 [M]. 北京：机械工业出版社，2015：10.

第二节　场景对新闻游戏发展的可供性

对于新闻游戏来说，融合文化促进了媒体机构与科技公司的跨界融合，奠定了新闻游戏走向场景化生产和传播的文化基础，场景为新闻游戏的发展提供了诸多的可供性，主要体现在以下几个方面。

一、个性化分发成为常态

在新闻游戏分发阶段，分析场景中玩家的个性特征有助于提升内容分发的精确性，而玩家的个人特质包含玩家的生活惯性和实时状态这两大方面。

在社交媒体时代，用户的生活惯性是指用户个体在特定情境下会重复采用某种行为方式，经过一段时间后，这种行为方式就会演变成一种生活惯性。在新闻游戏的分发中，利用大数据来刻画用户生活惯性，有助于更好地提升场景的信息分发效果。未来，在人工智能时代，分析用户生活惯性的五大核心技术力量将更为深入地、全天候地对用户在特定场景下的生理状态、情感态度等进行分析，这五大核心技术力量包括：大数据、移动终端、社交媒体、传感器和定位系统。当新闻游戏能够根据玩家的行为惯性进行分发推送，就能提高传播效果。众所周知，常规的新闻报道有其固定的发布时间，突发新闻则会第一时间进行报道。新闻游戏的局限之一在于，其制作周期较长，时效性较弱，新闻游戏在推送时间上与非突发新闻类似，即选择固定的时间推送，这便是迎合人们看新闻的时间惯性。大部分新闻游戏除了在新闻客户端推送外，还会在各大内容资讯平台上推送，以扩大玩家的覆盖面。而各大内容资讯平台如今日头条，其内容推送遵循流量池的分发逻辑，新闻游戏的初始曝光率、点赞量、转发量等会直接影响后续的推送权重。因此，新闻游戏的推送需要关注玩家的行为惯性，在玩家最常浏览新闻资讯的时间和情境下推送。一般来说，在12点和21点会出现用户阅读新闻资讯的高峰值，新闻游戏可以重点在这个时间段推送。

此外，大众传播媒体还可以通过用户在新闻资讯 APP 中的资讯订阅、浏览记录等来分析其内容偏好，并为他们推送相关的内容。此外，新闻游戏也迎合了玩家在娱乐化、快餐化阅读时代的信息消费惯性，新闻游戏的交互性、娱乐性特征更有助于激发玩家的参与热情，更有助于提升新闻的传播效果。

社交媒体时代的用户的实时状态是指用户个体在特定情境下的身体状态、行为趋向和即时需求等综合性特征。新闻游戏通过移动新闻客户端和新闻资讯等平台进行分发和传播，因而能够基于移动终端的定位系统、传感器、数据搜集与分析功能等对玩家进行画像，甚至是进行全天候的、动态的玩家画像，从而实时监测玩家的信息需求，提高新闻游戏推送的针对性。需要注意的是，新闻游戏的制作周期较长，因此新闻游戏既可以结合玩家的实时状态来推送，也可以结合他们在一段时间内的行为惯性来推送。如财新网于 2014 年推出的《小白闯股市》这款新闻游戏，就是根据股市剧烈动荡的背景来制作的，其目标受众定位为有炒股经验或炒股知识的人群，由于财新网 APP 本身就是经常发布股市资讯的平台，其用户也多是对股市资讯或经济信息有所需求的人群，将《小白闯股市》这款新闻游戏发布在财新网 APP 上，无疑有助于提高信息分发的精准性，也能够更好地满足玩家的信息需求，从而有助于增强他们的好感度和忠诚度。

二、虚实场景相得益彰

如前所述，虚拟场景和现实场景并不是互不干涉、截然不同的，两者具有一定的连贯性和呼应性。协调好虚拟场景和现实场景的关系，可以使用户获得更为真实的在场体验，进而对用户心理与行为产生影响。具体来说，可以从情感唤醒与记忆联想两个方面来做文章，以实现虚拟空间与现实空间的有效互动和深入连接。

（一）情感唤醒与虚实场景的有效勾连

康德认为"在感性直观中实在东西的完全缺乏本身是不能被知觉到的"。[①]

---

① 康德. 纯粹理性批判［M］. 郭大为，译. 北京：人民出版社，2004：163.

也就是说，虚拟空间并不是完全与现实相区隔和对立的。在虚拟空间中，虽然人们是通过数字化身来实现在场（符号性在场）的目的，但这些符号在现实中具有实在的本体，人们在面对面的肢体与表情模仿中催生出来的共情能力，可以延伸到虚拟空间之中，即人们能对他人的数字化身产生情感投射，而这又能促进线上乃至线下的社交关系，还可能推动社区共同体的产生。新闻游戏可以使玩家以新闻人物的视角去体验新闻事件，或通过搭建虚拟场景使玩家进入具体的新闻情境，这两种方式均能让玩家对新闻人物产生共情，而新闻人物是真实存在于现实世界之中的，这就能从情感维度让虚拟人物和现实人物、虚拟场景和现实场景产生有效的连接。

具体来说，新闻游戏是通过构建体验式虚拟场景来实现情感渲染的，玩家进入仿真性的虚拟空间中，随着情节的发展不断获得更为深入的情感体验，如灾难类新闻游戏中的玩家在逃亡过程中所产生的矛盾纠结与恐惧绝望，以及政策解读类新闻游戏中的参与感和主人翁感，均让玩家有着深刻的情感体验。这些情感模拟和情感共鸣可以使玩家更深入地卷入新闻游戏之中，从而内化新闻游戏中的信息所蕴含的价值观念和态度倾向。

（二）记忆联想与虚实场景的彼此协调

在新闻游戏的场景中，事实性信息往往无法获得全面呈现，新闻"5W"要素中某些要素的缺失是较为常见的。不过，玩家会从大脑已有的知识库中对缺失的信息进行补足处理。社会心理学中的心智模型理论将这一现象解释为"匹配"。① 新闻游戏的玩家会根据现有的信息，从大脑中挑选自认为与之匹配的元素，进行补充、协调和再造，从而使其体验的虚拟场景与现实场景更为一致。新闻游戏的虚拟场景与现实相联系的因素包括以下三点：一是虚拟场景是对现实场景的模拟和复制；二是游戏人物的建模参考的是真实的人物形象、表情、动作等；三是还原了事件细节和事物间的联系。这些设置可以使虚拟场景中的玩家联想到现实中的场景和事物，形成现实空间与虚拟空间在记忆上的关联与协调。

众所周知，受众对新闻的理解和记忆属于实证研究的效果维度。受众

---

① KINTSCH W. The role of knowledge in discourse comprehension: a construction-integration model [J]. Psychological review, 1991 (1): 163.

对新闻的理解也是发挥受众主体性的意义建构过程。在受众理解新闻的过程中会产生两种结果，一是新闻记忆，二是新闻解读。受众根据先前经验和理解所形成的基模是处理新信息的依据，新闻游戏中的新闻要素，即5W和1H所包含的信息会影响玩家记忆的分子数量，同时新闻游戏中的程序修辞所包含的元素也需要经过玩家的转译才能内化成私人的记忆。

英国《卫报》对2015年的奥斯卡颁奖典礼的报道所采用的便是新闻游戏的形式——《答完题目之前，你可别夸口说完全了解今年的奥斯卡》，该游戏由九个相互连接的小游戏组成，测试题目涵括了当年60部获得奥斯卡提名的影片中的部分细节，这个新闻游戏需要玩家回忆检索相关信息，如视觉记忆中的演员服装、台词、镜头语言等，再从新闻报道中提取记忆的信息，这能对新闻报道的内容起到强化记忆的效果。学者们将用户的新闻理解过程细化为感知和注意、阅读、解码和解释、再现等几个关键环节。在理解新闻的过程中，新闻文本所营造的拟态环境中的报道偏向会被用户内化为其认知偏向，这是用户把拟态环境视为真实环境的一种结果。

从另一个角度来看，现实并不完全是人的记忆产生的来源。吉姆·布拉斯科维奇与杰里米·拜伦森通过对"虚拟记忆"进行研究，发现人能够对其在虚拟空间中的行动产生相应的记忆，甚至将其视为现实中的事件，从而发生了记忆混乱的现象。[1] 在新闻游戏的具身传播体验中，玩家能够以新闻事件当事人的视角进入到新闻游戏建构的虚拟场景之中，更容易产生感同身受的情感共鸣，其在虚拟空间中的体验会形成虚拟记忆，可能会产生无从分辨虚拟记忆与真实记忆的混乱状况，从而影响他们对自我行为的误判。因此，这一现象对新闻游戏的场景与文本设置提出了更为严格的道德和伦理要求。

三、移动场景大展神威

在场景五力中，移动终端聚合了大数据、社交媒体、传感器和定位系统等其他四种技术力量，使得场景从固定性转变为可移动性，从而能够精

---

[1] 吉姆·布拉斯科维奇，杰里米·拜伦森. 虚拟现实：从阿凡达到永生 [M]. 辛江，译. 北京：科学出版社，2015：55.

准匹配用户的个性化和移动性的需求。移动传播时代，用户的信息需求是随着场景的切换而改变的，而汇聚其他场景四力的移动终端则为精确捕捉和匹配用户需求提供了技术可能性。对于主流媒体来说，充分发挥场景思维，主动拥抱先进的技术来提高场景的可供性，无疑有助于提高新闻游戏分发的效果。具体来说，可以从个性化场景分发、沉浸式场景搭建和社交性场景分享三个方面来最大限度地提升移动场景的可供性。

（一）基于大数据和定位技术的个性化场景分发

主流媒体可以建立自己的大数据分析部门或与科技公司开展数据合作，针对用户所处的场景开展个性化推送：一是建立常态化的用户分析系统，用来分析用户在一段时间内的行为倾向、价值偏好、情感态度等，以此展开锚定式的用户定制化信息推送，培养用户对媒介的忠诚度；二是基于 LBS 定位技术获得用户的位置信息，分析用户所处的场景，为他们定制与场景化需求相匹配的个性服务。如在新冠疫情报道中，媒体可以根据用户流动的位置判断用户处在哪个市区，从而为用户推送该市区的防疫政策和更具适用性的场景化新闻。

（二）利用 VR/AR/MR 等技术搭建仿真沉浸式场景

在虚拟场景的构建中，虚拟场景越能模拟用户在真实场景中的感官体验，就越能增强用户的感官卷入和情感沉浸。主流媒体要积极运用 VR/AR/MR 等技术搭建立体化、仿真式的新闻场景。一方面，虚拟场景越接近现实，甚至比现实更为"真实"，越能强化用户身临其境的代入式体验。另一方面，也要在新闻游戏情节的设定中赋予玩家行动的自主性，激发其自主探索的积极性，而非被动地接受单一固定的信息内容。

（三）结合社交媒体传播激活场景关系链

主流媒体要注重激活用户场景关系链，推动用户自发形成场景分享机制。这需要媒体拓展新闻游戏的发布渠道，不仅要将内容发布在新闻客户端或资讯平台上，也要借各大社交媒体的东风来促进社交化传播。同时，也可以通过为新闻游戏的场景赋予更多创意性和话题性元素来激发新闻游戏的趣味性和社交性，促使玩家主动开展社交化传播行为。此外，也可以通过开放留言、互动区来引导玩家彼此交流经验、分享感受，帮助他们建立虚拟社区。比如，在新中国成立 70 周年之际，《人民日报》联合腾讯视频推出的 H5 新闻游戏作品《秀出你的爱国 style》，有效地激发了玩家的主动参与和分享。该新闻游戏在激发玩家的民族认同感和爱国主义精神的同时，也让玩家在社交分享中强化了群体认同。

第三节　场景可供性视域下新闻游戏发展的景观打造

在景观时代，新闻游戏的空间建构需要在仿真式场景方面做文章，从而优化玩家的新闻游戏体验，提升他们的沉浸感和参与度，激发他们在社交媒体中的自发传播行为，从而使新闻游戏获得裂变传播效果。场景在新闻游戏的建构、应用和传播过程中都发挥着至关重要的作用。下面，将从场景建构路径、场景传播路径和关系可供性三大方面分析新闻游戏的场景化进路。

一、合理规划景观生产

新闻游戏的虚拟场景是玩家参与新闻游戏、体验新闻情节的重要基础。首先，新闻游戏在技术可供性的加持下可以建构更为立体、仿真、全面的虚拟场景。大众传播媒体需要以游戏化机制为依托，构建出信息生产和聚合平台、信息传递平台和玩家的外部联动平台，让新闻游戏体验的效果更为显著。其次，新闻游戏能够通过对特定传播场景的打造，再现故事发生的场景，吸引玩家沉浸于相关的场景之中，为他们提供沉浸式体验感。再次，在内容呈现方面，要将真实发生的故事以可体验的方式呈现出来，形成情感共鸣和情绪共振。最后，新闻游戏要以促进玩家的具身参与为目标，借助传感器、LBS 定位系统、界面交互技术等推动他们感官的全面卷入，增强他们的参与感和沉浸度。

（一）巧妙建构主体空间

新闻游戏是在特定技术的支撑下产生的，不同的技术都具有自身特定的生产空间。从传统的排版技术到"游戏化"呈现技术，新闻生产的空间也发生了相应的变化。弄清新闻游戏空间构建的变化并以此重构新闻空间，是推动新闻游戏快速发展的必然要求。如《心脏守护者》这款游戏能够在玩家标出自己地理位置的情况下帮助他们找到离自己最近的医院，并拟定出行方案。同时，游戏程序还能帮助玩家找到相关的警务信息，让用户在查阅相关大数据系统时了解自己所处环境的安全或危险系数，及早作出预判并采取行动。这无疑构筑了社会风险防范的主体空间。

　　构建新闻游戏的体验空间，需要重点思考"游戏"这一技术的效用，以"游戏化"的机制为依托，构建出信息生产和聚合平台、信息传递平台和玩家的外部联动平台，让运营商、玩家在休闲娱乐中投入更多的传播和消费精力，让新闻游戏的体验效果更为显著。在信息生产和聚合平台中，要坚持运营商和玩家、玩家与玩家之间的互动性，让他们通过特定的新闻游戏程序来提升参与及分享热情。信息传播平台关注的是信息的趣味化和有效化传播。在社交媒体时代，泛娱乐化似乎已成为主流，接收新闻内容也与听音乐、看电视和看电影等一样，需要在轻松、愉悦的环境中进行。在这种情况下，新闻游戏更加强调信息的可视化，通过游戏技术，玩家的感官得到了更为广泛的延伸，他们在接收信息时具有身临其境的快感，并能够利用游戏的互动性进行信息反馈，信息传播的效果得到了显著的提升。而玩家的外部联动平台关注的是玩家的对外联结效应。在新闻游戏体验中，玩家都被嵌在社会网络之中，他们编织着各种各样的社会关系，体现了自己对外联结的价值。一般来说，玩家的对外联结发生在陌生人之间，网络的虚拟性、隐蔽性让玩家能够充分发表意见，引来其他玩家的回应。因此，通过游戏程序，玩家之间可以构建一种围观和被围观的空间，促使他们的外部联动平台发挥特有的效应。

（二）突出沉浸式体验

　　在谈及沉浸式传播时，李沁认为，人类即将迎来一个基于沉浸式体验的第三次革命。① 毫无疑问，沉浸式体验为新闻游戏的发展提供了诸多可以

---

① 李沁. 沉浸传播：第三媒介时代的传播范式［M］. 北京：清华大学出版社，2013：119.

借鉴的经验。在"沉浸式"状态下，玩家能够全身心地投入新闻游戏的各环节之中，产生"共情"心理和行为。一般来说，某个事物互动性的强度在于其是否与人的三个基本心理需求相契合：能力挑战因素、自主意识及与外界联结的特性。① 新闻游戏最吸引人的地方在于，通过打造独特的传播场景，为人们提供特有的体验感。这要求大众传播媒体与科技平台通力合作，将新闻事实信息以程序修辞这一特殊的手段表达出来，让新闻游戏再现故事发生的场景，吸引玩家沉浸于相关的场景之中。如《测一测，你能当两会记者吗》这款新闻游戏，通过虚拟现实的手段来呈现两会报道的现场，构建了极具体验感的场景，让玩家通过相应的"关口"，真实地体验和参与到两会的报道之中，提升了新闻的传播效果。

可以预判，随着媒介技术的发展，未来新闻游戏的仿真效果和可视化效果将会更为令人震撼，大众传播媒体与游戏制作公司、平台运营商与玩家、玩家与玩家、玩家与新闻游戏之间的互动效果将会更强，新闻游戏场景所提供的体验感将会不断加深。

（三）虚实交互呈现内容

随着 VR、AR 技术的发展，游戏这一特殊的表达手段，将传统的新闻呈现和接收模式进行了解构，并构建起了现场感极强的虚拟体验空间，让玩家能够在增强现实中获取知识、交流观点和情感。在新闻游戏中，玩家可以凭借直接观看者、角色代入等身份，对新闻故事进行沉浸式观察、解剖和体验，统筹了游戏的虚拟性，以及知识和事件的真实性，使真实、虚拟相得益彰。以《叙利亚之旅》为例，该游戏是以叙利亚战争为背景设计和开发的，在玩游戏的过程中，玩家其实是在获取相关的新闻信息——战争对百姓的影响、难民流离失所的经历。游戏设置了性别角色，扮演不同的性别，会有不同的剧情发生。因此，虽然该游戏设定了特定的程序供玩家体验，但在玩游戏的过程中，玩家都会获知相关的新闻报道、都会看到真实的难民采访记录，在游戏中感受真实的社会事件，获取第一线的战争知识。

---

① 李静修. 全媒体视野下的受众审美心理研究 [D]. 长春：吉林大学，2013：22.

需要指出的是，虚拟与现实的过于沉浸，在有效传播知识的同时，也会对社会造成负面影响。因为根据"拟态环境的环境化"这一观点，玩家在虚拟空间中获得的"真实感"，会让他们将虚拟与现实混同起来，导致自身失去思辨能力和判断能力，在现实空间中开展相应的活动。倘若新闻游戏制作机构有意将错误的价值观输入游戏之中，则会产生更大的负面效果。有鉴于此，新闻游戏的内容生产应该走专业化的道路，将内容生产交给专业的媒体机构，而游戏开发则交给游戏公司，让他们各展所长，实现内容和技术的完美结合。当然了，培养既能生产新闻信息，又能进行游戏开发的人才，对新闻游戏的发展来说，无疑更具价值。

（四）激活具身性沉浸

新闻游戏的接收与体验不同于传统的新闻报道，玩家并不是脱离于新闻内容之外的旁观者，而是经由身体的介入来参与其中的。在新闻游戏所构建的虚拟场景中，所有事物得以显现的前提在于身体的在场，包括玩家与界面的交互、玩家感官的卷入等。梅洛·庞蒂指出，人的"肉身意向性"能够形成"身体图式"，身体内部的状态以及外在的运动所显现的图式能够帮助人们理解身体与事物的关系。[1] 而唐·伊德则从现象学的角度提出了"具身化"的概念来梳理人与技术的关系。[2] 在具身关系中，技术处在主体与世界之间的中介位置上，即主体通过技术获得感知，并将这种感知转化为人的认知，从而构成了人与世界的生存关系。[3] 在今天的技术环境中，传感器、LBS 定位系统、界面交互等技术，使新闻游戏创作能够为玩家提供一个具身参与的虚拟场景，玩家可以在新闻游戏中作出自主选择，可以生成新的内容，并可以与他人开展社交活动。

技术的可供性以及新闻游戏的开放性构成了玩家具身参与的两大前提，玩家的具身在场体现为多感官同时被延伸的全知全觉的感知与情感体验。玩家通过与网络交互界面的接触，以动作、语音、文字等方式输入信息或

---

① 梅洛·庞蒂. 知觉现象学 [M]. 姜志辉，译. 北京：商务印书馆，2001：113.
② 唐·伊德. 技术与生活世界：从伊甸园到尘世 [M]. 韩连庆，译. 北京：北京大学出版社，2012：18.
③ 孙强. 媒介技术演进中的具身性情感研究 [J]. 新闻与传播评论，2021（4）：72.

获得信息反馈，在这个过程中，玩家以多种感官的卷入如视觉、触觉、听觉等实现了与新闻游戏场景的交互。在体验新闻游戏的过程中，玩家可以全身心沉浸在虚拟场景之中，从而实现身体行为、心理活动以及过往生活经验的整合。

二、科学布局景观传播

场景化传播有助于提升新闻游戏分发的针对性，这要求：第一，在一开始制作新闻游戏时就要强化其参与式互动机制，更好地吸引玩家参与兴趣。第二，要利用大数据和定位系统等场景五力的发展来提升新闻游戏的场景适配度，对玩家实时、移动的场景需求进行精准匹配。第三，要关注玩家离身交往与具身交往兼具的交往形态，打造多传播线索、高话题性的新闻游戏，以加速促进公共传播和私人传播的边界融合。第四，要逐步打造独立的新闻游戏板块，培养玩家的新闻阅读惯性，建立自身的新闻游戏品牌。

（一）遵循参与式互动机制

新闻游戏因具有参与式互动性而广受玩家的欢迎，这种互动形式既包括玩家与机器之间的互动、玩家与内容之间的互动，还包括玩家与玩家之间的互动。弗里德里在《在线游戏互动性理论》中指出，电子游戏中包含玩家与计算机、玩家与游戏、玩家与玩家这三种互动形式。① 新闻游戏是以游戏的方式和逻辑来呈现新闻的一种报道形式，同样也包含着这三种互动形式。

1. 玩家与机器之间的互动

玩家与机器之间的互动是玩家接触、体验新闻游戏的基础。具体来说，玩家与机器之间的互动包括玩家与承载新闻游戏的各种网络终端的互动，如智能手机、电脑、可穿戴设备等。其中，玩家操作网络终端的技能和水平，是限制他们体验感的一个重要因素。当玩家与机器之间的交互越自然，设备本身更趋于"在手"状态，不被人所察觉，这时玩家对新闻游戏的体

---

① 关萍萍. 电子游戏的多重互动性研究［J］. 北京邮电大学学报（社会科学版），2011（5）：7.

验会越为真实自然。

2. 玩家与内容之间的互动

玩家与新闻游戏所包含的事实性信息的互动，是参与式互动最为核心的一个方面。在新闻的五大要素中，信息传递者和信息接受者是最为关键的两大要素，而在新闻游戏中，每个玩家既是游戏参与者也是信息接受者，会产生玩家与内容间的交互，包括玩家对内容的筛选、理解、接受或抵抗等。在玩家与内容的互动中，首先需要信息传递者挖掘新闻事件，然后以游戏的形式呈现出来，这里的信息传递者包括媒体机构的专业人员和从事游戏设计的技术人员。其次，玩家能在新闻游戏搭建的虚拟场景中获得相应的信息。由于玩家在接收信息的同时也获得了身体感官的卷入和情感的沉浸，更有助于增强他们的记忆点和体验感。此外，玩家会根据个人生活经验、价值偏好等对新闻信息进行判断和理解，形成自己的解释，甚至在社交媒体平台或公共论坛上发布个人见解，这在某种意义上也是玩家创造内容的体现。

3. 玩家与玩家之间的互动

作为一种开放性的新闻报道形式，玩家与玩家之间也发生了交互关系，这种互动是以玩家与内容之间的互动为基础的。新闻游戏的发展与互联网紧密相关，而互联网本质上是一个连接性的网络，能够跨越时空界限，将各种群体连接在一起，能够扩大信息扩散的受众面，引发玩家与玩家围绕信息内容开展的交流互动。即使是《刺杀肯尼迪：重装》这类单机新闻游戏，也通过开放玩家评论窗口和设置分数排行榜，为玩家与玩家之间的互动交流提供了渠道，促进了新闻游戏的二次传播。现在的 H5 类新闻游戏则具有更强的互动和社交属性，玩家可以将新闻游戏转发至朋友圈、微博等社交媒体中，既是信息传播行为，也是玩家互动行为，因此玩家与信息的互动、玩家与玩家的互动是相互关联、相互影响的。

以上三大互动性的产生，得益于新闻游戏对新闻事实进行的场景建构。而且大数据、移动终端、社交媒体、传感器和定位系统等场景五力还为新闻游戏虚拟场景的建构奠定了坚实的技术基础。

（二）提升新闻游戏的场景适配度

在国家"十三五"规划中，大数据被当作战略内容，以期让公共数据变成基础设施，更好地服务于社会发展。① 在今天，数据搜集与分析技术日益成熟，大数据的高度发展与共享对于新闻游戏来说是个巨大利好，有助于新闻游戏精确刻画玩家，进一步优化场景适配度。

上文提到，目前新闻游戏的场景化应用尚处于初级阶段，即智能机器根据玩家所处的地理位置、阶段性的偏好与习惯等静态信息进行内容分发，尚不能深入玩家的身体反应、心理状态等即时变化数据展开深入挖掘与分析。不过，这些问题将随着传感器、可穿戴设备的广泛应用而得到解决，如 *Apple Watch* 及其他运动手环，既可以收集用户信息，也能将这些数据上传至云端，从而实现信息的分析与处理。当下，为了更好地优化场景适配度，可以通过玩家的社会关系网络为他们推送相应的新闻游戏，因为玩家与好友之间的喜好是类似的，他们也能产生一定的互动和影响。

未来，新闻游戏的发展将在场景五力的加持下获得全面应用。比如，当我们在医院候诊时，传感器可以监测到我们因为排队等待或身体疼痛等而产生的心理和情绪波动，就可以自动推送《急诊人生》这一类型的新闻游戏，为我们提供一个舒缓紧张感的娱乐方式，同时在新闻游戏搭建的虚拟场景扮演医生的角色，以第一人称的视角来看待新闻事件，然后投射到现实生活的处境中，可以帮助患者与医生的彼此理解，缓解因信息不对称和刻板印象而造成的医患矛盾与纠纷。

（三）建立离身与具身相融合的主体交往

社交液态化的核心特征在于传播边界的模糊，关键点在于真实世界与虚拟世界的深层融合。在这种媒介生态中，用户的人际交往也由具身的面对面交往转变成离身交往与具身交往的融合，这主要体现在以下三大方面：交往主体的拓展和边界的重构、具身传播与离身传播的共在、私人领域与公共领域的融合。

1. 参与主体：人机交往中主体边界的重构

在传统的人际关系研究中，人类是唯一的交往主体，而随着技术嵌入人的肉身，技术与人的边界也逐渐模糊，技术的主体性逐渐得到凸显，从

---

① 王慧芳，陈栋. 数据新闻的主要特征分析［J］. 传媒，2018（6）：50.

而以"它者"的姿态介入到交往之中，成为新的交往主体。美国技术哲学家唐·伊德将"它者"视为与人类存在本质性区别的、可与人类进行独立交往的、具有自主性的人格化存在，并且不是完全附属于人或仅作为人类参与世界的中介。① 根据这个特征，这类日趋独立的社交主体主要指虚拟数字人与社交机器人。一方面，它们与人类的物质性存在方面具有根本性的区别，虚拟数字人与社交机器人依赖技术物质和信息物质而存在，人类则以肉身感知世界；另一方面，虚拟数字人与社交机器人能够传递多元化社交线索来实现与人类的沟通和交流。在传统媒体时代，人与机器之间的交互只能借助文字、语音、图像、视频等相对单一的线索来进行信息交流或模拟情感沟通，而在智能传播时代或赛博格时代，虚拟数字人与社交机器人能够通过搭建的仿真式情境来同时传递多种混合线索，且虚拟交往主体可以以人类形象或类人形象再现出来，这无疑是对具身交往的回归与模拟，而那些社交线索和共情能力则根植于人类的现实社交活动，因此，人机交互体现了虚拟与现实、具身与离身的双重融合。

2. 交往方式：具身传播与离身传播的共在

早在文字传播时代，文字的发明便是促进人际交往中介化与离身化的变革性力量。当人们可以携带语言文字进行远距离离身传播时，面对面交往中的那些丰富的社交线索也随之被分割开来，即使是表情包、视频电话等具身性媒介的涌现，也无法完全复刻面对面交往的全知全觉感官卷入与情感体验。然而，在一些特殊的情境中，隐藏社交线索和情感态度的离身传播更受欢迎，如任务处理情境。不过也要警惕雪莉·特克尔所言的群体性孤独现象，即身处同一物理空间的人们，在进行面对面交往的同时，部分精力和注意力被转移到了离身交往的线上空间，从而导致线下社交和线上社交均出现情感淡薄、亲密减少的悖论现象。

不过，在关于社交孤独的研究中，不少学者也展示了乐观的期望。随着移动网络和智能传播的发展，人们可以增强多维社交线索的呈现和交换能力，且离身传播本身能够使人们随时随地开展线上社交，也能形成"具

---

① 唐·伊德. 技术与生活世界：从伊甸园到尘世［M］. 韩连庆，译. 北京：北京大学出版社，2012：50.

身"与"离身"共存的传播方式。新闻游戏的参与既需要肉身的介入，也需要离身的精神交往，是具身与离身相融合的典型形式。一方面，移动互联网技术让玩家可以实现实时在线，进一步摆脱了身体和物理空间的限制，他们可以在新闻游戏搭建的虚拟场景中实现"云社交"；另一方面，新闻游戏借助 VR、AR 等人工智能技术搭建的仿真场景，可以使玩家联想起现实生活中的经验与记忆，实现虚拟空间与现实空间的互动与衔接，同时也满足了玩家情感沟通的需要。

3. 传播边界：私人领域与公共领域的融合

在新闻游戏搭建的虚拟场景中，异质性身体同时穿梭在现实和虚拟空间之中，加速了离身传播和具身传播的融合，也相应地带来了公共领域与私人领域、大众传播与个人传播的融合。这主要体现在公共领域向私人领域的延伸，以及私人领域的公开化与娱乐化。一方面，由丁连接无处不在，公共领域的触角开始伸向本处于个人隐私地带的私人领域，如居家工作或度假工作，个人休闲娱乐时间也被工作渗透和侵占。另一方面，公共传播的个性化特征明显，为大众赋予了更多话语权。在算法推荐时代，用户的个性化需求被置于传播分析的中心，意味着用户地位的提升，移动智能媒体借助传感器和 LBS 定位系统等分析用户的行为轨迹和消费习惯，更精准地分析甚至预测用户的个性偏好和行为意向，从而对其需求进行精确匹配，如智能媒体会分析用户在某个 APP 中的搜索行为，然后其他各大 APP 便会将相似的内容推送给用户。

（四）设立独立的新闻游戏板块

对于那些在网络和移动终端发布新闻游戏的制作机构来说，可以设立专门的新闻游戏板块，以方便玩家根据模块寻找到系列新闻游戏。当前，国内的大众传播媒体尚未将新闻游戏视为独立的业务进行开发，也很少搭建独立的新闻游戏模块。未来，可以根据新闻游戏的类型进行细致分类，每组新闻游戏再根据其题材、发布时间等进行排序，这也有利于大众传播媒体对新闻游戏的生产和传播进行总结，并思考创新之路。

目前，新闻游戏尚未形成规模化发展，数量比普通的新闻少很多。在这种情况下，那些发布新闻游戏的机构可以相互合作，将各自制作的新闻游戏共享、放置在同一版块下，同时标注清楚各新闻游戏的制作单位和原网站链接，形成新闻游戏的聚合效应。在平台新闻时期，各大媒体机构纷纷入驻平台媒体，将各自的内容搬运到平台媒体中，新闻游戏的版块化设计也可以遵循这一思路，大众传播媒体先将现有的新闻游戏汇总至平台媒体上，并设置链接，实现将新闻游戏引流到新闻网站的目标。在大众传播媒体制作的新闻游戏达到一定的规模和影响力以后，再将这些内容独立展示在各自平台的新闻游戏版块，以此慢慢建立自己的新闻游戏品牌。由于新闻游戏往往是与传统的新闻报道相辅相成的，需要在新闻游戏版块中附加相关新闻报道的链接，以帮助玩家更全面地了解该新闻事件或社会现象。

对现有的新闻游戏进行题材分析可以发现，一些新闻游戏在新闻题材上呈现出相似性或延续性，这是设立新闻板块的有利条件。如 2014 年推出的《叙利亚 1000 天》这款新闻游戏，以及 2015 年英国广播公司制作的《叙利亚之旅》这款新闻游戏，均以较为微观的视角，呈现了叙利亚难民逃亡的情境。从新闻的角度出发，事物是处于不断发展变化的过程之中的，人们对事物的认识也是不断发展的和螺旋式上升的，新闻的后续报道需要符合事物的这一发展规律和认识规律。新闻游戏的版块化设计也可以遵循这一思路，通过策划制作系列新闻游戏，引发玩家的持续关注和激活规模效应。大众传播媒体通过在各自的客户端或官网设立专门的新闻游戏版块，便于玩家搜索与回顾，利于培养玩家的阅读惯性和忠诚度，从而提升新闻游戏的曝光度与影响力。

三、有效促进景观消费

有效促进景观消费，需要回归社会交往的"情境"，让关系可供性得以落地生根。新闻游戏的发展与应用离不开平台和技术的可供性，然而需要注意的是，新闻游戏的应用与技术可供性的落地需要依赖对玩家所处情境的分析，即分析情境在玩家与平台/技术/媒介关系中的中介作用，避免陷入技术与玩家二元对立的逻辑之中，即要么过于强调技术的支配作用而忽视玩家的能动作用，要么过于强调玩家实践的主动性及其社会关系的独特性而忽视技术特定性的可供性。虽然媒介情境论的研究者普遍关注用户/行动者如何应对或化解情境崩塌的实践策略与实践过程，但却暗含着技术/平台可供性对情境理论独立性的削弱和遮蔽。梅罗维茨从情境理论走向媒介理论的逻辑也呼应了这一观点。虽然梅罗维茨宣称相关的理论并非简单的媒介决定论，但关注的仍是技术可供性和媒介的形式对用户与社会造成的"影响"，遵循的仍是媒介中心主义的研究脉络。

（一）重视用户实践的独立性

媒介技术的可供性带来了时空关系的重构，原有的交往语境/情境也随之被瓦解重构，但在语境/情境崩塌的理论研究中，行动者及其所处社会情境的独立性被有意无意地置于次要地位。在当下传播学学术研究中，主要是从可供性角度来探析技术与媒介对用户与社会的影响。事实上，可供性理论本身并不局限于平台可供性对用户实践的单方面影响，该理论强调的是技术/环境/平台与用户/行动者的相互作用、彼此影响的互动论立场。但在该理论的应用和研究中，这种立场常常被忽视，这种情况在"情境崩塌"的研究中尤为明显。如 Dijck 和 Poell 重点阐释了社交媒体的技术和文化逻辑及其对用户使用方式和传播内容的影响。[1] 在 Bucher 的研究中，软件和算法在友谊和社交能力方面的作用被放大，却没有考虑到可供性理论中用户实践及其关系网络的作用。[2] 事实上，在运用可供性理论的过程中，经常存在混淆定义的问题，且我们能够明显感觉到该理论在多种情况下的解释力存在着或多或少的差异。可供性常被视为社交媒体内在的稳定属性，如 Vitak 和 Kim 指出社交媒体区别于其他媒体之处，在于其独特的功能，如泛在的连接、内容的可编辑性、内容的可见性与持久性。[3] 这一观点暗含着技术的固定性和普适性，而未考虑社会和文化的差异性及具体的情境在可供性关系中的重要作用。

由此可知，虽然可供性概念在理论上关注的是人与技术/平台的相互作

---

① DIJCK J V, POELL T. Understanding social media logic [J]. Media & Communication, 2013 (1): 2.

② BUCHER T. The friendship assemblage: investigating programmed sociality on Facebook [J]. Television & New media, 2013 (6): 479.

③ VITAK J, KIM J. You can't block people offline: examining how Facebook's affordances shape users' disclosure process. In: Proceedings of the 17th ACM conference on computer supported cooperative work and social computing, Baltimore [J]. ACM, 2014 (2): 15.

用与影响，但该理论在实际应用的过程中仍将更多笔墨放在了技术/平台的固有属性上，强化了技术/平台的稳定性、不变性特征对人的巨大影响。需要注意的是，在比较研究和经验研究的双重层面上，技术/平台的影响都不存在着简单的固定模式，行动者因其所处的社会与文化背景的不同而在能动性上呈现出鲜明的差异，从而使人与技术平台的相互作用过程也呈现出不同的关系结构。传播学的相关研究也逐渐认识到了这种情况，开始关注不同社会与文化结构中的行动者如何使用技术媒体，他们的生活、社交以及反思到的自我是否受到技术媒体的影响，他们与技术媒体建立的关系是怎样的等。在对"脸书"这一全球性的社交媒体进行研究后，丹尼尔·米勒指出："并不存在一个叫做'脸书'的东西，只有在不同民族和地区发展出来的、特定的使用风格。"① 在他看来，每个地方都会生产出不同的互联网，强调从社交媒体的地方性或语境化开展研究。而对于如何连接地方主义的实证研究和更具普遍性的抽象理论，或许可以采用一种类比分析方法进行理论归纳。除此之外，也可以综合运用多种理论框架来分析可供性的多个面向和关系性质。Evans 建议，可以通过不同框架的结合来分析技术/物与人的关系，以平衡技术的物质影响在关系分析中的主导倾向。②

（二）关注多元行动者的协同作用和相互影响

在新闻游戏技术可供性的研究中，需要关注到多元行动者的协同作用和相互影响，这里的行动者应该包括人与技术/平台。Costa 强调，可供性不是技术平台的固定属性，它们会在不同的社会和文化背景的应用中产生本质性变化。基于此，Costa 提出了"实践中的可供性"这一观点，认为特定的社会实践和物质是可供性形成的必要过程。③ Willems 也持相似的观点，不过他是通过引入"关系可供性"的概念，来分析不同地域的用户对技术的使用差异，并关注到了时间的影响，指出移动社交媒体中公众关系的可

---

① 丹尼尔·米勒. 脸书故事 [M]. 段采薏，译. 北京：北京大学出版社，2020：111.

② EVANS S K, PEARCE K E, VITAK J, et al. Explicating affordances: a conceptual framework for understanding affordances in communication research [J]. Journal of computer mediated communication, 2017（1）：35.

③ COSTA E. Affordances-in-practice: An ethnographic critique of social media logic and context collapse [J]. New media & society, 2018（10）：364.

供性会受到不同语境的不同影响而在形式上呈现出差异化发展的情况。①
Willems 驳斥了将技术可供性视为技术稳固属性的"数字普遍主义"与"平
台中心主义",他从移动社交媒体与用户及各类语境的相互交互的角度出发
去理解可供性的产生与落地。在此基础上,Willems 进一步发展出了三种
"关系可供性"——基础设施、基于家庭的访问及时间性,分析了用户所处
的政治语境、物理与中介对其社交媒体使用方式的影响。

因此,在分析社交媒体使用方式时,若将平台可供性视为平台的稳固
属性,并将其作为唯一重要的变量来分析可供性,就可能陷入低估或忽视
行动者能动性的偏颇之中。此外,用户与技术的关系也不容忽视,因为平
台可供性仅仅是多重结构与多重能动性中的一个面向。因而此前关于社交
媒体可供性的研究,开始转向非二元对立的状态,用户对技术的感知或用
户与技术的互动得到了更多的关注。如传播可供性研究的就是主体对其与
技术的互动进行的反身性思考,是如何反过来影响其传播实践的。

然而,在经验研究领域,这种通过"人—物"互动来分析可供性的尝
试并不可行。在对具体的平台进行可供性经验研究时,常出现技术决定论
和社会建构论的二元对立取向,即往往单方面强调人的能动性和技术的社
会建构,或过于强调技术稳定性的可供性对用户媒介使用与感知的诸多影
响。这呈现出理论研究和经验研究的脱节,即在理论研究开始关注多元行
动者的相互作用时,经验研究仍因缺乏有效的概念工具,而无法实现对多
元行动者的统筹分析。

(三) 发挥情境的能动作用

事实上,关系可供性的视角之所以无法在经验研究中落地,关键在于
忽视了情境的独立性,这是导致可供性研究陷入二元对立困境的重要原因。
情境在行动者与技术/平台/媒介关系中发挥着独立的中介作用。因此,在
经验研究层面开展平台可供性的研究,需要重新确立"情境"的独立性,
分析特定情境中的社会与文化结构在可供性关系中的能动性或约束性,关
注情境是如何在人与技术/平台的关系建构发挥中介性作用的。我们可以借

---

① WILLEMS W. Beyond platform-centrism and digital universalism: the relational affordances of
mobile social media publics [J]. Information, communication &society, 2020 (5): 1.

助符号互动论的情境视角，在情境/语境崩塌的过程中看到动态的新情境建构，而把其中的人与技术/平台视为建构这一新情境的行动者，由此回归到具体的情境中去考察用户的技术使用，梳理各个行动者在这一过程中的能动性、结构性和复杂性，而非单独从技术特性或人的实践作单方面的论证。

新闻游戏就是通过建立虚拟场景，来实现玩家参与和信息感知的，玩家作为实践者的能动性和游戏技术提供的可能限制，均是研究新闻游戏场景技术可供性时需要考虑的内容。在理论分析工具的选择上，社会情境理论因其重视情境的差异性、建构性和现实性而为媒介可供性分析提供了一个独特的理论视角。在当下的新新闻生态下，语境/情境崩塌无疑是一种新的社会情境，这时研究的关注点，可以放在中国本土的社会文化背景中，思考这种新的社会情境的重建方式和西方的异同。在学术研究领域，很多媒介理论源于西方，中国的学者在借用时需要注意本土的适用性问题，同时要根据本土的文化情境与用户媒介实践来思考出这些理论在研究本土语境崩塌时的创新与发展，比如用户的媒介素养和集体主义文化对用户参与、传播新闻游戏有什么样的影响，以深入推进该理论在不同情境下的应用与发展。采用情境论来研究本土新闻游戏在传播过程中的语境崩塌与情境重构，就避免了平台可供性研究中对人这一实践主体的能动性的忽视，它能够将可供性视为各多元行动者（包括人与技术/平台等）在具体情境中互相影响、共同建构和再定义情境的相互协商的复杂过程。

本章小结

新闻游戏以游戏为载体来讲述新闻故事、传递新闻信息，其创作需要构建相应的虚拟场景。一般来说，对场景要素使用较多的是制作和分发这两个阶段。本章从场景建构路径、场景传播路径和场景消费路径三个方面分析新闻游戏发展的景观化进路，指出立体化的仿真场景建构、互动开放的场景参与以及基于多元行动者的场景分析，是提升新闻游戏的玩家参与度、卷入度和忠诚度的重要路径。

第五章
程序的可供性与新闻游戏发展的书写化进路

从根本上来说，新闻游戏就是一种把新闻事件嵌套进程序运作的整个流程，并使之转换为每个人都有可能参与其中的"游戏化"过程的报道方式。换言之，新闻游戏对外部世界施加影响的过程是由程序所驱动的。

第一节　新闻游戏：以程序的手段来书写新闻

在程序所构筑的界面上显示新闻早已不是什么新鲜事，但让新闻本身变成程序却是新近正在发生的事实。这一事实预示了新闻业发展的一个全新方向，即在传统"发布式"的新闻报道之外又出现了一种"参与式"的新闻体验方式，这种新闻体验方式即我们所说的"新闻游戏"。

一、嵌入新闻游戏报道流程的程序

在新闻游戏中，新闻事件不再像以往的报道方式那样，只是作为一条条源自外部世界的消息来满足人们的"新闻欲"，而是以程序的形式赋予读者一种参与并探索新闻故事的能力。从这个意义上来说，"新闻游戏"的概念被扩大化了，即它可以指向也可以不指向一个完整的游戏，人们将之视为一种支持新闻服务的"类游戏"，其目的在于让人们在虚拟空间中的"玩耍行为"经由程序中介变成一种完整的意义理解或创造过程。也就是说，在新闻游戏中，一切行为的发生虽然从根本上源自程序可供给的"数字通道"，但这个"数字通道"却需要通过更具体的"程序修辞"过程来完成。因此，"程序修辞"就成为理解新闻游戏的一个重要维度，程序已全方位地嵌入到新闻游戏的流程之中。

在当前，传统新闻业所面临的最迫切的挑战之一就是由互联网技术引发的"数字化生存"现象。按照尼古拉·尼葛洛庞蒂的说法，数字化生存具有如下四大特征：分散权力、全球化、追求和谐和赋予权力。① 数字媒体的这些优势，无一例外地对传统新闻媒体的权威性、即时性构成了巨大的挑战。例如，网络自媒体平台的大量涌现，让传统新闻业的话语权可能在一瞬间被数百万乃至数千万网友的点赞、评论和转发所淹没。再如，任何一个手持移动终端设备的网民，都可以随时通过互联网视频直播等方式，将自身变为新闻在全世界范围内即时传播的集散地，而这也暴露了传统新闻业的滞后性弊端。更重要的是，随着互联网视频直播这种比传统新闻更便捷、更高效的消息传播方式的诞生和运用。当前的年轻人越来越没有耐心去完整地阅读或观看一篇冗长的新闻报道，他们常用的碎片化阅读方式，会让许多报纸、广播及电视等传统新闻的受众急遽流失，不但使传统的新闻业陷入严重的经济危机中，更大大降低了其影响力。在这一背景下，传统的新闻业不得不重新思考：在"数字化时代"，应该如何更好地生存？应该如何重塑自身的影响力？

毫无疑问，要解决好这两个问题，传统的新闻业需要有效地融入数字生态之中，因而数字化转型便被提上了日程。据目前可以观察到的情况来看，在数字化转型的过程中，大众传播媒体主要采用三种手段：建构专属APP 平台、创建社交媒体账号以及开发新闻游戏。这三者各有各的特征，它们之间的联系也极为紧密。新闻专属 APP 平台呈现新闻的方式与传统新闻媒体最为相似，但由于其可以同时兼顾多个平台和终端，并新增了点赞、评论、转发等功能，因而它不仅能够较好地维护新闻业的话语权，也能够为用户与新闻平台、用户与用户之间的沟通和交流提供一个崭新的社交渠道，极大地吸引了年轻人的注意力，并使自身的影响力得以大大增强。创

---

① 尼古拉·尼葛洛庞蒂. 数字化生存［M］. 胡泳，范海燕，译. 海口：海南出版社，1997：269.

建社交媒体账号这种手段，在新闻呈现方式方面与传统新闻媒体和新闻专属 APP 并没有太大的区别，但由于它拥有庞大的用户流量，因而对年轻人具有巨大的吸引力，这是传统新闻媒体和新闻专属 APP 无法比拟的，尤其在直播、短视频等行业呈爆发式增长的时代更是如此。在这个时代，抖音、快手、微视频、微博、微信等新型社交平台几乎已经成为一种能够吸引老中青幼等各年龄阶段用户的"聚宝盆式"的存在。但这并不代表着媒体机构在借助这些平台后就能够取得令人满意的成绩，原因在于，依托这些平台所发布的各种信息虽然能够快速直达每个用户，但由于新闻的源头远不止于专业新闻机构，因而即便各类消息铺天盖地反复呈现，依然无法摆脱被受众全力追求短、平、快的娱乐信息所取代的尴尬境地。

在这一背景下，"新闻游戏"可以说是一种最具前景的数字新闻形式了。从类型上看，新闻游戏可以是依托各种数字媒体平台、以各种新闻事件为内容、可供任何人随时参与其中的丰富多彩的"小游戏"，也可以是独立于平台之外所创造的某一类具有深度新闻价值的独立的"游戏程序"。前者具有丰富多彩的游戏方式，可以指向也可以不指向一个完整的游戏行为。例如，在一段新闻事件的视频播报中插入一系列带有"游戏化"色彩的选择性按钮，或者让某些新闻事件以颇具趣味的图文、问答方式等形式呈现出来，以引导玩家理解新闻事件的意义。在这里，新闻事件不是一定要被完整呈现出来才能获得理解，而是要在用来切割新闻事件的每一个程序节点上都能获得一种不完整但有效的理解。后者则专注于通过引导玩家去完成一整套完整的游戏动作来吸引玩家深度参与到新闻事件意义的探索中，从而让"游戏化"行为本身能够直接支持新闻服务的整体价值创造。因而新闻游戏所开拓的传播思路应该是：赋予读者一种参与并探索新闻故事的能力。也就是说，新闻游戏作为游戏化的新闻服务，应该是在将现有的系统、信息及目标对象转换成游戏元素的同时，利用新闻与游戏所共有的故事化的叙事结构将各个元素集成为以"设定—参与—反馈—强化"为主导机制的游戏化进程和自行探索信息的有限自由空间。相较于以往那种只是提供数字化新闻阅读和评论体验的平台或只是力图吸引用户阅读、理解和传播新闻的魅力的视听画面，社交媒体账号等媒体显然提供了一种能够提升用户耐心、吸引用户深度参与新闻事件、共同创造新闻价值的有效途径。

由此可知，新闻游戏所预先设定的种种游戏目的，正是通过学习和借鉴游戏的基本修辞机制的反馈和强化来实现的，而能否有效地构筑这种路径，则依赖于玩家从新闻游戏中所获得的满足感和进步效能。因此程序的重要性便不言而喻了——当其程序设计本身不能激发玩家足够的兴趣，即由于缺乏足够的游戏元素而使游戏"不够好玩"时，大众传播媒体在创作前期为"程序编写"所支付的大量人力、物力和财力成本将比此前任何一种新闻报道都更为巨大，且难以承受。反之，当新闻游戏过分"好玩"时，它给玩家所造成的无法自拔的沉迷，则极可能导致新闻事件本身的意义被遗忘。因此，随之而来的一个关键问题是：我们应当如何率先在程序维度方面为新闻与游戏找到一个恰到好处的平衡点，从而使其能够通过信息和信息组织的某些巧妙方式激发人们内在的求知动机，进而鼓励和引导玩家改变自身的思想、态度和行为。解决好这个关键问题，新闻游戏的程序设计就是成功的。

二、作为新闻游戏核心书写手段的程序

"程序修辞"这一概念是博格斯特在阐释"视频游戏"对现代人的态度、情感及日常生活产生影响的作用机制时所使用的一个重要概念。其基本含义是指："程序修辞"与通过演讲术进行修辞实践的文字修辞和通过图像进行修辞实践的视觉修辞类似，是一种通过程序来进行论证的修辞实践。① 在这里，"程序修辞"这一概念所述说的是，在一个由程序和代码所主宰的游戏世界，由程序带来的劝服过程。② 在这一意义上，程序修辞成为将"游戏化"行为深嵌于特定社会意义指向之中的主导力量，成为新闻游戏的核心所在。也就是说，作为一种说服性媒介的新闻游戏，总是在人机互动所给定的可能性空间里去引导玩家操纵各种符号系统，以此来实现被预设的与玩家相关的各种自我表意或行动的可能性，而这一切都必须通过程序的精确计算、模型的整体运作与游戏过程本身的彼此互动来实现，这

---

① BOGOST I. Persuasive games：The expressive power of videogames［M］. Cambridge，MA：The MIT Press，2007：28.

② BOGOST I，SIMON F，BOBBY S，et al. Newsgames：journalism at play［M］. Boston：The MIT Press，2018：52.

种实现过程所说明的那些意义或引发的行为，便是由"程序修辞"的有效劝服功能来促成的。

显然，相较于以往新闻报道更注重通过语言修辞和视频修辞来表情达意而言，程序修辞在这里更强调"过程"，即强调通过具有直接可操作性特征的、主动频繁的、自由自在的"玩"这一过程本身，来隐晦植入早已预先"通过计算结构具体化的意识形态"。因此，从根本上来说，这一过程是在试图通过建模来呈现事件。

如果说建模本身创造的是一种源自真实而又模拟真实的虚拟体系，那么，这一虚拟体系经由玩家参与其运作之后所呈现的，则是一种源自深度虚拟体验而又能产生真切价值判断乃至促成潜在的新的行为模式的功能。用简·麦戈尼格尔的话来说，"游戏满足了现实世界无法满足的真实人类需求，带来了现实世界提供不了的奖励。它们以现实世界做不到的方式教育我们、鼓励我们、打动我们，以现实世界实现不了的方式把我们联系在一起"。① 例如，游戏制作公司 Traffic Games 在肯尼迪遇刺 41 周年时推出的新闻游戏《刺杀肯尼迪：重装》所给予的现实启示是：武器与力量的变化才是现实世界的根本规则。再例如，英国《金融时报》2017 年推出的典型新闻游戏《优步游戏》，则试图通过工作、交易、空间位置这三个核心规则所建构起的模型，让人们在深度体验中理解究竟何为"零工经济"。这些新闻游戏都是由程序所构建出的场景动态模型来进行意见表达的。

一般说来，新闻游戏包括如下四种设计形式：第一，多结局与多选择的修辞。每一次不同的选择都会得到不同的结局，成功与失败并存，给予玩家更多元丰富的体验，可以从不同角度激发玩家对新闻事件的认知，同时也让玩家在游戏活动终于获得成功的那一刻能够深切理解到程序设置的初衷。第二，只有失败结局的修辞。无论玩家怎么努力也只会出现失败这一种结局，它更注重的是新闻游戏的过程体验以及其所能带来的反思效果。第三，"永恒时间"的修辞。游戏中玩家不会走向特定的线性结局，游戏过程可以无止境。既难以成功，也不容易失败，除非玩家主动放弃游戏，否

---

① 简·麦戈尼格尔. 游戏改变世界：游戏化如何让现实变得更美好 [M]. 闾佳，译. 杭州：浙江人民出版社，2012：18.

则将在一定程度上保持永恒。第四，解释文本的修辞。游戏本身设计了结局，但无输赢之分，游戏过程的目的是对新闻信息或事件的解释。由此可见，程序修辞之所以是新闻游戏的核心，正在于其不同设计形式从根本上决定了游戏的劝服目的，而"劝服"也正是新闻游戏虽然被称为游戏，但仍然能够以严肃性内涵被归属于新闻范畴的重要标志之一。

第二节　程序对新闻游戏发展的可供性

理解了程序修辞在新闻游戏中的核心作用，我们便可以进一步对新闻游戏的程序化可供内涵作详细分类和解读，以说明新闻游戏为什么能够在虚拟空间之中将那些与大部分日常生活相去甚远的新闻事件转换为一种活生生的动态体验，从而能够让游戏行为超越以往那种虚无的快感体验，成为具有内在真实意蕴和强烈现实指向功能的社交化过程。笔者认为，这一过程主要是通过"模型建构的可供性""角色姿态的可供性"等方面来完成的。

一、模型建构的可供性

模型建构的可供性是指新闻游戏在本质上是由游戏开发者以程序为中介、以向大众传播新闻事件为目的而开发的游戏模型为玩家提供行动的可能性。因此，模型建构必须同时考虑三个问题：第一，模型建构如何才能准确地反映新闻事件；第二，模型建构如何才能更好地契合玩家心理；第三，模型建构应该如何将已经被游戏化的新闻事件重新接通到社会文化系统之中。

（一）以新闻数据为基础来构建模型

新闻游戏虽然是以游戏化的形式来展开的，但其模型却不能一味地按照游戏设计的思路来展开，而需要着重考虑不同类型新闻事件是否有进行游戏化转换的必要性，以及那些值得被制作成新闻游戏的事件在游戏化过程中应该如何创造一个恰当的表意空间等问题。就第一个问题而言，并非所有新闻都有被专门制作成游戏的必要性，但略带游戏属性的新闻确实能更好地吸引年轻人的目光。例如，近年来在哔哩哔哩网站出现的大量解读新闻事件的 UP 主们所创作的新闻解读类视频，总是能够以其戏谑般的话语修辞和表情包修辞等方法将受众轻松带入一种寓教于乐的境地。其中一个颇为典型的例子是，中国政法大学刑事司法学院教授罗翔之所以能够在网络世界爆红，很大程度上与哔哩哔哩网友将其讲课内容制作成可供观看者进行即时问答的视频有着不可分割的关系。这些虽然并不是典型的新闻游戏，却也告诉我们，新闻游戏的形式其实是可以多种多样的。这里将对第二点进行重点讨论，即新闻游戏与表意空间的问题。由于新闻游戏在制作过程中需要更多地体现新闻传播者客观表意的意图，因此其模型建构必须以大量真实的新闻数据为基础，这在一定程度上偏离了新闻的时效性要求，但却为再次挖掘某些具有长期新闻价值的消息类型提供了一个全新的思路。这一点集中体现在史态类新闻（报道内容主体为过去事实的新闻）和社会调查类新闻的呈现方式上。

例如，上文所提及的社会调查类新闻游戏——《优步游戏》，其制作就是建立在对大量优步司机进行访谈，获得丰富的、真实有效的数据的基础之上的。而将与优步司机相关的、具有长期新闻价值的数据制作成新闻游戏之后，其模型建构所呈现出来的便是一个处处为生活现实条件所制约的自由职业者的不自由状态，以及他们为了实现自由所要付出的艰辛努力，极大地打破了普通人对"零工经济"无限自由状态的虚无想象，增强了人们对这类新兴的自由职业者的认知深度。《优步游戏》之所以能够收获这样的效果，在于其所创造的那个表意空间是建立在前期大量新闻调查和采访所获得的那些真实数据的基础之上的。唯其如此，其表意空间才有可能被控制在比较准确、客观的范围之内。

另一个关于史态类新闻的反例是，在肯尼迪遇刺 41 周年时，Traffic Games 公司制作的《刺杀肯尼迪：重装》这款新闻游戏，刚一推出就遭到了美国社会各界人士的强烈抵制。尽管该公司声称《刺杀肯尼迪：重装》这款新闻游戏仅仅只是为了重塑历史并让世人从不同的角度来看待这起举世震惊的悬案，但肯尼迪家族和美国公众却并不买账，肯迪尼总统的弟弟——时任马萨诸塞州参议员的泰德·肯尼迪便对这款新闻游戏进行了公开的谴责，认为它"是一种挑战人类文明底线和美国人民基本价值观的卑劣行为"。此外，该游戏还遭到了大量民间团体的谴责，他们在白宫网站请愿，强烈要求政府将制作人科克·艾文驱逐出境，并且冻结其在美的全部个人资产。

时至今日，学术界依然常常将这款新闻游戏所引发的各种争执看作是由新闻的"游戏化"所引发的一场道德危机或伦理危机。例如，我国就有学者以《刺杀肯尼迪：重装》所引发的争议为例对新闻游戏作了深刻反思，指出"查询这一游戏的基本资料发现，该游戏制作者是英国游戏制作公司Traffic Games，既不是媒体授权制作，也不是配合新闻报道，只是一种单纯的商业行为。更多的'新闻游戏'则是由游戏公司制作的、以新闻事件为噱头、情节不符合新闻真实的游戏。这些'新闻游戏'的本质是新闻'游戏化'，而非新闻游戏"。①《刺杀肯尼迪：重装》之所以会招致如此多的质疑和批评，是因为它从根本上所关注的只是如何创造一种刺激的游戏体验，而不是为了呈现该事件本身的新闻价值。这款新闻游戏让人们明白，当新闻游戏的表意空间里只有游戏而没有新闻时，新闻游戏存在的必要性也就值得商榷了。诚如巴西《超级兴趣》（*Super Interest*）这款新闻游戏负责人弗雷德·迪·贾科莫所说，一切新闻游戏首先必须自我诘问这样一个问题：这个游戏是在传递信息吗？如果不是，它只是游戏。它有趣吗？如果不是，它只是新闻。

由此可知，新闻游戏模型建构之所以需要以新闻数据的真实性为基础进行创作，是为了通过模型建构本身来直观地呈现其新闻价值，而不是纯粹为了好玩。由此而引发的另一个问题是：如果"不好玩"，那么新闻游戏实际上便只是新闻而非新闻游戏了。如此一来，新闻游戏便会迅速失去玩家的宠爱，从而表现出"易碎性"，进而会被人们快速遗忘。正如《优步游戏》这款新闻游戏一样，因其严肃有余（游戏中会不断制造各种现实生活中经常会碰到的麻烦）而娱乐不足的缘故，如今早已为大众所遗忘。因此，如何在新闻游戏中恰到好处地植入游戏元素，理所当然地成为新闻游戏模型构建的题中应有之义。

---

① 张超. 作为游戏的新闻：新闻游戏的复兴、意义与争议［J］. 编辑之友，2017（3）：37.

（二）以游戏元素为补充来构建模型

在新闻游戏的模型构建中，新闻数据是基础，游戏元素则是补充。何谓游戏元素？按照一般的理解，游戏元素就是指构成游戏的各种基本要素。显然，这一说法是没有什么学理价值的。因此，为了能更好地理解游戏元素，我们需要将其限定在网络游戏或视频游戏的范围内加以讨论，并从中发现网络游戏或视频游戏能够极大激发玩家兴趣的那些游戏元素究竟是什么。

有人认为，游戏是让我们回到一万年前的狩猎采集时代的精神通道。这话极为精辟地点出了网络游戏成功的最重要秘密之一，即网游建模是以满足人类原始感性特征为基本导向的。

那么，究竟何谓"一万年前的狩猎采集时代的精神通道"呢？著名知识付费平台"得到APP"媒体人罗振宇曾在节目中解释道："狩猎采集时代，人类的生活方式随时随地有探索的乐趣，有大量的社交和闲暇，所有的行动有即时反馈。"更明白地说，人类以群居的方式在茫茫的丛林中搜寻猎物和果实，本就是一种随时充满着意外收获、社交愉悦、分享乐趣的休闲生活方式，其中所隐含的精神性内涵即自由自在地创造生活、享受生活。

由此而联系到网络游戏所共同具有的那些游戏元素便很容易发现，在网络游戏所建构的虚拟模型中，供玩家进行自由探索的地图场景、为玩家交流经验和组团游戏所建构的协作模块、专属于玩家休闲时聊天评论的游戏大厅，以及供玩家通过任意点击或特定操作便能获得即时反馈的消息栏、物品栏、奖励栏、等级栏、积分榜、排行榜、荣誉榜、成就榜等一系列"游戏元素"，看起来与狩猎采集时代的精神世界是特别相似的，而这些正是提升网络游戏可玩性的关键重要元素。那么，对新闻游戏来说，这些"游戏元素"究竟又该如何得到有效的利用，以便用来支持新闻服务的价值创造呢？

由于新闻本身的易逝性特征，新闻游戏确实不大可能通过构建类似于大型网络游戏那样的宏大场景来大量吸引用户流量和增强用户的黏度，但主要以"小游戏"形式出现的新闻游戏却可以借由中大型的网络社交平台、游戏平台、网络社群等平台的互联效应来增多其用户浏览量、访问量，从而提升用户黏度，打破新闻游戏"易碎性"的魔咒。例如，在各种大型网络平台开辟新闻游戏类别；或以新闻游戏为中介，通过在各大新闻平台之间构筑"超级新闻平台或社区"，以此提高访问量、拓展传播范围。这样一来，不仅各种类型的新闻游戏在比较、竞争和共同展览中会越发注重自身的创作质量和创新性，而且新闻游戏也会因为各自的密切联系和差异而呈现出丰富的"可玩性"。

诚然，这里所给出的相关思路，并不是从具体的新闻游戏模型建构的角度出发的，但这种思路本身却又恰恰能够为新闻游戏在进行模型建构时提供诸多启示：第一，当我们以一种能够想象到的最大化视角，例如，上述提及的"超级新闻平台或社区"来理解和观照新闻游戏时，我们所看到的其实是传统新闻业在数字化转型过程中的可能性；第二，当新闻游戏创作者能够以这种长远的眼光来实施模型建构时，就不必单纯拘泥于某一新闻事件来进行创作，而是能够以一种基于类型化、集成化的新闻模型，来多方想象并创造出丰富多样的新闻游戏玩法；第三，新闻游戏模型建构不再只是以往所说的"新闻＋网络游戏"的模式，而可以在归属于同一新闻界面的"文字""语音""视频""点赞""评论""转发"等功能性模块之间，制造基于不同界面的差异式、悖论式、悬疑式、区隔式等不同形式的超链接方式，以便为新闻制造更多的"游戏化"方式和相同的意义指向。此处将以新闻游戏的模型构建过程来说明这一观点。

众所周知，网络空间中充斥着大量的碎片化信息，不少人尤其是年轻人，很少有耐心阅读完一整篇新闻报道。制作新闻游戏的目的是利用人们的碎片化阅读习惯，让人们在"玩"的过程中读完并深刻理解某个新闻事件。因此，新闻游戏的模型设计需要格外认真：为了不让玩家有被游戏设计者愚弄的感觉，应当将游戏步骤控制在三到四步。也就是说，在具体设计环节中，要科学地分步完成：第一步，将一个完整的新闻事件按照先肢解再组合的方式进行排列时，可以先为玩家提供一堆碎片式的消息，然后让他们按照随意点击的方式对新闻事件进行排列组合以获得完整的故事；第二步，当玩家不能通过点击的方式还原新闻事件的原貌时，可以自动跳出一个新的视频界面来帮助玩家完整阅读和理解新闻事件；第三步，当这个界面被关闭后，玩家就会发现，原来那些碎片的信息本身早已被重新替换为一组看起来相对陌生，但实际上与原来的关键词充满微妙联系的词语，从而让他们在掌握碎片化信息的关联中来重新把握新闻事件的完整意义。

通过对新闻游戏模型构建过程的分析可知：具有重大影响力的新闻事件，都可以制作成新闻游戏，让人们在"玩"的过程中体验其场景并进行深刻的解读，为新闻游戏在"传统"与"数字化"之间寻找一切可能性。同时，任何新闻消息都可以按照"肢解—重组—再肢解—再重组"的思路来设计，当这种思路被运用于不同新闻事件时，实际上就是在用同一类模型为玩家创造丰富多元的"游戏"体验，而其背后的新闻价值是可以不变的。因此，若是不执着于以"新闻＋视频游戏"的一贯思路来理解"新闻游戏"，就可以依赖模型建构本身来打破新闻游戏的"易碎性"魔咒。当然了，在新闻游戏的模型建构中，需要考虑新闻游戏与社会文化系统的对接问题，这也是接下来要讨论的重点。

（三）对接社会文化系统来构建模型

新闻从来都是社会文化系统的有机组成部分。那么，被程序修辞所主导的虚拟新闻游戏世界，又该如何实现与社会文化系统的对接呢？从目前所能观察到的情况来看，相关的对接一般是通过以下两种方式来完成的：第一，建构拟真场景直接对接社会文化系统。例如《心脏守护者》这款新闻游戏，就是以真实的纽约地图为场景直接将游戏对接到社会文化系统之中的，它将人们的注意力吸引到对心脏病人的关注上。第二，代入角色来间接对接社会文化系统。例如，在游戏中大量使用"你"这种第二人称视角，或者游戏角色在程序中被现实中的玩家直接操纵等方式，让人在不知不觉中忽视了自己与游戏角色之间的二元性，从而让游戏角色本身具有直指玩家及其所处的社会文化系统的功能。

上述两种对接方式主要是通过程序修辞所提供的场景内涵（用游戏场景容纳现实场景）和角色外延（以游戏角色连接玩家角色）来让"游戏"得以重新对接社会文化系统，并以此来传达特定的意义或观念，但这些对接方式显然存在一个巨大的问题，即很难明确在不同玩家之间实现"意义对接"时是否产生了误差，以及产生了多大的误差。如果解决不了误差问题，则新闻游戏的"玩"就不能很好地转化为"玩家"与"玩家"之间的游戏交流和沟通，所创造的也不过是一些各自为营的"社区文化"。倘若如此，新闻游戏在对接到不同的社会文化系统时，便常常会遭遇各种意想不到的失败。

有鉴于此，程序的可供性最重要但却被新闻游戏创造者长期忽视的一项核心功能便显示了出来，即它应当以"深度社交功能"（这里主要指线上社交）作为评价一款新闻游戏是否足够成功的重要指标之一。从这一角度来看，新闻游戏似乎应该借鉴那些最成功的社交网络平台的经验来完善自己。例如，社交平台通常凭借着固定的账号、密码登录方式来为用户在网络上发表的种种消息存档。但当用户不在线时，他们所发表的公共消息仍然可见且能在此基础上将他人的消息同时存档到两人的账号信息之中。这为新闻游戏提供了巨大的启示，当游戏玩家在"玩"新闻的过程中所生成的某些重要信息在征得玩家本人同意后可以被允许存档并以某些方式展示给另一位玩家时，他们之间所建构起的这种"隐性"的社交关系，其实是在程序修辞的引导下被进一步整合起来从而形成传播链条的，而这种传播链条一旦形成，便创造出了一种能够直接对接社会文化系统的全新方式。例如，新闻游戏也可以像网络用户调查那样，借助程序修辞的方式在游戏完成或结束时设计一个人人可见的 PK 条来让新闻游戏可以以观点的形式被二次对接回到玩家所处的社会文化系统中去。又或者，让新闻游戏本身直接成为一份有趣的社会调查问卷，从而让游戏玩家在每一次操控中都能反映出社会文化系统中的某些重要思想或观念。例如，可以在新闻游戏程序运行的一些关键节点上设置一些别样的提示来告知玩家，如目前有百分之几的玩家都作出了另一种选择、您是否愿意通过查看他人作出不同选择的原因来作出新的选择等。

如此一来，新闻游戏所创造的虽然仍是一个虚拟的世界，但实际上它又在程序修辞的引导中被不知不觉地对接到了现实社会的文化系统之中。更为重要的是，由于这种对接本身可以更直接地看到程序修辞的劝服效果，因而它比以往的对接方式更能体现新闻游戏在支持新闻价值创造中的效果。

二、角色姿态的可供性

如果说模型建构更多体现的是新闻游戏设计者的初衷，那么这种初衷能否实现还得具体落实到游戏行为中角色身体姿态变化对玩家心理的即时反馈上，而这种反馈过程显然要受到各个时期技术发展程度的制约。也就是说，"技术的可供性"决定了游戏中相关角色的身体姿态对玩家心理反馈的方式和强度。

这在 2D 电子游戏到 3D 网络游戏再到新兴的 VR 游戏的发展过程中表现得最为明显。例如，在卡普空公司出品的经典格斗类游戏《快打旋风》（*Final Fight*）这款新闻游戏中，尽管卡迪、何一、杰克三名游戏角色的动态表现已经涵盖了跳跃、空翻、飞腿、抱摔等丰富的格斗动作，但由于技术限制，导致玩家不能完全专注和沉浸在角色身体姿态的变化中，很难获得一种毫无间隙的心理反馈。而随着技术的发展和进步，当色差式 3D 技术、偏光式 3D 技术等新技术出现之后，游戏角色的动态表现也随之出现了较大的变化。如《实况足球 2021》（*PES*2021）这款新闻游戏，首次引入 3D 技术去建模，使整个游戏看起来更像是一场正在发生的真实足球比赛一般。其中，人物角色在加速时两条手臂大幅摆动、铲球犯规或被黄牌警告时向裁判的努力示好的姿态、严重犯规被红牌罚下时低头捂脸、沮丧不已的神态等，几乎可以毫无间隙地被反馈并刺激着玩家的心理和神经，影响着玩家的情绪和态度。今天，VR、AR 等技术已经比较成熟，以这些技术为支撑的新闻游戏，其游戏角色与玩家之间的界限更是变得不分彼此，让玩家的动作姿态与角色的动作姿态具有了等效意义，有效地打破了屏幕边界的限制，提供了一种可以直接按照玩家动作姿态来设计游戏场景和效果的崭新方式。

正因为如此，目前的很多大众传播媒介、游戏制作公司虽然在大部分时候都只是借助了比较原始的游戏化方式，例如通过文字贴图说明、二维角色创建等方式来开发新闻游戏，但借助全新的技术手段来开发新闻游戏，显然已经处在可想象的范围之内了。从这个意义上来说，重视从角色姿态的角度去拓展新闻游戏的程序化可供性，显然更具有现实意义。例如，在可想象到的范围内，可以通过 5G 乃至在不久的将来必然会出现的 6G、7G 等技术，让新闻事件以虚拟投屏的方式直接与人们的生活空间重叠出现，到那时新闻也许不再需要借助网络游戏来转换其形态，而可以让生活本身直接与新闻发生多重关联和影响。利用这一例证想要真正强调的是，当前新闻游戏发展的效果其实并不好，导致这一现象的原因在于，游戏曾带给人们难以被抹去的负面印象，使人们过于担忧新闻"游戏化"背后的"新闻逻辑"会彻底被"游戏逻辑"所代替。虽然，这一担忧不无道理，但当角色身体姿态的可供性在 VR 技术中已经能够直接由我们自己的身体姿态来决定时，新闻业还有什么好担忧的呢？正如简·麦戈尼格尔所说："那些懂得如何制造游戏的人有必要开始关注新的任务了，为尽量多的人创造更美好的现实生活。"而新闻游戏显然也需要在当下关注让玩家体验和参与新闻事件的意义之外开创新的目标了，用新闻为尽量多的人创造更美好的现实生活。① 或者更直白地说，让新闻游戏能够在传播中直达我们的日常社交活动。

第三节　程序可供性视域下新闻游戏发展的书写策略

学界一般认为，新闻游戏是在后现代媒介消费文化语境下发展出的一种不同于传统"客观新闻学"的新型新闻传播理念，即所谓"对话新闻学"的理念。但问题在于，事实果真如此吗？如果不是这样，我们又应当如何解释新闻游戏背后的真正动因以及其归宿呢？为了回答这一问题，这里首先需要简单考察一下"客观新闻学"与"对话新闻学"之间的分歧，从而为新闻游戏及其书写化进路发展本身作出一定程度的"正名"。

一、以"客观新闻学"的理论视野来设置程序

史安斌等人曾分别对"客观新闻学"和"对话新闻学"作过理论概括和总结，强调"客观新闻学"的核心观点是：第一，新闻报道应当遵守客观、公正、平衡的原则，准确呈现新闻人物和事件的真实状况；第二，新闻媒体和记者应当"外化"于其报道对象，既不受外部（包括政党、财团

---

① 简·麦戈尼格尔. 游戏改变世界：游戏化如何让现实变得更美好 [M]. 闾佳，译. 杭州：浙江人民出版社，2012：30.

和民间意见领袖）压力的左右，也不能在报道中掺杂个人的立场和观点；第三，新闻文本具有唯一的、正确的意义，来源于权威性的信源；第四，新闻报道的首要功能是传递信息和告知公众。"对话新闻学"的核心观点是：第一，新闻报道是记者与其报道对象之间相互对话和沟通的产物，也是不同话语和立场相互冲突、调和与协商的结果；第二，新闻媒体和记者应当是某个特定政治和社会群体的一分子，而不是所谓"局外人"；第三，新闻文本是一个具有多重意义的、开放性的、蕴含多种阐释可能性的"话语建构"（discursive formation）；第四，新闻报道的首要功能是在政治和社会领域内引发建设性的"公共对话"。① 也就是说，在对话新闻学看来，"新闻报道是记者与其报道对象之间相互对话和沟通的产物，新闻文本是一个具有多重意义的、开放性的、蕴含多种阐释可能性的话语建构"。② 进一步来说，客观新闻学的理论主要是一种建立在"客观反映论"哲学立场上的新闻观，即道出某件事情的实情；对话新闻学的理论则主要是建立在"主体实践论"立场上的新闻观，即强调新闻应当被视为一种具有明显价值导向的公共话语实践。

　　显而易见，学界以往之所以认为新闻游戏与"对话新闻学"理论具有密切联系，是因为在他们看来新闻游戏作为一种以"主体实践"为主要报道方式的新闻类型从根本上来说是缺乏客观性的。然而，只要我们稍微对上述两种理论话语产生分歧的原因作一简要分析即可知道，这种理论其实是武断且缺乏说服力的。

　　回溯到新闻源于"新闻欲"的发生学立场上可知，"客观新闻学"与"对话新闻学"之间产生这种分歧的关键原因在于，前者忽视了在新闻发生的原始语境里，那些带有明确主观欲求特征的"小道"消息其实在最初也应当被视为新闻的一种；后者则显然忽视了现代新闻行业所形成的普遍有效的行业规范和行业精神。也就是说，"客观新闻学"极力消除主体因素（新闻机构、记者等）的努力，虽然确实为新闻报道树立了基本原则，但却

---

　　① 史安斌，钱晶晶. 从"客观新闻学"到"对话新闻学"：试论西方新闻理论演进的哲学与实践基础［J］. 国际新闻界，2011（12）：67.
　　② 史安斌，钱晶晶. 从"客观新闻学"到"对话新闻学"：试论西方新闻理论演进的哲学与实践基础［J］. 国际新闻界，2011（12）：68.

忽视了新闻其实是在"主体—事件（客观）—主体"之间所发生的一种消息传播活动，而极力抹除主体影响所带来的严重后果是新闻必将变得越来越无趣。正如此前被大众戏称为"The Gray Lady"（灰色贵妇或灰色女士）的《纽约时报》那般，其无与伦比的严肃性决定了其新闻报道几乎是自绝于普罗大众之外的。"对话新闻学"极力强调"主体—叙事（客随主便）—主体"的新闻报道原则，则突出了"叙事及叙事目的"，虽然在为普罗大众提供"信息启蒙"（眼界、知识、性格培养、观念、价值、理想等方面的启蒙）的层面功不可没，但在传统新闻从业者眼中却似乎又是导致现代新闻业沉沦的根源。正如被戏称为"黄色小报"的《世界报》等报纸，曾多次遭遇精英知识分子的强烈抵制那般，"对话新闻学"营造的新闻环境似乎也并不那么美好。

由此可以说，从新闻游戏的诞生来看，它好像是用具体的技术实践形式支持了"对话新闻学"的观点，但实事求是地说，它是建立在"客观新闻学"深厚的理论积淀和实践形式之上的。之所以这样说，是因为种种例证之间所表现出的那种龃龉与矛盾恰恰在"新闻游戏"这一全新的媒介技术形式中得到了调和，即将严肃的内容和游戏化的形式统一在了一起。从这个意义上来看，人们给予特别关注的新闻游戏，其发展的基本路径恰恰在于：当主体与主体之间的信息得以通过虚拟模型（即程序模型）而衍生出一种全新的新闻报道方式时，其核心内涵恰恰指的是社交或社交化。因为，无论当主体与主体或主体与主体的思想、观念等精神性内涵得以通过哪种物理中介获得连接并彼此产生影响时，都可以将其视为一种"社交"形式。基于此，以程序可供性为理论框架、以程序修辞为焦点、以社交化为最终结论来思考新闻游戏，应该是新闻游戏程序设置中的重要基点。以"客观新闻学"的理论视野来设置程序，需要做到两点。

1. 程序设置不偏离新闻的客观性轨道

在互联网时代，新闻工作者与用户之间的社会关系、权利地位等都发生了显著的变化。新闻游戏可以通过设定程序融入强烈的价值观念，这在一定程度上意味着新闻被"程序化"和"游戏化"以后，其客观性被削弱，甚至会面临更大的社会伦理问题。

新闻游戏的程序设定的宗旨是提高新闻传播效率，该新闻信息传播方式与新闻的客观性原则，以及是否与符合公众利益等伦理价值标准相矛盾，决定了新闻未来的发展走向。首先，游戏本身所携带的价值导向容易引发社会问题和道德问题。如马歇尔·麦克卢汉就认为："我们必须承认，如果我们把游戏看作复杂社会情境的活生生的样板，那么游戏就可能会缺乏道德上的严肃性。"① 如2017年，手机游戏《肮脏的中餐馆》（*Dirty Chinese Restaurant*）因涉嫌歧视华裔而未能成功上线。其次，沉迷于游戏一直是严重的社会问题，腾讯手游《王者荣耀》因产生众多负面社会问题而一直饱受争议。有媒体曝出，有人因为沉迷于该游戏而导致失明，因此一些中学是禁止使用该游戏的。最后，不是所有的新闻题材都适合做成游戏或者以游戏的形式进行传播，例如，英国BBC针对叙利亚难民报道设计了名为《叙利亚之旅》的小游戏，但该游戏上线后，《每日邮报》和《太阳报》都称其把人道主义灾难变为游戏让人难以忍受，另一款新闻游戏《刺杀肯尼迪：重装》的制作者初衷是为了重塑历史，但因其暴力内容易引发青少年犯罪而备受社会争议。由此可见，那些含有敏感题材的新闻事件，并不适合做成新闻游戏，这在一定程度上框定了新闻游戏的取材范围。

新闻游戏的制作者采用程序修辞的手段来传达自己的主观意图，这表示新闻游戏的制作者可以将价值观念和个人观点巧妙地嵌入到游戏中，但因沉浸在游戏中，玩家难以发现这种情况。尽管玩家在新闻游戏中有足够的选择空间来表达自己的观念，但在进入到游戏空间之后，就不可避免地受到新闻游戏制作者主观意愿的影响，这种影响比传统的新闻报道更加隐蔽且深刻。新闻游戏的开放性看似较强，但其核心程序是被制作者固定下来的，且玩家无法改变，他们在此基础上进行选择和判断，其观点与态度一定程度上也被设计与引导了。在这种情况下，新闻游戏的程序设置必须以客观性为前提。

2. 程序设置要坚持新闻的真实性

真实是新闻的本质属性。在传统媒体时代，由于版面和时长的限制，无法将新闻的细节一一展示出来，从而影响了新闻的真实性呈现。而在新

---

① 马歇尔·麦克卢汉. 理解媒介论人的延伸［M］. 何道宽，译. 南京：译林出版社，2011：273.

媒体与自媒体出现后，由于新闻审查难度加大，以及社会大众的媒介素养整体较低等，致使网络空间虚假信息泛滥，强烈冲击了新闻的真实性。而新闻游戏所运用的虚拟现实技术与全景技术，能够强化新闻的真实性。在新闻游戏中，玩家可以根据自己的需求选择不同的场景，媒介的角色逐渐弱化，新闻产品原有的线性结构被打破，开放的对话环境逐渐形成。玩家主导社交媒体的性质决定了新闻游戏必须将新闻事件的全貌呈现给他们，所有的细节必须是合乎实际情况的，否则会直接让玩家产生不真实的感受，使他们难以沉浸于其中。

新闻游戏的虚拟现实技术及全景技术可以将新闻事件的所有细节放进程序设计中，让事件与玩家产生交互性，打破了传统新闻镜头的局限性。2015 年，Vice News 以纽约百万人抗议警察的游行为素材，制作了 VR 新闻报道《百万人大游行》(*Million Man March*)，用户跟随记者引导穿梭于人群之中，亲身感受置身游行人群最中央的气氛。① 众所周知，突发性事件极有可能会让新闻记者无法第一时间赶到现场，因而相关的报道往往会漏掉部分信息。这时候，新闻游戏中的虚拟现实技术与全景技术就发挥了重要的作用，它们能够通过技术手段将相关的信息还原出来，这样就能强化玩家的在场感。在体育赛事报道中，大众传播媒体已经使用了虚拟现实技术和全景技术来呈现体育馆的虚拟形象以及赛场上运动员的细节资料，如某个运动员的个人风格、所掌握的特殊技能，甚至是运动员的个人体能等信息。再比如足球比赛中，虚拟现实技术和全景技术能够让受众清晰地看到每一个球员的踢球、进球状况，以及球员是否犯规等精彩的瞬间。这在 2016 年欧洲杯的报道上就得到了较好的呈现。虚拟现实技术和全景技术是综合利用计算机图形运算技术以及各种显示和控制设备，在计算机中生成的、可交互的三维影像，为人们带来更好的体验效果。

二、以 "数字通道" 为取向来设置程序

程序的可供性与新闻游戏发展的书写进路之间的关系至少可从如下三

---

① 霍均飞. VR 网络新闻纪录片《百万人大游行》的案例研究 [J]. 文艺生活（下旬刊），2017 (3)：12.

个维度得到描述：第一，人机互动。人机互动是网络世界得以对现实世界产生影响的基础，其基本存在方式是以程序的形式集合和承载了感知、技术、社交、沟通等可供性内涵在内的一种网络活动方式，其目的是由程序的运行来打造现实世界与虚拟世界的交界并使它们发生交互影响。第二，步骤设置。人机互动的一切方式都是在程序的步骤设置中有序进行的，因此有什么样的步骤设置，就有什么样的活动方式。例如，浏览界面的设置产生浏览行为、点击按钮的设置产生点击行为等。以此类推，步骤设置能够供给什么，行为方式就相应地得到某种调控。第三，超链接。超链接在本质上属于网络界面的一部分，它是一种允许用户通过步骤设置中的某些具体行为而使不同界面之间发生因果联系并生成完整意义链条的一种程序化行为。更为重要的是，超链接虽然与步骤设置所允许的行为紧密相关、不可分割，但其意义指向却可以跃出网络文本的意义之外，被转换为玩家在现实世界中的种种具体情感、态度和行为。

由此可知，一切大众传播技术在虚拟时空与现实时空之间架构意义通道，并试图以此来影响和改造现实世界，只有经由程序的可供性所建设的"数字通道"才有可能得以实现，新闻游戏自然也不例外。因而在新闻游戏程序的编织中，要坚持以"数字通道"为取向。

三、关注程序设置中的选择、预设及时空因素

新闻游戏作为未来新闻业发展的新趋势，是新媒体技术下新闻信息与电子游戏的融合，其既保证了新闻应有的严肃与真实，又融入了游戏的趣味和交互性，呈现出全新的特点。因而新闻游戏不再是对新闻报道与客观事实的简单再现，而是通过游戏程序呈现新闻现场。在这一过程中，游戏程序的设定成为影响受众新闻认知的关键因素，而游戏设计者的意图则通过游戏的规则与程序来得以传达。

修辞学是研究"加强言辞或文句说服能力或艺术效果的手法"的学科。程序修辞，是西方游戏研究的重要概念，表现为通过规则和过程来传达作者的理念并强化说服效果。新闻游戏的程序修辞是新闻游戏制作者通过设计程序来还原新闻事实的重要手段，其主要通过以下三种方式来完成。

（一）多样性选择的呈现修辞

新闻游戏中程序设定具有成功与失败的双重可能，多结局式的程序修辞让用户充满无限好奇与探索，更加容易沉浸于其中。我国知名的符号学者赵毅衡指出："文本在组合轴和聚合轴两个向度之间展开，组聚合段的宽窄不一形成不同的文本风格。"[①] 而游戏程序中的多样性选择设定是"游戏内文本"宽幅操作的结果。[②] 不同玩家可以根据自己的认知结构、习惯喜好在游戏中作出不同的选择，而不同的选择能够产生不同的结局。

（二）预设"失败"结局的修辞

预设"失败"结局的修辞是指无论玩家做何种选择和努力，都无法改变失败的结局，这激起了玩家强烈的挑战心理。因而在新闻游戏里，他们会想尽办法，做多种可能的尝试，在这种努力和尝试中，玩家得到了多样性的体验感。显然，这就是游戏制作者预设"失败"结局的关键，是想通过隐喻的方式传达新闻内容所产生的意义，与在失败的思考中作出不同的解读。失败结局不是最终的结果，也不是新闻游戏制作者想要呈现的主要结果，而是起到一种刺激、催化的作用，抓住了玩家不服输、不信邪的心理，牢牢地吸引他们花费大量的时间和精力去挑战不可能完成的任务，让他们在挑战难题的过程中收获思考而不是收获结局。

（三）时空的修辞

1. "永恒时间"的修辞

新闻游戏制作者通过程序修辞的设计将整个游戏环节的设计设定为没有结局，没有尽头的道路，会让玩家产生两种极端心理：一是无论如何选择，怎样尝试都不会有特定成功或者失败的结局。游戏过程永无止境，由于不少玩家没有耐心去做没有结果的事情，所以进行到一定的环节时，会因觉得索然无味而退出游戏。由于产生了厌恶的情绪，玩家也就不会去思考新闻游戏中所传递的新闻信息的价值，这种情况就没有任何传播效果而言，反而在一定程度上失去部分用户。二是永无止境的探索。没有输赢的

---

① 赵毅衡. 符号学原理与推演 [M]. 南京：南京大学出版社，2016：156.
② 宗争. 游戏学：符号叙述学研究 [M]. 成都：四川大学出版社，2014：152.

结局给用户带来了轻松愉悦的心情，他们只管欣赏沿途的风景，而不用思考自己所选择的每一步会带来怎样不好的后果，或者十分顾虑自己所做的选择会导致结果的失败，自然就不会因为做了正确的选择而欢欣鼓舞，也不会因为做了错误的选择而懊恼自责，这样更能让玩家沉浸在新闻游戏的细节之中，仔细观察和认真思考他们所看到的一景一物，停留思考的时间会让他们收获更多对新闻事件以及新闻事件背后的社会体系的认知，这也会进一步提升新闻游戏所蕴含的社会意义及价值。

2. 开放空间的修辞

新闻游戏程序设定有最终的结局，但是并无输赢的标准。这样的游戏设定宗旨在于解释新闻事件。如 2016 年两会期间，《人民日报》推出 H5 新闻游戏《你有一份来自总理的神秘快递》，这款新闻游戏总共设计了六个角色，玩家可以选择其中的任何一个角色，如农民工、城市居民、学生等，点击不同的角色后，会进入不同的界面、收取不同的快递。通过这种方式，《人民日报》成功地将两会的政策信息高效传递给不同的用户。而为庆祝中国人民解放军建军 90 周年，《人民日报》在 2017 年 7 月 29 日晚推出了《穿上军装》这款新闻游戏，进入游戏的首界面，映入眼帘的就是军人的历史照片，玩家上传自己的照片即可生成军装照。由此可知，以 H5 界面为代表的新闻游戏，提供的是开放选择空间，没有输赢的结果，将新闻的相关材料和游戏的有关元素融合在程序之中，玩家在进行不同选择的过程中，就能了解甚至深刻理解新闻事实所传达的含义。

四、在程序设置中善用媒介间性

20 世纪六七十年代的先锋艺术流派——"激浪派"的领袖人物迪克·希金斯率先提出媒介间性的概念。所谓的媒介间性，就是指媒介与媒介之间的关系，包含互为传播、互补增生、互渗互融、互竞共生等方面。媒介有各自的优势，也有各自的局限，媒介之间是互相补充，互为媒介的，新闻游戏中艺术环境的营造需要综合运用各种媒介、发挥媒介的优势，促进媒介互补和艺术增生。媒介间性强调媒介是艺术创作的关键元素，单一媒介的创造力是不够的，甚至是不自然的。在艺术和审美领域也出现了一种具有影响力的观念，即"意义来源于不同媒介的连接之处"。①

在新闻游戏中，各媒介间的关联性较强，媒介间性成为一种常态，无论是文字表达，还是视听传达，抑或是触觉呈现都被统筹在同一个系统中，媒介的交融使新闻细节被较为全面地呈现出来，加深玩家的感知力和理解力。

五、在程序设置中激活玩家的能动性

"游戏化"是一种有效的激励机制，本质上来说是一种通过激发兴趣而引起某种行为的激励方式。② 新闻游戏的趣味性可以最大限度地激发玩家的观看兴趣，玩家自主选择的权力让他们沉迷于游戏的开放空间之中。新闻游戏制作者会在游戏中设置专门的奖励，主要是为了增强玩家使用过程中的满足感和自豪感。比如说玩家在新闻游戏的选择中以最快的速度到达目的地，或者是解决了游戏中设置的障碍和问题，就会出现一些鼓舞人心的音效，或者是用于颁奖领奖等场合的音乐，这也极大地增强了玩家的愉悦感和满足感。另一个激励手段就是引导玩家积极转发和分享，裂变式地增强传播效果。社交、与他人产生共鸣都是激励玩家分享的关键要素。

如腾讯新闻借助上海垃圾分类的热度推出了《垃圾分类大挑战》这款新闻游戏，该游戏一共设置了 10 个关卡，玩家需要将新闻游戏中的虚拟物品拖拽进相应的垃圾分类箱中，拖到对的垃圾箱中，就可以加分，且有鼓掌的音响效果，而将垃圾放在错误的分类箱中的话，就要扣分，或者系统会给出消极的声音。同时，这款新闻游戏还会实时显示有多少个玩家在玩这个游戏，这也是利用玩家的从众心理而制作的一种激励手段。在游戏即将结束时，该新闻游戏还会为玩家统计出与其他类别的游戏相类似的战绩，战绩高的玩家就会忍不住想分享给其他玩家看，以体现其具有极强的垃圾分类的意识和能力。《垃圾分类大挑战》这款新闻游戏，就是通过一个玩家激励另一个玩家的方法，让更多的玩家积极地参与到新闻游戏之中。

---

① HIGGINS D. Intermedia [J]. Leonardo, 1965 (1): 34.

② 凯文·韦巴赫，丹·亨特. 游戏化思维：改变未来商业的力量 [M]. 周奎，王晓丹，译. 杭州：浙江人民出版社，2014：46.

激活玩家的能动性，关键在于激活玩家的探索欲望。新闻游戏重新定义了新闻工作者和信息接收者主动与被动的关系，特别注重玩家在进入游戏界面后与信息环境的交流与互动。众所周知，交互艺术的价值在于用户的积极参与，只有用户站在第一人称的视角才能主动地获取他们自己想要的信息。在社交媒体时代，用户不是旁观者，而是事件发生的当事人，他们在代入感极强的状态下切身体会新闻事件发生的来龙去脉，全面了解和把握新闻发生过程中的种种细节，这种情况让他们能够厘清新闻各要素之间的关系，并能够透过这层关系看到新闻事件背后的本质。

虚拟现实等技术能够更加真实地还原新闻游戏中的相关事实，但其制作成本比较高，制作周期比较长，一定程度上制约着新闻游戏的发展。然而新闻游戏的品质带给玩家的体验感却是传统媒体无法比拟的，因而很多大众传播媒体都会制作相应的新闻游戏。通过新闻游戏，不仅可以向玩家传递信息，还能让他们获得与报道相关的切身体验。[①] 任何外界的描述都无法代替自己真实的经历，因而具有"亲历者"身份的玩家，会更能感受新闻游戏的魅力。如《丰收的变化》这款新闻游戏就起到了这样的作用。该新闻游戏通过对美国四个家庭农场的历时变迁和现状呈现，说明了新时代科学技术对农业人口、家庭结构、农民收入的影响，甚至将这些因素和经济全球化紧密地联系起来。《丰收的变化》将四个具有不同特色的农场放在不同的情境中，进入游戏界面后，玩家就可以根据俯视的镜头看到农场的全景，在戴上虚拟现实眼镜后，玩家化身为农人，成为农场的一部分，通过头部的上下左右转动就能看到农场的每个角落。玩家像农人一样走在田间的小道上，欣赏着晨间的露珠，随着点击不同的按钮，就能看到农作物向阳而生，当觉得太阳光线刺眼的时候，就可以奔跑着进入农场中极具独特风格的建筑物内，看到各式各样的农作物摆在农庄里，像极了艺术品。玩家还可以跟屋里的小孩交谈，午饭后赶着牛羊去牧场，所有的场景都是由玩家主动选择而呈现的，高度地体现了新闻游戏中玩家的主导性与新闻游戏中所有的场景、物体产生交互性的联系，提升了玩家的体验感。此外，

---

① 郭祎. VR + 新闻：虚拟现实技术对新闻报道的多重影响及前景探究［J］. 西部广播电视，2016（14）：9.

玩家还可以根据新闻文本的介绍或者虚拟现实技术构建的农场场景，点击进入另外一个农场，而每进入一个新的农场，都会了解到与该农场有关的详细信息，包括农场的主人、农场的设备、农场的整体营收状况等，玩家根据自己的选择了解到农场一年四季的变化，以及什么因素可以影响农场的发展等，他们还可以选择观看年景好的时候农场所呈现出来的面貌，以及体会农人遇到天灾时的愁绪与无奈。

对于新闻报道来说，新闻游戏中无处不在的交互性无疑是一种前所未有的创新，无论是对新闻游戏的制作者还是对玩家来说，都提出了更高要求。新闻制作者要将传递新闻信息的所有程序提前设计好，并需要最大限度地通过技术手段还原现场。而玩家在进入新闻游戏后，就需要进行更多的思考、选择和判断，在"玩"游戏的过程中，场景的变化不断刺激他们的神经与思维，他们的探索欲望时常被激发，甚至有时候沉溺于其中而不自知。未来面对更多元、更复杂的社会新闻信息，新闻制作者面临各色各样的挑战，要做到新闻保真与新闻游戏对现实的虚拟呈现，不仅需要依靠超强的新媒体技术，还要求新闻制作者有广泛的知识储备和极强的观察与洞悉的社会能力。无论如何，新闻游戏已经成为新闻业发展的一种势不可挡的趋势，未来将会有更多的新闻题材会选择以新闻游戏的形式来报道新闻。

六、在程序设置中营造共情氛围

新闻游戏中的社交标签和情感属性偏向较强，玩家的深度沉浸容易使他们产生强烈的共情。如人民日报推出的新闻游戏作品《幸福长街 40 号》，采用一镜到底的竖屏场景来讲述故事，配上富有年代感的音效以及栩栩如生的视觉动态效果，将改革开放 40 年以来取得的成绩——展现在坑家的面前，尤其在呈现一些重要的历史时，该新闻游戏还将相关的画面与个人的事迹紧密地结合起来，这极易引发玩家的情感共鸣。在游戏程序设计上，还可以用游戏营销的思维，给不同的玩家提供不同的社会场景画面，让他们感同身受，积极地将相关的信息进行转发，从而取得更好的传播效果。共情的新闻内容能够有效地抓住用户的眼球，新闻游戏中的情境效果营造能够让用户发自内心地理解新闻事件。

七、在程序设置中实现沉浸式陪伴与陌生人社会的弥合

新闻游戏所呈现出来的场景化、交互性、主动参与性、分享性等特征，成为其备受欢迎的根本原因。任何一个玩家在进入到相关的新闻游戏的空间以后，都能找到自己想要的生活方式，都能与社会上任何其他一个陌生人发生交集，他们彼此交流，碰撞出思维的火花，这大大地突破了传统新闻报道中的时间和空间限制，给玩家提供了广袤的想象空间。玩家既可以选择空无一人的场景，静静地观赏，进入到自己的时间之中，独享那一份难得的宁静，留给自己更多思考和想象的空间，感受新闻游戏世界中所呈现出来的所有虚拟场景；也可以回顾历史的某一个时刻，只身一人去到"陌生的国度"，在陌生的环境中，感受一切新奇的事物，没有人打扰，也没有嘈杂与喧嚣。这种沉浸式的陪伴给面对现实焦虑的用户极强的心理安慰。

除了可以享受新闻游戏中那份沉浸式的陪伴外，玩家还可以选择进入有激烈讨论的场景，这又为平时有社交障碍、孤僻独处的玩家提供了一片广阔的天地，激发了他们平时从未有过的话语表达，增强了他们的社交快感。由于现实生活中"沉默的螺旋"机制，大部分人不敢在公开场合发表与众不同的观点，但在新闻游戏中，玩家不用顾及任何人，也不用观察任何人的脸色、不需要考虑相关的场景合适与否，因而能够比较自由地对众多的话题发表自己的意见，他们可以和新闻游戏中的任何一个熟悉的、陌生的角色产生近距离的交流，弥合了自己与陌生社会的那道鸿沟，跨越了自己内心恐惧的障碍。

目前，央视频客户端推出的社会事件回放视频，其实就是以新闻游戏的形式来推送相关的信息，每天都有用户进入相应的视频中。经研究发现，该视频的评论与视频内容的关联性并不大，用户也不期望得到任何的应答，他们就是在享受直播视频带来的那份静谧。作为社会个体参与到社会有机整体的运行之中，工作的时间要跟各色各样的人打交道，每天有处理不完的事情，打不完的招呼。这促使人们想找一片安静的空间，可以看到别人的留言与争论，但自己参与与否完全取决于自己的心情，想说几句就说几句，不想说也不会尴尬，累了随时退出，有时间的时候随时进入，这让在

现实生活中被捆绑和束缚的用户感到无比的轻松与自在，有一种深深的满足感，内心的压力也能得到较好的释放。新闻游戏既能为玩家提供沉浸式的陪伴，也能弥合他们与陌生社会的鸿沟，为他们提供一片做自己想做的事情的空间，玩家的快乐感也就油然而生。因而顺应时代发展、能够有效地满足受众体验和求知需求的新闻游戏这一特殊的新闻叙事形态，必然是未来新闻业发展的重要方向。

本章小结

新闻游戏用程序书写新闻，赋予了新闻业发展的新动力，它是时代发展的产物，也是新闻业未来发展的机会与挑战。新闻游戏要兼顾新闻的真实性与趣味性，这对新闻制作者和玩家都提出了更高的要求，新闻制作者必须在开展大量的现场调研工作，并获得丰富的新闻数据后，用虚拟现实等新媒体技术毫无痕迹地将事实数据与程序修辞融合在一起，以最大限度地保障新闻的客观真实性。同时玩家要更积极地对新闻事件进行思考，以增强自身的判断能力，以此与新闻游戏制作者、与其他的玩家在开放性的空间之中进行顺畅的对话。新闻游戏是后现代语境下西方"对话新闻学"理念指导下的产物。在后现代社会中，个体价值上升到前所未有的重要地位，主体间关系的建构取代了单一声音的表达，新闻工作者和受众的关系被放置在平等的位置上。但新闻游戏必须坚持"客观新闻学"的客观性、真实性原则。新闻游戏充分地利用了虚拟现实技术等新媒体技术搭建起了一个又一个的公共领域平台，让所有用户参与其中，开展对话与交流活动，通过媒介联动创造新闻游戏艺术环境，营造共情氛围，弥合受众与陌生人社会的鸿沟，促进了受众对公共议题的积极对话与深入思考。

第六章
叙事的可供性与新闻游戏发展的呈现进路

新闻游戏是新闻业发展的重要趋势，游戏叙事的可供性能为新闻游戏的有效呈现提供崭新的思路。游戏技术在新闻业中的应用，使新闻游戏的叙事呈现出多种特征，新闻业的发展有了独特的叙事可供性。

第一节　新闻游戏叙事的特征

信息生产、传播技术的革新改变了人类社会的生产、生活和工作方式，人类认识和改造世界的思维也因此发生了变化。以大数据、游戏等为代表的新兴传播技术是一股极为巨大的社会力量，正重塑着新闻传播环境与社会环境之间的关系。在传统媒介环境中，人、媒介、环境之间的界限比较明显。虚拟现实、云计算、游戏等技术的介入，使新闻的生产和传播的趣味性、交互性、体验感等有了极为显著的提升，突破了传统媒体表达手段单一、叙事场景单调、传受双方互动性弱等一系列困境，人类的新闻生产和传播活动开始呈现出"超媒介""泛媒介"等特征，使得人、媒介与环境三者之间的边界逐渐消失，走上了万物互联、各主体交融的道路，整个世界都被数据化了。正如维克托·迈尔·舍恩伯格曾所说："世界的本质是数据，文字、方位、沟通都可以被量化为数据，世间万物都可以数据化。"① 数据本身所具

---

① 维克托·迈尔·舍恩伯格. 大数据时代：生活、工作与思维的大变革［M］. 周涛，译. 杭州：浙江人民出版社，2012：8.

有的相对客观性与新闻报道真实客观的原则高度吻合，所以在新闻叙事过程中，数据被广泛地运用，而新闻游戏正是大数据时代的产物，其叙事也体现出显著的数字化特征。

一、非线性的交互叙事

新闻游戏叙事绝不是将原始的新闻素材做简单的加工就呈现给玩家，也绝非像传统媒体时期的新闻叙事那样按照既定的线性结构单一地传播信息，而是综合利用文字、图片、音频、视频和动画，以及 3D 虚拟视觉、大数据等新兴技术将信息的细节放置于更为广阔的环境中进行非线性交互叙事，玩家可以主动参与，并根据自己的喜好自由地选择相应的信息。也就是说，在游戏技术的赋能下，新闻事件内部的联系、新闻事件与外部社会的联系，以及事件发生的环境之间的联系，都被新闻游戏较为全面地呈现出来。新闻要素之间的复杂勾连，能够被新闻游戏有序地揭示出来，玩家可以对新闻进行全景式解读，因而能够有效地融入新闻现场，从而加深对新闻的理解和判断。

新闻游戏非线性交互结构打破了人、媒介与环境之间的边界，让叙事进入到三者相互勾连的多维空间之中。新闻游戏叙事运用虚拟现实技术，将新闻细节的真实性完完整整地呈现出来，给玩家带来全新的体验感。相比较以往媒介只是单一地通过文字、图片、音视频来传递信息，新闻游戏中的信息传播更加立体多维，玩家可以根据具体的情况作出选择。在新闻游戏中，同样一个新闻事件可以为玩家提供多种获取不同信息的途径，这种选择的多样性能够帮助玩家勾勒出新闻事件的全貌，同时还让玩家沉浸于其中，加深玩家对新闻事件的理解。不仅如此，新闻游戏的非线性交互叙事还能让玩家感受不到"屏幕"的存在，没有视频边框束缚感，他们的视线可以自由运动，并可以在自己的视线范围内跟任何人和物进行对话，让自己体会到了前所未有的新闻获得感。

二、"随意性"的叙事逻辑

一般来说，不管是新闻游戏还是之前的任何一种新闻形式，其叙事都应该满足两个条件：一是有相关的参与者并形成特定的故事情节，各种信息被组织进一个符号文本之中；二是符号文本可以被接收者理解为时间和意义向度。新闻游戏和其他新闻形式的叙事区别在于故事情节的发展、信息的组织方式以及接收者的理解不尽相同甚至存在着巨大的差异。也就是说，新闻游戏的文本叙事逻辑与传统的文本叙事逻辑并不相同，它不按照既有的套路，即先说什么后说什么，也不按照过去、现在和将来的时间向度依次叙事，而是新闻生产者、传播者都可以随意地、自主地将叙事文本中的任何人和物按照任意时间向度交织阐述，创造了信息生产和传播的无限可能性。

对新闻游戏来说，无论是新闻传播者的叙事建构，还是玩家参与叙事意义的接收和解读，信息获取的第一主观感受和因参与而引发的各种变化都是特别重要的，生产者应该予以高度的重视。新闻游戏叙事的独特性在于事实性与虚构性的碰撞。所谓事实性是指新闻所处的客观环境及新闻内容本身的真实性，虚构性则是指因技术手段的运用而引发的环境仿真性，事实性与虚构性的有效的结合，有助于受众解读和接受自己所接触到的文本意义。

传统新闻文本叙事所产生的意义向度遵循意图意义—文本意义—解释意义的演变规律，而新闻游戏的文本叙事是将新闻意义再建构的过程，玩家不需要按照新闻工作者的"意图意义"这一逻辑顺序来获取新闻信息，他们可以依据自己的知识结构、背景经验、个人喜好等维度来选择、解读和解释文本意义，并将自己所理解的文本意义反馈给大众传播媒体。

可以说，新闻游戏的叙事将信息事实的永久记录性与表现手法的演示性进行的完美结合，既遵循了新闻客观、真实的规律，又在借助计算机、移动终端、VR、AR 等技术的基础上，为玩家提供了丰富的信息展示维度。目前，新闻游戏常常采用这样一种叙事手法，即将过去、现在和将来三种时间向度与陈述、疑问和祈使三种语态向度按照玩家获取信息的逻辑构建了完整的、非线性的、从无到有的叙述逻辑结构。按理来说，新闻游戏的叙事原本就暗含着过去的时间向度，即只有在新闻事件发生后才能开展记录和游戏设计工作，之后才能将信息推送到玩家面前。不过随着各种新兴技术被应用到新闻生产和传播中，新闻叙事的时间逻辑也在发生改变，非线性的、比较随意的叙事模式被广泛应用于新闻游戏之中。

三、超文本的叙事架构

新闻游戏的非线性交互叙事结构，决定了其建构出的信息生产和传播系统是多模态的，而多模态的信息生产和传播系统蕴含着超文本的叙事架构。制作一个 VR 新闻的时候，要拍摄现场的图片、录制视频，对事件中的人物进行动态捕捉，之后进行数字化的设计。在后期设计的过程中，可能还需要借助游戏引擎，模拟出一个完整的虚拟环境，再把这些图片、视频、文字连接起来。① 这种多模态的信息生产和传播体系增强了新闻的可读性，也让玩家更容易理解新闻游戏所建构的三维立体影像，以及新闻事件背后的本质与内涵。

新闻游戏的目标是通过超文本的叙事架构来强化新闻的可读性，以此不断扩大玩家规模，继而扩大新闻的社会影响力。新闻游戏中的文本、图片、音频、视频、动画等元素，经数字技术的设计与衔接后，往往能将新闻的细节较为真实地呈现出来，这是新闻游戏得天独厚的叙事优势。新闻游戏超文本的叙事架构可以让复杂的人机交互界限变得模糊起来，解除新闻生产和传播的渠道困扰。也就是说，新闻游戏能够将抽象复杂的社会环境转换成玩家熟悉的、直观的现实生活场景，玩家不需要提前做任何准备也能深刻地感受新闻事实本身，从而增强他们对新闻现实的认知和理解，降低信息解读的门槛。

四、第一人称的叙事视角

与其他新闻主要由大众传播媒体来叙事不同，新闻游戏的叙事主体已发生了明显的变化，即除了大众传播媒体外，作为受众的玩家也强势地加入了叙事之中，不少学者甚至认为，新闻游戏的主要叙事主体已由新闻工作者转变为受众。叙事主体的变化，有利于提升新闻的传播效果。在之前的新闻叙事中，新闻工作者占据着绝对的地位，"记者的观察角度、认知习惯、编排偏好就像是一个框架，把新闻事实局限在框架的边界之中，这个

---

① 陈月. 动新闻的创新性与真实性分析 ［J］. 视听，2016（10）：30.

框架中保留哪些内容，剔除哪些内容，决定了用户所能看到的东西"。① 而在新闻游戏中，玩家成为主要的、能动的叙事主体，他们能够主动、自由地选择信息，并以第一人称的视角进行叙事，打破了之前的新闻叙事以新闻工作者为唯一主体局限。在新闻游戏中，虚拟现实技术和增强现实技术所营造的新闻环境十分真实地还原了新闻场景，玩家以"当事人"的视角主动参与到新闻事件发展的过程中，大大地减少了新闻工作者对新闻信息接收的干扰。以《使用武力》（*Use of Force*）这款新闻游戏为例，它呈现了美国和墨西哥边界移民的生存现状，揭示了美国警察殴打移民致死的残酷现象。一打开这款新闻游戏，玩家就像是拿到了一把通往真相大门的钥匙，他们可以突破时间和空间的界限，直达新闻案发现场，感受警察与移民之间肉搏的残忍。玩家听得到武器敲打声，以及移民的反抗声和惨叫声，从而切实感受到移民生存的不易，一股恐惧感油然而生。尽管暴力现场的还原时间只有一分钟，但真实的场景，仿佛就在耳边的惨叫声让玩家毛骨悚然，充分传达了美国警察血腥、暴力对待移民的情况。据此可知，在新闻游戏中，玩家可以自由选择相应的媒介元素，全方位地了解新闻细节，并由此感同身受，而这种体验感又会引发玩家对相关新闻事件的反思，以致他们从新闻游戏中出来后，依旧长时间回不过神来。

新闻游戏是新新闻主义的一种实践，② 其叙事尤其注重故事化的策略。玩家以第一人称的视角来获取新闻信息，就让其从"旁观者"转变为"亲历者"。众所周知，"旁观者"对新闻事件的感知力总是十分有限的，很难激起他们的同情心，很难产生移情效应。而"亲历者"往往能对事实本身产生最直接的反应。以《不要惊慌，没有辐射》这款新闻游戏为例，它是网易新闻于 2016 年推出的。在这款新闻游戏中，新闻工作者采用了 360°全景技术，并融入红外线技术还原了"死城"普里皮亚季以及切尔诺贝利的实景，玩家仿佛可以直接触摸到普里皮亚季以及切尔诺贝利等地的土壤，灾难的场景营造得十分真实，给玩家极强的冲击力，让他们深刻思考核辐射等灾难事件。

---

① 曾庆香. 新闻叙事学 ［M］. 北京：中国广播电视出版社，2005：15.
② 陈柯伶. 新闻的变身：从新新闻主义走向跨媒介新闻 ［J］. 新闻界，2018（5）：7.

由此可见，玩家以第一人称的视角参与到新闻生产和传播之中，提升了自己对新闻事件的感知力。这种情况有利于新闻游戏构建公共议题和凝聚社会意志，有利于社会舆论的引导。可以说，新闻游戏的玩家主动选择和参与新闻叙事，使新闻生产和传播呈现出了全新的格局。

五、融合性的叙事空间

新闻游戏利用 VR、AR 等技术构建的叙事空间，能够与新闻事件发生的客观场景重叠乃至融为一体。这种融合性的叙事空间能够给玩家提供最真实的情感体验。也就是说，相较于之前的新闻传播中报道在前，玩家获取信息在后而天然地存在特定的时空差不同，新闻游戏能够在充分获取新闻现场的所有要素的基础上，利用 VR、AR 等技术营造出十分逼真的新闻环境，这个环境是现实环境和虚拟环境的交融体，其叙事也呈现出融合性的特征。以《流离失所》这款新闻游戏为例，它是《纽约时报》于 2015 年推出的。这款新闻游戏十分真实地还原了难民艰难的生存环境。玩家进入新闻游戏后，点击相应的按钮，就能直接感受到头顶飞过无数架飞机，轰隆隆的声音不绝于耳，同时也能看到很多编织袋从头顶降落，各种逼真的音响和画面把他们带到了难民疯狂争夺食物的现场，让他们内心产生极大的恐惧感，甚至还会急促地喘气，产生了急速离开"现场"的心理。

六、碎片化的叙事细节

尚未说过，通过 VR、AR 等技术，新闻游戏能够更好地呈现新闻事件的细节。在新闻游戏的叙事过程中，随处可见与新闻事件相关的碎片化信息，这种碎片化的叙事细节能够将新闻事件及其发生的环境进行交叉呈现，并由此延伸玩家对事件的理解。之前的新闻报道只会将新闻事件的重要环节呈现给用户，而什么是重要的环节却受制于新闻工作者的选择和过滤。毫无疑问，新闻工作者依据自身的判断，对信息进行选择和过滤，可能会将一些新闻细节给磨灭掉了，但很多不起眼的细节恰恰可以决定诸多不可预知的事情。当然了，这不是反对新闻工作者对信息进行把关，而是让大家明白，新闻游戏对碎片化的细节的呈现，能够为玩家还原、感受新闻现场提供特定的帮助，它们能够让新闻变得更为生动。以英国《卫报》网站推出的《6×9》这款新闻游戏为例，这是一款特别的 VR 体验新闻。这款新闻游戏所呈现的场景为：混凝土床上有一床薄薄的垫子、室内只有一个不锈钢脸盆和一个肮脏的厕所、牢房的门是黑黑的金属门、装食物的盆子跟乞丐用的相差无几，除此之外，玩家的周围就只有四面破落的墙（墙壁上存在着大小不一的裂缝），玩家还能听到囚犯们的惨叫声。

　　这种碎片化的叙事细节，能让玩家感受囚犯们在封闭牢房里的生存情况。在这款新闻游戏中，玩家还可以主动对虚拟环境内的任何物品进行详细读取和了解，在获取相关信息时，玩家可不按照新闻传播者讲述的线性顺序来进行，他们完全可以根据自己的行为习惯、个人爱好等对新闻游戏中的碎片化信息进行任意地、无序地读取。在这种情况下，玩家会拥有数量众多的信息获取序列路径，获取信息的路径不同，新闻游戏所带来的感知力也会不同——先看装食物的盆子还是先看床上的垫子，对玩家认知新闻事件的过程和结果都会产生巨大的影响。玩家对这些碎片化的信息进行整理后，可以产生新的想法、可以有新的发现，也可以根据诸多未被发现的线索展开交叉分析，并按照自身的主观逻辑来推理新闻事件发生的缘由和发展的方向，甚至可以对新闻结果进行预料。可以说，新闻游戏碎片化的叙事细节能够让玩家发现新闻工作者未发现的信息，而这些信息能够对新闻做适当的补充，使新闻的呈现、体验更为丰富和生动。

第二节　叙事对新闻游戏发展的可供性

　　游戏技术为新闻叙事的"游戏化"提供了诸多的可能性，借助游戏的可供性，新闻表达的空间更为多样化。

一、本体化叙事成为可能

　　本体化叙事是指作为个体的社会行动者通过对生活经验或事件片段进行主动选择而构建出故事，从而获取特定的生活方式、获取其作为一个人的意义，并以此来构建自我身份。在新闻游戏中，玩家可以将叙事主体的主动权牢牢地掌握在自己的手中，根据自己的知识结构、生活经验、兴趣爱好等情况随意改变原有内容的叙事逻辑与叙事结构，打破文本叙事的时间向度与空间布置。同时，玩家还可以根据自己的立场和情感诉求参与到新闻意义构建的全过程之中。美国新锐媒体 Vice News 于 2014 年 12 月推出的新闻游戏《纽约百万人大游行》，能让玩家直接以游行者的身份置身于街头汹涌的抗议人潮中，感受到了群体的感染性与暗示性，喧闹的场面激起内心的澎湃，让玩家更能理解抗议人群的呼声。

众所周知，新闻游戏通过多元的符号元素构建了与真实场景高度吻合的虚拟场景，重构了玩家与新闻文本之间的关系。传统时期的叙事均为大众传播媒体以第三人称的视角介绍新闻发生过程，而新闻游戏却将玩家作为本体化叙事主体，赋予他们特定的"身份"，让他们不再是旁观者，而是真正的新闻事件的亲历者和讲述者。可以说，大众传播媒体的游戏设计与玩家的自主选择，共同完成了新闻叙事的全过程。

新闻游戏的本体化叙事使新闻的个性化叙事成为可能。先前的新闻报道方式对新闻所做的框架化处理，属于硬性报道的范畴，体现的是记者、编辑以及媒介组织对信息的控制，如果非要说有个性叙事的话，那就是新闻工作者的个性化叙事。而新闻游戏通过一系列新兴的传播技术来构建传播情景，能够让玩家以"亲历者"的身份来选择信息，对新闻游戏中 360 度全景式多维立体展示的仿真空间进行解读和体验，打破了传统镜头对玩家了解新闻事件的整体性的限制。值得一提的是，传统新闻报道中"剪辑部分片段和打马赛克、遮罩的行为，在虚拟现实技术中无法实现"。[①] 据此可以说，新闻游戏的叙事既有媒体的个性化叙事，亦有玩家的个性化叙事，这种叙事手法展示了新闻游戏叙事的独特个性，体现了新闻生产和传播的重大变革。

二、受众在场成为现实

新闻游戏中的虚拟现实技术塑造的时空本质上是一个多维立体模型，

---

① 李羽芹．探究虚拟现实技术在新闻报道中的运用［J］．科技传播，2020（15）：134.

无限接近现实，是迄今为止沉浸感最强的技术。① 媒介技术的发展日新月异，从文字传播到电子音视频传播，所有的传播手段都在力图还原新闻事件的本来面目。有人说，新闻传播出现了一种"返祖"现象，即新兴的传播技术在力图还原真实的新闻事件，将受众带回"面对面"的传播时代，让他们始终具有在场感。面对面的传播在口语媒介时期是极为常见的现象。然而自从文字产生以后，媒体与受众的面对面的传播就逐渐减少，尤其是报纸、广播等媒体兴起后，媒体与受众的面对面传播几乎消失殆尽。电视的声画传播，让人们有了面对面的感觉，但其传播的互动性是极差的，新媒体的崛起，让受众"在场"成为可能。而运用 VR、AR 等技术来呈现新闻现场的新闻游戏，不但能够让受众具有"在场"的感觉，还能让受众充分感受、思考新闻要素之间的关系，让他们仿佛置身事发现场，通过听觉、视觉、触觉甚至味觉等感官的调动与组合，受众在新闻游戏中有了充分互动。

新闻游戏的"在场"感，能够唤起玩家的"共情"意识。玩家沉浸在新闻游戏中，积极地思考自己所遇到的各种问题和难题，并尝试着寻找有效的解决办法。在这种沉浸式的环境中，玩家极容易进入到忘我的境地，他们有效地融入新闻游戏的世界中，以在场者的身份来处理各种问题。如《逃跑人的日常》这款新闻游戏，其基于二战时期民众逃生的故事来进行建模，玩家在参与游戏时，可以自由选择逃生的方式与路径，不同的方式和路径有不同的结局——最终结局高达80多种。在新闻游戏中，玩家的情绪会随着故事情节的变化而变化，他们会使出浑身力气绞尽脑汁地逃离战场。这种仿真的沉浸式体验可以让玩家切身感受到二战的残酷性，并往往会对战争的破坏性进行思考。

三、自由读取和选择地志空间不再是幻想

新闻游戏的地志空间即新闻游戏的叙事场景，也叫新闻的叙事环境。这一空间在文学作品中可以直接通过描写来达成，也可以通过叙述、对话等文本来重现。对文学作品来说，地志空间就是故事发生的地志场景，如

---

① 汪许莹. VR 新闻：5G 时代新闻形态新动向［N］. 中国社会科学报，2020 - 09 - 17.

建筑物、森林、草地等实体空间。而对于新闻游戏来说，地志空间就是新闻故事发生的实际地志场景。

新闻游戏中的地志空间也主要是通过文字的形式呈现的，虽然新闻游戏可以通过 VR、AR 等新兴传播技术来搭建其地志空间，但在处理复杂的新闻元素时，新闻游戏依旧习惯于使用文字描述的形式来展示新闻的地志空间，这一点跟传统时期的新闻交代新闻背景和新闻环境的做法是一致的，如《杀死资本主义》（*Cutthroat Capitalism*）这款由连线杂志设计的新闻游戏，就在第一界面用文字手段构建了一个索马里海盗截取船只以获得收益的具象场景。文字表述相对简单，但是能交代新闻发生的地点在亚丁湾，用"船只"两个字就呈现了基本的新闻环境，玩家的身份转变为海盗指挥官，通过调遣船员来进行攻击和获取船舶及其他物资。在这款新闻游戏中，玩家可以通过相关的文字提示来选择不同的谈判策略。由此可知，在新闻游戏中，不是所有的场景都要用 VR、AR 等新兴的技术才能达到效果最大化，用文字交代地志空间的效果反而更好，这种方法还能让玩家快速进入状态，迅速融入新闻情境之中。

新闻游戏中存在大量的地志空间场景，它们所呈现出来的关系也较为复杂和多变，可以是因果关系，也可以是并列关系，还可以是交叉关系，玩家在新闻游戏中拥有绝对的选择权，他们根据自己的喜好选择通过文字提示的不同的地志空间。在选择某一地志空间后，玩家还可以根据相应的环境来决定是否要离开，如果需要退出或者转换空间，就可以通过点击相应的文字提示按钮来实现，如在《逃跑人的日常》这款新闻游戏中，玩家可以在右上角的菜单中选择重放或者读档，进入到过去的空间之中。当然了，他们也可以随时关闭网页不再进行新闻叙事。

在后现代主义理论中，类像与仿真是媒介重现现实的方法，这是用数字化场景、景观、符号替代真实世界中的客体的过程。① 新闻游戏的核心是新闻事实，其新闻元素抵消了游戏技术与设计所带来的部分非真实的东西，

---

① 斯蒂芬·贝斯特，道格拉斯·科尔纳. 后现代转向 [M]. 陈刚，译. 南京：南京大学出版社，2002：127.

文字交代的新闻环境与画面展现的地志空间，共同烘托出新闻的真实性。在地志空间中，各种信息产品共同构成了媒介的推论模式、信息、意义，正是这种强制模式构成了一个完整的对世界进行剪辑和诠释的系统。① 新闻游戏既可用简单的文字描述来有效地呈现地志空间，也可以用 AR、VR 等技术来增强环境的真实性，地志空间的读取和选择均比较自由，而不再是一种幻想。

四、依靠时空体空间的关系推动叙事进程不再困难

时空体空间包括共时和历时两种关系，共时指的是在任一叙述点上或运动或静止的客体在文本中相互联系构成的空间关系；历时则表示在特定的叙述文本中空间的发展存在一定的方向或运动轨迹，它受作者意向、人物行动、情节阻碍等因素影响。时空体的空间体现了空间与时间的关系，在叙事时间的进程中，情节与冲突在空间内展开，空间因此而存在且发生着变化，又反过来推动着情节的发展。

新闻游戏中时空体空间的关系推动着新闻叙事的进程，人和物的任意组合会构成不同的时空体空间，而时空体空间的复杂性又决定了新闻叙事的复杂性。在新闻游戏中，不同的共时和历时关系强化了情节表达，推动了新闻故事情节的发展，加深了玩家的沉浸感。此处仍以《逃跑人的日常》为例，在这款新闻游戏中，玩家化身为战俘，因为自己劳作得体力不支而受到鞭打时感到万分痛苦，可是在休息的时候他又能够得到身边好友的安慰与鼓励，当身边的好友将私藏的食物分享给他时，他就会回忆起小时候的美好生活——跟爸妈一起读书作画、在田野里奔跑……正当这个回忆让玩家充满力量的时候，他突然发现跟自己关系很好的一个战俘，由于忍受不了残酷的环境而选择自杀身亡，这个时候他又陷入了痛苦之中。这一系列思想和现实环境的对比，凸显了故事的曲折和复杂，表达了不同空间的不同情形，加深了玩家对战俘营的认知，也感受了战争的残酷性。这样的新闻叙事是通过共时的关系表现出来的，没有任何时间的变化，但却凸显

---

① 贺建平. 仿真世界中的媒介权力：鲍德里亚传播思想解读 [J]. 西南政法大学学报, 2003 (6)：36.

了空间的转换。由此可见，新闻游戏的叙事主要是通过空间的并置、重复、交替等来进行构建的，在这样的时空中，人物形象更加立体、叙事显得更为紧凑，能够触发玩家的同理心。

五、游戏空间与新闻空间形成对话机制成为事实

新闻游戏能够让叙事空间与新闻场景相互融合，促成玩家与新闻事件要素形成充分的对话机制。传统时期的新闻叙事空间和受众所看到的新闻场景是完全分离的，受众的身体和投入的情感与新闻事件所烘托的情绪氛围也是分离的。而新闻游戏将新闻事件的细节设计到有趣的游戏中，营造了仿真的世界，让即使离新闻事件发生地非常遥远的受众也能置身于新闻事件现场，使其获得强烈的沉浸感。如在《流离失所》这款新闻游戏中，只要进入游戏的空间，玩家就立即以难民的身份置身于新闻现场，感受到叙利亚战场"空投食品"的全景画面：头顶飞机的轰鸣声，装满食物的编织袋从天而降，每一个人都陷入食物争夺大战，踩踏声、尖叫声不绝于耳，和飞机的轰隆声融为一体，震耳欲聋。战争的残酷与混乱让玩家感同身受，他们也因此对战争的认识更加深刻、反战意愿更加强烈。

新闻游戏将叙事空间与新闻场景融合并形成对话机制，营造了一个具有多重意义的、开放性的、蕴含多种阐释可能性的"话语建构"体系，不同的玩家作为叙事主体在同一虚拟空间中展开激烈的讨论与对话，一定程度上颠覆了传统时期的新闻叙事者、接收者之间的主从关系，使话语权由传播者转向了接受者，玩家也从被动地获取信息的关系中解脱出来，成为新闻故事的讲述者，为新闻叙事提供了无限的可能性。在游戏空间与新闻空间形成对话机制的情况下，每一次对话，每种价值观念的输出都成为新闻游戏叙事的一个组成部分，新闻叙事的内容更为丰富，并由此开创了新闻传播新局面。

第三节　叙事可供性视域下新闻游戏发展的呈现手段

新闻游戏发展需要运用多种叙事手法呈现新闻，新闻游戏化体现了新闻与游戏娱乐相互沉浸的新情境，它是在当前信息超载、用户注意力稀缺等情况下新闻行业的自我革新行为。通过对大众传播的"游戏理论"的运用，新闻游戏开启了全新的新闻叙事模式，它通过玩家的互动参与、沉浸式体验来促成信息的传播和理解。在叙事多元时代，新闻游戏发展的呈现进路主要体现在以下几个层面：

一、在非线性表达上做文章

数字时代的信息传播是非线性的。与此相一致，新闻游戏的叙事模式就是一种基于信息选择的"非线性表达"，在相应的表达中，环境设定、人物设置、故事情节以及角色选择等都是必须考虑的因素。新闻游戏的表达具有显著的"过程性"，之前新闻报道的文本是由大众传播媒体生产的，而新闻游戏的文本则有玩家的功劳，它们是玩家参与创造的。这种情况可称为"过程叙事"。① 新闻游戏的场景具有虚拟现实性，这种场景的打造更依赖于对新闻文本的整合与改造，它不仅需要以线性的方式来讲清事实，更需要通过非线性的表达来增加交互性，让玩家获得更好的视觉体验和仿真感受，并通过故事发展线路的选择来深入了解故事背后的知识脉络。除了一些表达的内容较为简单、传播的知识较为单薄，倾向于单场景的粗糙式叙事的新闻游戏外，更多的新闻游戏所表达的内容都比较丰富、所呈现故事情节都比较曲折，因而其叙事也会比较复杂，需要更多的场景组合才能达到要求，这种叙事就是非线性的。此处仍以《核辐射的回声》这款游戏为例，该游戏以核辐射所产生的事故画面为界面，告知玩家玩这款游戏就意味着要去探访核事故隔离区。在游戏开始之前，玩家可以选择自己喜欢

---

① 庞媛媛. 游戏新闻叙事模式分析 ［D］. 呼和浩特：内蒙古大学，2017：25.

的新闻模式和叙事进程。如果选择"新闻完整特稿"，玩家就可以看到一篇图文并茂的长文，他们可以随时离开禁区，也可以选择继续游戏，在 5～7 步就可以完成游戏；如果选择"用聊天的方式看"，玩家就能够看到整个事件的经过，并可以选择"了解更多的小城背景"、了解"这个地方在哪"或者继续"探索禁区"，最长的叙事主线达到了 51 步，最短的也达到了 14 步。在这款游戏中，根据玩家的选择，一步步、一层层地展开叙事，让玩家置身于多种景观之中，较为全面地了解发生了什么。

"非线性"的表达模式更适合新媒体立体化叙事的语境——人物、故事等处于真实与虚拟相混合的空间之中，空间叙事的优势被激活，相关的文本可以通过空间逻辑来书写，即在对空间的形态、位置、顺序、关系等因素的把握中来完成立体化表达，为受众提供更多的体验感。

二、转化叙事视角和风格

（一）叙事视角的"第一人称化"

新闻游戏的叙事视角应该转向受众，将新闻叙事主体从新闻工作者讲述的第三人称的视角转变为玩家讲述的第一人称的视角。在传统的新闻报道中，无论是文本传播、图片传播，还是音频传播，抑或是视频传播，都会要求新闻工作者做到绝对的真实、客观，保证对新闻事实的陈述可以还原事实本来的面貌，将事实真真切切、原原本本地呈现在受众面前。同时，新闻工作在呈现新闻事件的过程中，不掺杂个人情感、偏好以及臆断。即便如此，也很难保证新闻真实性。因为新闻叙事本身就是传播者的编码与接收者解码的过程，无论是文字、图片还是音视频，编码者和解码者都会根据自己的知识结构体系、受教育程度、实践经验、个性偏好、所处环境与背景等来做自我理解和判断，难免会出现让原信息"损伤"的情况，难以从根本上将事实的原貌呈现给受众。

在新闻游戏中，玩家拥有了任意查看某一信息的主动权，传统新闻的线性叙事方式转变为玩家参与下的线性与非线性相结合的叙事方式。如在《优步游戏》这款新闻游戏中，玩家以一名司机的身份进入游戏中，以第一视角完成整个新闻叙事，他们可以直接体验网络接单后去接乘客，并与乘客就任何主题进行对话。完成几单后，司机就可以去购物，司机接单数量与购买物品的选择能体现司机这个职业的收入水平以及他们的内心感受。在回到家后，司机跟家人的对话，也能够体现司机的家庭环境，可以将之与乘客对话内容做对比分析，勾画出司机的性格。这款新闻游戏有简单和困难两种模式，每一种模式下的设定和剧情会有所区别。在新闻游戏中，会随机呈现不同的新闻信息，当然了，这些随机呈现的信息，与玩家的喜好有着极为密切的联系。这说明，玩家的角色已发生了变化——从被动地接收固定信息的消费者到主动参与并自由选择信息的玩家，这在一定程度上重构了新闻叙事的逻辑和空间。

新闻游戏中的体验设计将细节信息分解渗透到游戏中的各个环节，既能让玩家模仿新闻当事人的所有言行举止，又能让他们充分享受游戏的趣味性与丰富性。如《优步游戏》将新闻信息转换为图像、声音和视频，玩家模仿司机完成他一天要完成的所有事情，利用身份的代入感唤起玩家的共情意识。如果在驾驶过程中被投诉，有两种游戏机制供司机选择：一是默默承受；二是找乘客问清楚原因并用自己的诚意说服乘客撤回投诉。不同的选择面临着不同的挑战。如在行驶的过程中遇到爆胎的情况，司机可以选择打电话叫自己的好朋友来拖车，也可以自己换上早先网购的备胎，或者打电话给保险公司来替换等，不同的选择给司机带来不同的感受：请朋友过来，那就要还人情，请朋友吃饭；上报保险公司，就面临着第二年保费上涨的压力；换上自己准备的轮胎，就必须立马再买一个轮胎放在车上做备胎。无论何种选择都会产生一笔新的开销。而往往在这个时候，自己孩子马上就要上幼儿园，身上所剩下的钱只够孩子报名，这让司机倍感难受，心情非常郁闷。当然司机也可能在驾驶的过程中帮助一个孕妇快速地赶到医院，让孕妇顺利生产，为了感谢司机，孕妇一家会给司机送一面助人为乐的锦旗，司机因此好评如潮，而好评会提升他的接单率，从而提升他的收入水平，这时候司机的心情会变得非常愉悦。玩家进入到新闻游戏后，就成了司机，以第一视角感受司机工作的喜怒哀乐，他们要忧虑司机所忧虑的，也要从司机的角度解决遇到的一系列问题，如被投诉后要想办法弥补，要平衡收入与支出之间的关系，要想办法增加自己的接单率和尽量避免让自己出现交通意外事故等。当然了，玩家也可以享受司机的喜悦与开心。玩家模仿司机、体验司机生活工作的一切，就更能理解司机这个职业，加深对司机职业的认可度。

传统时期新闻报道的第三人称叙事主体是为了尽量做到新闻报道的客观真实而采用的叙事手法，用户在获取新闻信息时，会跟着新闻工作者的视角来"看"新闻，扮演着旁观者的角色，他们"置身事外"，对新闻事件本身并不能感同身受。而新闻游戏彻底转变了新闻叙事视角，将传统时期新闻报道的第三人称视角转变为受众主动获取信息的第一人称视角，这在新闻叙事学领域具有颠覆性意义——作为叙事主体的玩家对于新闻信息的选择更有主动性，对新闻内容的感知力更强，新闻游戏中的玩家无疑充当了再现新闻事实的当事人，这让新闻内容更有温度，也让玩家感受到新闻本身的真实，新闻游戏叙事空间中的人和物都很鲜活，更能引起玩家的情感迁移。在这种情况下，玩家能对复杂的新闻事件的产生和发展进行深刻的剖析。毫无疑问，新闻游戏叙事主体的转变在一定程度上是新闻叙事的一种革命性转变，为新闻叙事形式开创了另一片新天地。新闻游戏要较好地掌握这种叙事视角。

（二）叙事风格的"审美化"

如何在有限的时间与空间中全面、客观、准确地将信息传递给受众，一直是大众传播媒体孜孜不倦的追求。无论是新闻工作者还是受众，因追求实用而特别注重新闻叙事的结构与逻辑，而很少有人对叙事风格"审美化"的重要性进行深思。随着新闻游戏的兴起，叙事风格"审美化"越来越受到重视。实事求是地说，新闻叙事风格的"审美化"在新闻游戏中的应用较为常见，它能帮助大众传播媒体提升信息传播的到达率。众所周知，受众更倾向于选择视觉效果好的图片、听觉效果更棒的音响、感知效果更舒服的动画与视频动态。在接受信息时，他们追求体验感和美感，而不仅仅局限于对新闻事实的获取和对新闻事件的本质的认知。也就是说，受众在接触任何信息的过程中，都会对视野内的符号有较高审美的要求，不仅要求有较为完整的新闻叙事结构和较为连贯有序的逻辑，更要求有层次丰富的美感。因此，新闻叙事风格的"审美化"就显得日益重要。

三、做好交互式传播

新闻游戏一个极为重要的特征就是具有极强的交互性。在新闻游戏中，运营商和玩家之间会进行互动，并在特定范围内共同书写相关的内容，形成共同叙事的局面。不过在内容的书写中，需要由运营商提供基础的文本，发出基础的"叙事声音"，然后由各主体围绕主基调来开展交互活动。在"内容为王""用户至上"等理念的驱使下，新闻游戏的运营商尤为重视与玩家的互动，借助游戏程序和多媒体手段，玩家能够在互动中加深对相关知识的理解和把握，同时也能与相关的人员进行沟通。如通过《预算英雄》这款游戏，玩家能够了解政府的预算削减情况、知晓每一项政府决策可能带来的社会影响，并积极给政府工作人员留言，政府工作人员也因此能够更为合理、科学地施政。

交互式传播能够丰富新闻内容的内核，增加了受众接收到的信息量。根据游戏的特定设置，受众可以根据自己的体验和求知需要选择不同的知识类型及不同的游戏进程，并以亲身参与的感受向其他受众"讲述"故事，突出那些感人的情节，按自己所扮演的角色推进故事的发展和情节的延伸。这说明受众可以自主地选择新闻游戏内容并对相关的内容进行解构和重组，然后选择相应的互动对象开展交互活动，呈现出交互性传播的特征。

四、发挥钻石型叙事的专长

任何新闻事件都与人类社会有着千丝万缕的联系，在参与主体极为多元化的今天，新闻事件的发展演化会更为复杂。在这种情况下，要想全面、立体地展示新闻事件，就要通过多元化的传播手段来讲述故事。我国学者曾庆香提出："钻石型新闻叙事模式：类似于 *Snow Fall*，即采纳各种媒体元素对事件进行完整、深刻、多维的报道。"[①] 新闻游戏就特别需要这种钻石型新闻叙事模式，*Snow Fall* 通过可视化的手段将雪崩的场景还原为真实场景，在具体操作中，制作者综合利用文字、图片、音频、视频和动画等手

① 曾庆香. 新媒体语境下的新闻叙事模式 [J]. 新闻与传播研究，2014（11）：48.

段将雪崩的场景形成连贯的无缝衔接的报道，这种叙事方式将新闻事件视为一颗钻石，用多媒体手段的表达方式，让新闻故事闪亮登场，使新闻的各种要素都像钻石一样，立体化地呈现在玩家的面前。由此可知，新闻游戏需要制作者充分运用多媒体手段来最大限度地放大新闻细节，不过新闻细节之间的关联性要用合适的比例表现，就如同钻石切割面一样的黄金比例。在制作新闻游戏时，什么时候播放音频、文字比重多少、动画的制作模型等细节都要处理得十分精准到位。如香港端传媒发布的《翻开"无尸奇案"档案，进入侦查寻凶现场》就是典型的以钻石型模式来叙事的新闻游戏。在这款新闻游戏中，玩家可以通过新闻事件的"钻石切割面"去获取"无尸奇案"的大量细节信息，如警铃声、跑步的音效等就可以强化案件现场的紧张感。玩家作为警员全程参与新闻案件的侦查过程，大量的图片呈现出案件现场的痕迹，视频将所有与该案件相关的人物、时间都进行完整的记录……新闻现场的细节再现，可以增强玩家的现场感知力，帮助他们更好地理解新闻发生原因、演化过程和发展趋势。

新闻游戏中的钻石型叙事模式并非单纯通过娱乐性手段来增强玩家的感知，而是制作者通过大量的现实调查后，用多媒体手段呈现真实的证据。根据学者张建中等对《翻开"无尸寄案"档案，进入侦查寻凶现场》这款新闻游戏制作者的采访可知，这款新闻游戏的制作者最开始是用文字记录香港警方是如何进行侦破的，但文字的描述总显得含糊不清，于是他们开始想办法增加一些特殊的可视化手段来辅助呈现信息。在使用多媒体手段之前，制作者就真实记录了警察破案的所有细节，并通过拍照、录音、拍摄视频等方式了解案发的所有细节，他们还去采访受害人家属、询问所有看到案发现场的路人、拜访犯罪心理学家，并专门请专家对案件发生的缘由、过程和发展趋势等进行分析。最终"新闻游戏制作者们就运用视频、音响、场景动画等元素，完整、多维地表现出新闻事实，便于用户理解"。①由此可知，新闻游戏的钻石型叙事模式符合新闻报道原则。

新闻游戏的钻石型叙事模式将会成为新闻游戏的一种重要叙事手段，

---

① 张建中，李建飞. 重启新闻叙事：本土化新闻游戏的创新与实践［J］. 当代传播，2016（6）：45.

也会受到玩家的欢迎与喜爱。但钻石型叙事也不得不面对一个现实问题，即现实的新闻报道繁多，而新闻游戏制作的成本较高，很难将所有的新闻游戏都制作出钻石型的叙事模式，让玩家身临其境地感受新闻事件本身。同时，新闻游戏钻石型叙事模式也对新闻工作者也提出了极高的要求——既要通过实地调查掌握真实的新闻数据，也要能够灵活运用多媒体的表达方式，还要能够通过严谨的思维体系将真实的新闻信息与游戏设计环节结合起来；既要保证新闻的真实性，也要保证玩家获取信息的趣味性。

五、深化情感共鸣

推进新闻游戏的初衷不应该是取悦玩家，而是要让玩家在比较轻松、愉悦的环境中获取知识，为经济社会的发展做贡献。因而在新闻游戏中，运营商都高度重视情感因素的价值，致力于以游戏的形式构建各种新闻关系、连接各主体之间的情感，让各主体都能以当事人的身份来思考信息的生产和传播问题。也就是说，新闻游戏的运营商要以情感为基础，引发各主体之间的情感共鸣。要引起各主体的共鸣，就需要在文本的构建中巧妙地设置悬念、呈现故事情节，让游戏具有真实感——增加一些看似与主题无关的内容，让玩家激活固定式解构文本内容的思维模式，让他们有更多的感触。换句话说，就是要在虚拟的游戏空间中制造一些具象化的元素，让这些元素触及人类共通的情感，通过现实、联系和想象来调动玩家的兴趣，引发他们的互动和反思。如《急诊人生》这款模拟现实情况的新闻游戏，就致力于让玩家体验医生、护士在急诊室中可能面临的各种情况，还原医生、护士工作者的忙碌和紧张之感，让玩家在新闻中感受急诊室工作的不易，引发玩家和医生、护士的情感共鸣，缓解医患关系的紧张局面。

六、个性与人性相互沉浸

在对新闻内容进行解构和重构以后，相关的知识会呈现出个性化的特征，这就是大家常说的"个性化的游戏过程生成个性化的结果"。在新闻游戏中，事实、线索往往不是单一的，而借助多样化的事实和线索，玩家又能够延伸出更多的知识。这说明，在兼具双重要素（游戏的趣味性和内容传播的目的性）的新闻游戏中，玩家能够在已有叙事线索的基础上发挥自身的能动作用，依据自己的认知结构和价值判断，对新闻内容进行选择和体验，有效地满足了自身的个性化需求。当然了，玩家个性化需求的满足是建立在新闻内容符合认知期待、体验符合娱乐期望的基础上的。然而，个性化的满足不能成为新闻游戏追求的唯一目标。事实上，具有人性化、符合人类发展目标的知识供给，向来是社会发展的重要事项之一。如在《救救达尔富尔》这款新闻游戏中，玩家可以自由地扮演当地的难民，但他们必须成为面临生存危机的难民的救助者，他们需要协助难民进行取水、需要在恶劣的情势下生存下去。这款游戏让玩家了解了达尔富尔地区民众生存的实际情况，从人性化的角度参与到救助之中，达到了个性与人性相互沉浸的效果。

有鉴于此，新闻游戏要从个性与人性相互沉浸的角度来生产和传播相关的信息，注重娱乐化与社会意义的平衡，帮助玩家在娱乐体验中深入了解社会发展需求和状况，其传播的信息应该是严肃的、富含哲理性和指导性的，要契合社会发展和人类解放的目标；要富含人情味，不违背人伦；要引起人们对社会大事的关注，有效地发挥其应有的教育功能。

七、宏大叙事与个人叙事相结合

对于一个新闻游戏来说，其中既有新闻工作者将现实的新闻素材按照一定的框架设计成游戏要素，又有玩家在新闻游戏中的自由选择所形成的信息环境。前者由新闻工作者主导，属于宏大叙事层面，是相对静止的部分，玩家不能加以改变；后者是玩家主导且能改变相应内容的动态部分，属于个人叙事层面。新闻游戏中的宏大叙事和个人叙事同时出现的报道模式在之前的新闻报道中从未出现过，是一种具有创新性的报道方式。以《叙利亚之旅》这款新闻游戏为例，英国BBC的两名工作人员依据叙利亚多年战乱的错综复杂的历史背景及其现实社会状况，制作出《叙利亚之旅》。众所周知，叙利亚的战乱引起了全球的关注，决定叙利亚是否发生战争的并不是玩家，但玩家可以通过新闻工作者宏大叙事的静态部分来体验叙利亚难民逃离的各种路线，从而了解叙利亚战乱让民众流离失所的现实情况。在新闻游戏中，新闻工作者通过真实的新闻素材，较为详细地呈现了战乱中的叙利亚民众妻离子散、家破人亡的情况。《叙利亚之旅》设置多条逃离路线：乘船到达希腊、坐直升机到达意大利、滞留在土耳其等。在不同的逃亡路线中，玩家又可以体验难民遇到的不同的困境：被当地民众举报后，相关的官员就会拘留他们；被走私者要挟；乘船逃亡的过程中被淹死；家人在逃亡的过程中走散；被他国政府拘留并自费回国；被放置在某个国家的难民营；逃亡到了另外一个发生战乱的国家等。

由此可知，在《叙利亚之旅》这款新闻游戏中，新闻工作者将客观真实的文字和图片植入游戏场景中，让玩家根据自己的思考选择叙利亚民众逃离的路线，逃离路线和路途中遇到的种种困境，组合成48种不同的结局。在这款新闻游戏中，玩家可以乘船去意大利，也可以选择通过埃及去往欧洲；在逃离的过程中遇到暴徒，玩家可以选择支付费用，也可以选择与之抗争到底。玩家作出选择的过程就是个人叙事的过程，也是个人主动获取信息的过程，玩家创建了属于自己的叙事模式，与新闻工作者共同完成了新闻报道。实现了宏大叙事与个人叙事相结合的新闻游戏，能够更为全面地呈现叙利亚战乱给当地民众和相关国家带来的灾难，让玩家对战争进行反思，提升了自己的反战意识。

正是因为新闻游戏可以将宏大叙事和个人叙事结合在一起，才出现了不同的玩家在同一个新闻游戏中通过不同的选择而产生不同的结果。事实上，即便是同一个玩家，只要选择不同的场景，也会出现不同的结局。也就是说，特定的选择会构成特定的叙事情节。在这场新闻游戏中，没有输赢，只有玩家不同的选择而出现的不同情境的感观，从而将玩家被动地接收信息转变为主动地获取信息，并且能积极思考不同的社会事件带来的有利或不利的影响。

需要特别指出的是，新闻游戏的核心在新闻而非游戏，无论采用何种叙事手法，都要树立以游戏的手法来做新闻而不是做一款常态化游戏的理念。这就要求相关的运营商坚持突出新闻内容及玩家之间交互的原则，将严肃的新闻内容以更生动和更丰富的手段呈现出来，在程序设置上不宜过于复杂，要巧妙设置谜题、着力构建故事的第一现场、注重增强玩家的同理心，避免出现过度娱乐化的情况。

本章小结

新闻游戏中的新闻事实始终是核心元素，但游戏的作用也是不容小觑的，它能让新闻事实变得更加生动、更有感染力。新闻游戏的仿真和对细节的呈现，能够还原新闻事件的真实面貌。可以说，新闻游戏中的虚拟现实、增强现实以及大数据等新兴技术，使新闻叙事的结构、逻辑、主体发生了根本性的变化，玩家在游戏中的参与感、体验感有了显著的提升，实现了宏大叙事与个人叙事相结合、空间和场景相融合的叙事态势，为新闻游戏的发展提供了极具价值的叙事可供性。将游戏设计和新闻事实元素有效地结合起来的新闻游戏，必将为新闻业的发展注入全新的活力。

第七章
算法的可供性与新闻游戏发展的精准化进路

在人工智能技术迅速发展和广泛应用的今天，算法已成为新闻生产和传播领域的一个极具影响力的手段。不少学者对算法提出了批评意见，有的学者甚至认为算法是一个伪命题。其实，如果从信息消费的精准追踪及信息的精准推送来说，算法无疑有着极为巨大的作用。算法对新闻生产和传播的影响并不都是负面的，其对快速推送和过滤信息、增强受众的体验感等也有着积极的价值。

第一节　算法在新闻领域的"耕耘"状况

算法已经不再局限于逻辑推演的范畴，而是逐渐蔓延到人类的生产和生活之中。在互联网时代，算法对社会大众工作、信息消费、购物和旅行等行为方式的影响日渐增加。在这种情况下，算法对人们的思维方式产生了尤为深刻的影响。以计算机为代表的各种智能机器能够在短时间内集中处理来自互联网的数十亿条信息，这为一些互联网资讯企业提供了前所未有的强大手段，使他们有能力来影响公众的态度与行为。总之，算法推荐通过对用户的媒介行为进行搜集与分析，刻画出用户肖像，并为用户打上特定的标签，以此来指导新闻生产和信息推送。在各大资讯类信息平台如今日头条、天天快报等媒体上面，算法已成为优化新闻生产与分发的核心技术。

一、算法催生新的新闻样式

在算法技术的赋能下，一种全新的新闻模式——算法新闻应运而生。在计算机系统中，算法是软件开发人员用软件编写的逻辑实例。牛津英语词典将"算法"定义为由计算机执行的，在计算或其他解决问题操作中所遵循的一个过程或一套规则，而《不列颠百科全书》将算法定义为"在有限步骤内回答或解决问题的系统程序"。[①] 在算法技术被广泛地应用于新闻业务后，算法新闻随之产生。算法新闻的概念界定可以从广义与狭义两个方面来进行：广义上的算法新闻，是指在新闻业务的全流程中均有算法参与的新闻模式，包括新闻线索的搜集、新闻产品的生产、分发和消费等；狭义上的算法新闻则指算法生成的新闻。本书采用一种综合性的视角，将算法新闻视为借助算法工具来实现自动化新闻生产、智能化信息推送和精细化商业运营的系统。在算法新闻的早期，新闻报道产生于计算机的"计算结果"，"计算主义"的理念融入算法新闻之中，也相应地带来了新闻报道与计算机科学的融合。

20 世纪 60 年代在美国出现的精确新闻报道，是早期算法新闻的代表。《底特律自由报》记者菲利普·迈耶在 1967 年发生当地黑人游行抗议引发暴乱后，对 437 位黑人进行了抽样访问调查，并借助计算机对问卷数据做作了分析，最终他以计算机分析结果加上新闻记者的述评形成了《十二街那边的人们》这一系列报道，这份"人机"协作的作品还使菲利普·迈耶在次年获得新闻界有名的"普利策奖"。大众也因此认识到精确新闻不仅可以客观地反映现实、充实传播内容，还能够反映普遍民意、提供决策依据，因而具有巨大的传播价值和社会意义。随着新闻内容丰富度不断提升，事实查证难度加大，新闻工作者的调查手法也在求新求准，于是出现了更多的像菲利普·迈耶那样的记者。他们在新闻资料的收集和分析过程中加入社会科学实证研究的内容分析、二手数据分析以及调查等量化研究方法，采写了大量的新颖报道，使精确新闻报道逐渐在新闻界得到认可并获推广。

---

① 曾雄，梁正，张辉. 欧美算法治理实践的新发展与我国算法综合治理框架的构建 ［J］. 电子政务，2022 (6)：265.

　　早在 20 世纪 80 年代初期，我国的精确新闻报道便已浮现出来。1982 年，由北京新闻学会、中国社会科学院新闻研究所、《人民日报》、《工人日报》、《中国青年报》联合开展的北京市受众调查，便被视为开了精确新闻之先河。1983 年 1 月 29 日，《中国日报》根据此次受众调查结果发布了《首次运用电子计算机进行民意测验：读者相信报纸》的新闻报道。由于精确新闻的报道制作周期较长，且需要保证调查方法的科学性，因此这一新闻报道形式数量较为有限，且多以受众调查为主。2015 年 5 月，《中国文化报》发布了《小学生群体：青睐国产动画，动画消费意愿不高》这篇新闻报道，被视为新时期精确新闻的代表，标志着精确新闻报道迈上新征程。

　　尽管算法新闻出现的时间比较早，但在早期，算法新闻的弊端较多，当然这有其特定的原因：首先是计算机系统的限制。这种限制使人们无法将计算机的理念运用到更多社会领域之中，因而算法新闻仅仅被运用到体育、财经等偏数据性报道的专业领域。其次是由于早期新闻业界对计算机科学技术运用得不成熟，大量的新闻报道在经由计算机的程序化生产后显得千篇一律，无法满足受众的个性化需求。最后是那时候的科技环境只能实现机械传播，无法实现受众的交互体验。

　　进入 21 世纪后，随着人工智能技术的飞速发展，算法的模型也随之改善。此外，算法新闻也由于计算机存储规模与数据库样本的不断扩大而获得了新的优化：运用领域从窄到宽、分析样本从少数个案到规模化、分析结果从程序化到个性化。由于具有准确、快捷和低成本等优势，因而近年来算法新闻迅速在突发事件、金融、体育等消息报道中大放异彩。目前，算法新闻更多是指广义上的算法介入新闻撰写环节以外的新闻生产全流程，包括新闻线索搜集与分析、个性化新闻推送等。算法新闻主要有四种形式，即机器新闻、传感器新闻、信息服务类新闻、定向推送新闻。

　　综上所述，算法已弥散到新闻生产全流程中，极大地提升了新闻生产效率、优化了新闻分发精准度。近年来，算法新闻的适用领域也随着算法技术的不断成熟与发展而扩大到了其他领域，如《华盛顿邮报》开发的专用于写作时政新闻的智能机器人 Truth Teller，以及《洛杉矶时报》研发的自动化报道地震新闻的机器人 Quakebot 等，均说明了算法新闻应用领域的扩张。在中国，以今日头条为代表的聚合类算法新闻 APP，通过大数据和算法技术分析用户的个性化新闻偏好，并借助精准化信息分发来形成千人千面的信息推送，极大地增强了用户黏性和好感度。然而，有一点必须注意，那就是算法推荐的把关主体由专业的媒体工作者变成了技术科技人员和智能算法，这可能带来信息茧房、数字歧视等弊端。

二、算法在新闻生产中的应用情况

算法应用早已渗透到人类生活中的方方面面。不少人都有过这样的体验：无论是在京东、淘宝等软件进行购物，还是打开抖音、快手等观看短视频，都会发现，各类平台所推送的信息几乎都是与自己的需求相关，甚至在想要了解社会热点而打开某一新闻客户端时，其所推送的新闻讯息依旧与自己感兴趣的话题息息相关。其实只要打开网络，算法就会将受众所感兴趣的信息送到他们的面前。这样的"便利"首先得益于大众传播媒体的努力。算法的产生需要一定的科技与经济条件，其前提是互联网、大数据和人工智能等技术。在互联网时代，受众的注意力是最为宝贵且可以变现的资源，把握受众的兴趣爱好、扩大受众规模、提升受众忠诚度已成为各类媒体发展的关键。因此，主流媒体需要借助算法技术的东风来优化新闻生产与分发，从而增强自身的知名度和市场竞争力。对于那些缺少发展资金、资源配置能力较低的主流媒体或县级媒体来说，与技术平台开展双向的合作与融合是走出困境的重要举措之一。

除了大众传播媒体被经济压力所倒逼这一重要的推动力之外，受众的个性化需求也是推动算法应用、优化算法手段的重要因素。随着社会环境的变化以及受众的消费理念、模式的变革，个性化需求将会进一步引领受众的信息消费的潮流。需要指出的是，受众的需求与喜好始终在变化，如果大众传播媒体跟不上变化的节奏，就很可能流失大量的受众。在今天，受众已然不再满足于被动地接收千篇一律的信息，他们想要个性化的服务体验，同时又很少主动去定制资讯，即用户渴望获得被动的"推"而非更为主动的"拉"来获得个性化体验，算法推荐恰巧能够满足他们的这种心理，因而算法推荐可以帮助大众传播媒体拥有较为广泛的受众群体。由此可知，大众传播媒体与受众的互推需求是算法推荐产生的经济与社会基础。

随着算法在各个领域强大影响力的呈现，各国均加入了抢占人工智能这一新兴技术革命制高点的战略竞争之中，纷纷出台相关政策来鼓励、支持、引导人工智能的发展。在这方面，我国也积极作为。例如，美国于2016年发布的《未来人工智能准备》之后，中国于2017年发布了《新一代人工智能发展规划》。这些规划都从战略层面对本国人工智能的发展作了规划与设计。事实上，大众传播媒体的信息生产和传播已经愈来愈依赖于人工智能技术的发展和应用，而人工智能技术的核心就是算法，这种情况让算法得以在更为宽松的信息生态环境中不断发展。而算法的广泛应用会给新闻生产和传播带来革命性的影响，主要体现在以下几个方面：

（一）精准化的新闻内容生产

新技术的应用使得新闻内容得以精准和高效地生产出来。例如智能写稿机器人全天候的高效工作模式使新闻生产兼具快捷性、海量性和精准性。智能写稿机器人比新闻工作者更擅长高效处理枯燥的海量数据。应用到新闻写作中的机器人能够迅速完成数据描述和分析，并及时挖掘数据的价值，然后迅速完成写稿过程。2006年，美国开始将智能写稿机器人应用于财经类新闻报道，而我国直到2015年才研发出此类智能写稿机器人，即来自腾讯科技公司的财经机器人"Dreamwriter"。紧接着，今日头条推出了"Xiaomingbot"、《南方都市报》推出了"小南"、新华社体育部推出了"快笔小新"、第一财经推出了"DT稿王"、《中国科学报》联合北京大学共同开发了智能写稿机器人"小柯"等。在今天，机器新闻写作在突发事件报道中的重要性日益提升。如在2017年8月8日21时19分四川九寨沟发生7.0级地震时，中国地震台网机器人仅仅花了25秒的时间便自动撰写了一篇540字的消息报道，并同时配发了4张图片。而封面新闻的机器人"小封"在2020年四川青川地震中的报道更为出色，仅用了8秒便撰写出了一篇1000字左右的新闻报道。现在，人工智能在内容处理中具有知识图谱、人脸识别等技术的加持，这些都是帮助大众传播媒体提升新闻写作精准度和时效性的关键所在；也可以让大众传播媒体有效地构建起图片、影像中人物的关系图谱及特定信息的知识图谱，从而促进新闻线索的全方位搜集与结构化分析的效率。

总之，将算法技术应用到新闻生产过程中，可以极大提升新闻内容生产与用户信息需求之间的匹配度。如新华社的"媒体大脑"通过对上亿个网页的扫描，在短时间内便分析出相关的舆情，并以两会 MGC 视频新闻的形式发布出来。对这些新闻来说，除了报道形式极具感染力之外，也由于相关的舆情信息源于用户的真实观点与感受，因而吸引了大量用户的关注。

（二）个性化与定制化的新闻分发

一方面，人工智能时代的新闻写作将用户分析置于新闻生产之前，可以为用户量身定制他们需要的内容，并在新闻分发阶段利用场景五力分发满足用户个人生活需求的场景化信息，用合适的形式将新闻分发给受众。另一方面，用户画像也能够进一步提升大众传播媒体对受众的了解，使大众传播媒体的运营更为个性化、精细化。由此可知，人工智能凭借个性化定制的精准分发优势，有力地将自身版图拓展到了传统媒体通过千篇一律的新闻推送无法占领的利基市场和长尾市场。此外，人工智能在新闻业中的应用也催生了新的盈利模式，增强了媒体机构和科技平台的竞争力。对于媒体融合带来的巨大变革，有媒体惊呼"头条已不重要"，这一观点被简单解读为"传统意义上的头条已死"。在传统媒体以及大众门户网站时期，新闻报道的把关者往往是编辑与记者等新闻工作者，他们遵循一系列报道原则和媒体机构的价值规范。通常情况下，用户的需求是次要的，或者就算思考用户的需求问题，也仅考虑他们的普遍需求，很难关注到不同个体的独特兴趣。而在算法新闻时代，从用户画像到个性化分发，均以"兴趣推荐"模式来彰显对个体用户的需求满足。在这种分发模式中，把关主体由人拓展向了"非人"，人在内容把关中的权重弱于技术把关的权重。尽管技术公司可能会宣称算法是客观中立的，但归根结底算法是人操控的，一切算法背后其实都有特定的观念，需要引起重视。

算法技术主要是借助用户画像来提升新闻分发的效率。算法虽是中性的，但并不是中立的。主流媒体需要利用先进的算法技术，为算法赋予社会主义核心价值观等观念，使其更好地服务于社会发展。如《人民日报》新媒体中心就创造性地为算法增加了主流媒体价值的权重，并将这一算法应用在了"人民号"上面，从而大大地提升了新闻分发的有效性。

（三）立体化与全方位的新闻场景匹配推送

5G 时代所拥有的高速率、低延时等特点，让视听时代加速来临。5G 已在新闻传播领域掀起了巨大的波涛，在这种技术的催化下，视频语言逐渐成为社会交流的重要表达形式，新闻内容因此可以以视听化的形式来呈现。需要指出的是，内容形式的视听化生产需要建立在大众传播媒体高质量的内容创作的基础上，而不是依靠简单的图文影像编辑就能实现，它让新闻以"视频流"的形式来传播。在媒介融合的背景下，新闻客户端可以将原有的内容和模块通过全新的"视听模式"来呈现。比如，封面新闻5.0版本推出的"全面视频化"策略，采用视听化的呈现手段将"首页""直播""听封""频道"等四大模块等有效地呈现出来。可以说，"全面视频化"策略是封面新闻紧抓5G机遇的战略举措，有效地提高了其竞争力。因此，大众传播媒体也应该对5G技术予以高度的重视。可以肯定的是，在技术的赋权下，媒介将重构人们的新闻体验感，比如新闻游戏将在体感技术、VR、AR等技术的驱动下提升玩家感官参与的全面性、增强玩家体验的沉浸性。目前，一方面，具有低时延、大带宽等优势的5G技术为新闻直播在新闻客户端的应用与推广提供了巨大的支持力度，它使新闻直播更具真实感，并支持受众随时随地利用移动新闻客户端进入新闻现场、感受新闻事件，从而增强用户的共情感与知识的在场感；另一方面，虚拟现实与5G技术的结合，能够进一步完善受众的体验感，这也意味着受众能够更好地沉浸在新闻事件中。

借助高速、便捷的5G技术，算法推荐也能结合用户所处的时空场景进行精准化推送。如CNN出品的新闻客户端*Breaking News*，利用时空互联的新思维，通过定位系统获取用户位置，为他们推送与他们地理位置接近的相关新闻报道。同时，人们在各种客户端上都可以按照"是否打开定位""是否推荐附近的人和事"等设置来安排自己的信息消费情况。这些都是建立在利用新闻内容视听化所营造的沉浸式观感的基础上，配合算法全方位、立体化的场景推送来分发新闻，不仅能够满足用户常规性、个性化的信息需求，还满足了他们随机消费信息的行为需求。

三、算法技术给新闻生产带来的变革

算法介入新闻生产不仅仅局限于新闻内容制作这一个环节，它已经扩

散到了新闻生产及分发的整个流程之中。在新闻生产环节，得益于传感器技术的发展，新闻信息源可以优化，具体体现在信息来源途径的拓宽和信息采集范围的增扩。① 美国新闻机构 *Pro Publica* 利用卫星传感系统挖掘海量环境数据，通过可视化的新闻报道向公众形象地展示了路易斯安那州水土流失情况。在我国，央视与百度地图合作，获取了民众在春运期间的位置迁徙数据，形成了"据说春运"系列报道，这表明，通过海量数据制作的数据新闻可以描述一些宏大图景。此外，机器写作也能降低新闻报道中的人为失误，从而大大降低大众传播媒体的生产成本。

由此可知，在人工智能时代，算法牢牢地"掌控"着新闻的生产和传播。回顾大众传媒的发展历程，技术的突破始终是传媒业发展的重要原因。在今天，大数据、智能化、云计算等字眼已经不再新奇。人工智能技术使新闻内容的生产模式发生了重大的变革，重新定义着全新的传媒生态。② 在这样的生态格局中，传媒的版图正在不断地扩张、媒体之间的边界正不断模糊、新闻产品的平台正在不断延展。自 2015 年腾讯财经开发的写稿机器人 Dreamwriter 发布第一篇稿件以来，到如今无人机采集报道新闻模式日趋成熟，人工智能技术促使各大媒体思考时代要求，纷纷推出"中央厨房""智媒体实验室"等新闻生产模式，针对受众兴趣爱好的智能匹配、个性化推送正大肆崛起，人工智能已全方位地渗透到新闻生产和传播之中，人类也因此进入了"人机协作、万物皆媒"的智媒体时代。毫无疑问，"数字化改变着新闻生产、流通和接收的方式，培育出新的新闻理念与实践，并重塑着新闻业的运行机制和文化生态"。③ 那么，算法技术给新闻生产带来的变革具体体现在哪些方面呢？

（一）瞄准新闻故事：从弥散信息中发现有价值的线索

算法可以帮助记者在纷繁无序的大数据环境下迅速找到有价值的新闻

---

① 喻国明，兰美娜，李玮. 智能化：未来传播模式创新的核心逻辑：兼论"人工智能＋媒体"的基本运作范式 [J]. 新闻与写作，2017（3）：41.

② 喻国明，景琦. 传播游戏理论：智能化媒体时代的主导性实践范式 [J]. 社会科学战线，2018（1）：141.

③ REESE S D. The new geography of journalism research: levels and spaces [J]. Digital journalism, 2016（7）：816.

线索，这主要得益于其强大的实时监测、聚类分析等机器深度学习功能，使其能够不断自我进化，增强挖掘新闻线索的敏感度。传统记者获取新闻线索的渠道主要是依靠社会活动能力建立起来的社交和线索网络，但在媒介化生存时代，这种传统的线索搜集方法逐渐因其有限性和滞后性而更显吃力。相比之下，算法技术可以快速地从海量数据中挖掘出隐藏的新闻线索，如事物呈现的规律或问题，这可以大大提高新闻工作者深挖有价值的信息的效率。在新闻敏感性方面，由于算法技术不是中立的，因而新闻机构会根据自身的定位和价值观来设定算法监测内容和分析规则，当一定规则下的日常监控数据流符合新闻机构设定的有价值的新闻线索时，算法系统就会自动将它们报告给记者。

例如，BBC 的研发实验室在 GitHub 里面开发安装了一款名为 Data Stringer 的应用程序，可以同时实时监测多个数据库的更新变化，如失业人数数据库、犯罪人数数据库，当这些数据库呈现巨大变化时，Data Stringer 便将情况推送给记者，这已成为新闻生产中的一个至关重要的环节。除了有对非常规的信息进行监测预警的功能，算法还可以根据常规的信息找寻出人们意想不到的线索。比如 *BuzzFeed News* 于 2016 年推出的网球赛造假丑闻的调查性报道《网坛骗局》（*Tennis Scams*），记者对 2009—2015 年间26000 场专业网球比赛的比赛数据和赌球数据进行深度发掘，从数据的异常中发现了球员的欺骗行为。① 在线索搜集过程中，算法为有价值的新闻线索的发掘提供了更为客观、可靠的实证依据。

（二）搭建垂直场景：从画像出发洞察用户兴趣

每种细分类别的新闻都对应着一个用户群体，借助大数据的描摹功能，用户的画像变得清晰可见，新闻机构应通过细分用户群体来实现自身的精准化定位，比如主打全球经济报道的 Quartz 为全球商业人士量身定制的《每日新闻简报》，便迎合了这些商业人士在早晨以邮件形式阅读经济新闻

---

① LIU X M, LI Q Z, NOURBAKHSH A, et al. Reuters tracer: a large scale system of detecting & verifying real-time news events from Twitter ［J］. CIKM, 2016: 207.

的习惯。① 大众传播媒体也始终在寻求如何打造适配消费场景的新闻内容，因为这些内容能够突破传统的信息传播边界，带有更高的商业属性和溢价。在这种情况下，大众传播媒体应当树立场景意识，以消费社区为基础不断推出与用户所处场景相关的系列报道。

（三）搜集超量数据：从数据库中寻求内容资源

5G 技术的勃兴使数据成了各个行业眼中炙手可热的资源，也丰富了数据搜集的渠道。此外，在 5G 技术的加持下，物联网和传感器也获得了快速发展，同时为超量数据收集提供了技术支撑。技术尚不发达的阶段，新闻游戏在搜集数据、整合内容资源及播放终端等多个环节都会"碰壁"，有好的创意却难以呈现到受众面前。制作一款精良的新闻游戏需要耗费大量的人力、物力、财力。首先，新闻游戏的制作不仅仅限于专业的新闻工作者，其创意的落地还需要新闻工作者与技术人员、游戏开发人员进行深度合作。此外，前期的策划和数据搜集都需要付出大量的时间，因而一款新闻游戏的制作周期长、投入成本高。在 5G 通信技术的加持下，"万物互联"成为现实，这极大丰富了数据搜集的体量，也使得数据传输更加便利，这种情况无疑有助于大众传播媒体建立一个庞大的超量数据库。

（四）实现价值共创：在互动中助力内容生产

技术的不断进步使新闻传播的方式从"告知"变为了"交流"，互动性成为智能媒体时代新闻消费行为的新特性。各媒体平台上的信息呈现出多向度流动的特征，受众可以主动选择自己感兴趣的信息进行阅读甚至参与到相应的生产制作之中，最具代表性的现象便是产出了越来越多符合不同的受众偏好、千人千面的"个性化定制"。有学者将互动性这一概念操作化为三个维度：一是作为媒体的技术资产，互动性是媒体允许参与者更改其内容或形式的程度；二是作为传播交流的场景，互动性指信息之间的关联

---

① MORRISSEY B. Qnartz's Kevin Delaney: time to kill the 800-word article ［EB/OL］. （2015 – 05 – 01）［2019 – 04 – 01］. https：//digiday. com/podcast/wait-this-is-800-words.

程度；三是围绕用户需求，互动性是基于用户输入以满足其意愿的变化程度。①

新闻生产中的互动性包括以下几个面向：开放并搜集用户反馈、用户中心的个性化内容定制、同用户开展深入的互动讨论、让用户参与到新闻生产与体验中来。互动之下，用户拥有更多的主导权，其界面互动行为将对文本内容产生深刻的影响，即用户参与到内容生成中，实现内容价值的共创。

（五）致力"精准灌溉"：从用户兴趣中找到个性化产品

从用户的新闻体验来说，算法在信息制作与信息分发端均为他们带来了全新的感觉与认知体验。比如致力于还原现场感的沉浸式新闻，就可以同时延伸用户的多种感官，且能够让用户以第一人称的视角参与到新闻事件之中，从而获得极强的沉浸感与代入感。同时，知识图谱的建构也赋予了用户全新的认知体验。在信息分发与消费端，算法推荐可以为用户量身定制个性化的信息流，体现出用户中心的互联网思维。根据前面的论述，在传统媒体时期和平台媒体时期，新闻内容是经过编辑与记者的把关而呈现的适合大众口味的信息内容，用户的个性化需求因其在传播中话语权的缺失而无法被满足。而在当下，随着长尾市场和利基市场被激活，谁能满足用户的个性化需求，谁就能占据新的主导权和市场红利，因此越来越多的媒体平台开始从用户需求出发，以"兴趣推荐"模式来推送新闻信息。正如今日头条的 Slogan 所言：你关心的才是头条。这种"兴趣推荐"模式迎合了受众在传统媒体时期形成的"懒"习惯，即被动接收信息的惯性，借助大数据技术、LBS 定位系统等实时、深入地分析甚至预测用户的常态化与即时性的独特需求，并向用户推送与他们需求和所处场景相匹配的信息内容，彻底将信息分发从以往的"大水漫灌"改变为"精准灌溉"，算法新闻大大地提升了传播的针对性和用户的黏性。正如喻国明等人所说的那样，算法通过搭建内容、资源及用户三大平台，优化整合各层次新闻信息、筑

① CHUNG D S, YOO C Y. Audience motivations for using interactive features: distinguishing use of different types of interactivity on an online newspaper [J]. Mass communication and society, 2008 (4): 55.

牢个性化服务基础，最后达到增强用户黏性的目的。①

（六）增强用户内容可见性：融入多元价值优化算法分发模式

增强用户内容可见性体现了算法技术的能见度可供性特征。能见度可供性即算法技术可以增加用户及其生成内容（UGC）的曝光度，这体现出用户在传播中地位的上升。在新媒介时期，用户可以接触更多的新兴媒体、获取更为丰富的信息，因而用户的注意力成了极为稀缺的资源，各类媒体纷纷通过创新内容形式、转变话语方式来吸引用户的注意和参与。然而，在各类媒体平台内部，均存在着内容资源与用户偏好之间供需错配和结构性失衡的问题，信息过载不仅会带来内容分发危机，也会挤占用户及其生成内容在媒体平台上的曝光率，这会降低用户在新闻消费中的体验感。为解决这一问题，媒体平台可以在平台内部为算法设立可见性标准，以此提升内容分发的适配度。

比如，媒体平台可以为用户的需求附加上特定的标签来对这些体量巨大的内容进行结构化的聚合与分类处理，包括用户标签、话题标签、内容标签等可见性内容聚合技术，引导用户围绕自己的产品消费体验来创作内容，并通过设置标签获得更高的可见度。而在同一个标签下，便形成了同一兴趣群体的仪式互动效果。此外，鉴于仅以用户偏好为标准的算法分发容易使用户陷入"信息茧房"之中，媒体平台应该融入多种素材来优化算法，以增加用户的社会资本、文化资本和经济资本，避免算法带来更深的数字歧视和数字剥削。基于用户社交关系的算法推荐系统，有助于促进内容分发打破圈层区隔，满足多圈层用户的需求，形成不同圈层用户间的连接网络，并激励他们不断生产具有共识性的信息。

"人机协作、万物皆媒"的智媒体时代，媒体不再只是人们所熟知的电视台、报社这样的传统媒体机构，能够成为信息传播载体的媒介、平台及终端都可以视为媒体。如百家号这类专业门户网站以第三方方式出现的内容整合平台，百度、谷歌等由算法调度的搜索引擎，微信、QQ等由人际网络辅以大众传播的社交媒体软件，今日头条等以"个性化"为卖点的算法

---

① 喻国明，焦建，张鑫. "平台型媒体"的缘起、理论与操作关键 [J]. 中国人民大学学报，2015（6）：120.

匹配推荐平台，强调碎片化社交传播的短视频平台甚至是美团、淘宝、大众点评等服务类平台都成了"媒体"。以用户的兴趣为导向、以智能设备为终端的信息传播载体都是"媒体"，基于这样的准则，新闻游戏也被纳入了"媒体"的范畴，是媒体机构主动把握智媒体机遇的变革之举。较之于传统的新闻报道，人工智能浪潮席卷下的新闻游戏对新闻传播行业的生产模式的调整有着巨大的意义。

第二节　算法技术对新闻游戏发展的可供性

"可供性"是"一个具体环境的可供性，就是它为动物提供的东西，它准备或供应了什么，无论是好是坏……它在某种程度上涉及环境与动物两方面……意味着动物与环境之间存在着互补性"。[①] 从新闻传播的角度来看，可供性概念既强调传播技术的主体性，也体现与技术具有互动关系的受众，以及整体的社会文化背景，它以媒介生态为视域来探析数字技术的文化与社会后果。但是，在当下的数字新闻研究中，可供性仍被视为技术内在的固有属性，采用的是一种静态的分析视角，从而弱化了可供性理论在媒介研究中的分析价值。[②] 此处将从技术动态的、能动的可供性入手，来探讨算法对新闻游戏的可供性问题。需要特别指出的是，算法对新闻游戏的可供性，包括正向和负向两个方面，对于正向的可供性，新闻游戏要积极利用，对于负向的可供性，新闻游戏要及时剔除。

一、算法对新闻游戏发展的正向可供性

"游戏"对于人来说有怎样的价值？席勒曾提出，只有当人充分是人的

---

① GIBSON J. The ecological approach to visual perception［M］. Boston：Houghton Mifflin, 1979：127.

② 黄雅兰，罗雅琴. 可供性与认识论：数字新闻学的研究路径创新［J］. 新闻界，2021（10）：13.

时候他才游戏；只有当人游戏的时候，他才完全是人。① 在早期社会中，人们疲于劳作，缺乏开展"游戏"活动的时间和精力。而各类新兴技术的涌现，逐渐提高了人类的劳动效率、降低了人类的劳动强度，人们拥有了大量的闲暇时光，双手也被"解放"出来。在拥有了"富余"的时间与精力后，人们对于娱乐和趣味的追求就会渗透到生产、生活的各个方面。正因如此，我国的游戏行业才会备受关注，与之相关的各种数据呈现出井喷式的增长。在人工智能重塑社会生活方方面面的今天，新闻游戏正在成为新闻生产和传播的重要方式之一。

（一）提供特有的场景和仪式

在提及算法对新闻游戏的可供性时，需要我们关注的问题主要包括以下几个：算法如何促进传统媒体与新兴媒体的融合发展？算法如何影响内容生产和用户体验？算法对社会文化景观或个体的自我认同产生了何种影响？

这需要对新闻游戏在信息传播中所构筑的特殊情境和仪式感有较为深刻的理解，以构筑有效的生产和传播体系。首先，新闻游戏改变了传统新闻内容的主题和形式，呈现出反复性、反差性和生活化等新特征，形塑了一种新的"文化景观"。② 其次，新闻游戏在传播和体验过程中具有具身性的特点，玩家可以在不同场景中获得多感官的卷入和沉浸，并与其他玩家建构或强或弱的社交关系。许多新闻游戏中，情境和角色都是可以自行选择或随机分配的，玩家身体介入的临场感和实时社交的真实感在游戏过程中相互叠加。最后，智能技术、视听内容和社交网络在新闻游戏中共同建构了具备仪式感、即视感和同步记录特征的场景系统。③ 有鉴于此，智能媒体时代的新闻生产和传播，应该充分考量算法技术对新闻内容推送手段的支持，以及置身于特定生产和传播场域中的各方的关系问题，以建构有效的生产和传播体系。

---

① 朱光潜. 西方美学史（下）[M]. 北京：人民文学出版社，1964：450.
② 彭兰. 视频化生存：移动时代日常生活的媒介化 [J]. 中国编辑，2020（4）：34.
③ 王建磊. 如何满足受众：日常化网络直播的技术与内容考察 [J]. 国际新闻界，2018（12）：19.

（二）满足用户的实际需求

新闻游戏制作团队应当较好地掌握玩家的行为数据，根据其偏好推送最符合他们需求的信息。从兴趣的维度去理解玩家并进行相关推荐是较常见的做法，随着算法系统的不断优化，推荐越来越成为满足玩家需求的方式。实事求是地说，了解玩家兴趣是算法新闻推送的一个维度，但若只强调玩家的兴趣，就会"窄化"玩家信息获取范围。因此大众传播媒体就需要从更多维度去为社会大众打造信息消费空间，例如社交维度、地域纬度等。以地域维度为例，社会大众可以根据发生在自己周围的新闻推送，了解周边的情况。

（三）引领用户生产与传播活动

作为近年来发展势头正猛的互动式融合新闻，新闻游戏通过用户自己输入指令推动新闻进程，界面的变化也由用户的参与程度决定。在融合新闻时代，以用户为中心的个性化新闻推荐使用户的地位得到极大的提升，加上个人意识的逐渐觉醒，用户有了主动反馈、主动参与生产的意愿。在这种情况下，平台根据用户的个性化需求来推送相关内容，为其打造了独一无二的信息空间。用户在一定程度上充当了"议程设置"的主体，他们接收到的新闻产品大多是自己关心或者感兴趣的内容，因而他们更愿意参与新闻的生产与传播活动之中。

伴随着信息传播科技革命而来的是一个信息大爆炸的时代。在这个快节奏的时代，难以计数的信息及高度紧绷的神经，使得人们的注意力越来越碎片化，他们越来越渴望在闲暇时间拥有自己的娱乐空间。与传统新闻报道相比，新闻游戏从原来注重单一的图文符号到更加强调情境表意，从用户的个性诉求出发设计新闻内容和互动过程，尤其强调用户通过参与游戏与新闻叙事框架联动的交互体验，逐渐造就出内容转向、生产重心转向和报道效果转向的具身体验转向特征。[①] 如在很多以战争为素材的逃生游戏中，都会植入反战思想，让玩家以俘虏或者难民的身份投入游戏之中。在

---

① 许燕，刘海贵. 具身体验：融合新闻的创新实践和理念更新［J］. 西南民族大学学报（人文社科版），2019（12）：137.

玩游戏的过程中，不同的选择都会决定玩家能否活着逃离魔爪。这些新闻游戏既是战俘或难民逃生的游戏，也是追求自由与和平的游戏。游戏中真实的游戏故事背景、环环相扣的画面设计、悲壮的背景音乐、步步为营的选择以及多种游戏结局使得玩家沉浸于游戏当中，并试图反复尝试逃出魔爪，这样专注的信息消费在碎片化时代尤为珍贵，它能让玩家以第一人称的视角投入游戏之中，激发了他们参与新闻游戏生产和传播的兴趣，并促发了他们的参与行为。

（四）搭建能够促进消费的趣缘社群

基于算法推荐的新闻资讯平台通常借助算法推荐来满足用户的个性化需求，并连接起具有相似价值观和兴趣爱好的趣缘群体，这能够让用户获得超越地理空间和时间限制的趣缘社群归属感。众所周知，短视频社交平台建立了区别于传统社交媒体的用户连接机制，不仅有点赞、关注和评论，还有弹幕、礼物和连麦以及信息流推荐中的"偶遇"。同时，短视频社交平台所建立的趣缘关系重在构建群聚式的社群，而传统社交媒体则重在建立与维持用户的社交关系，因而短视频社交平台构建的趣缘社群对用户的黏性和吸引力都更为强大。

值得注意的是，不同的社交媒体在建立趣缘关系上具有不尽相同的机制，从而呈现出不同的社群可供性。对比同为社交短视频的抖音和快手可以发现，两者在趣缘社群构建、趣缘社群性质上存在不同的可供性，而这受它们的算法逻辑、技术形式等因素的影响。一方面，在趣缘社群构建上，两者均利用算法的兴趣推荐机制，能够降低兴趣相投的用户构建社交联系的机会和时间成本，但抖音用户与快手用户在与好友"相遇""相交"的机制上略有不同。在"相遇"层面，抖音是一个视频就占据全部屏幕，更容易建立同好之人的"相遇"机会，而快手则是一个屏幕显示多个好友的内容，用户需要在筛选进入某个视频后才会发生与同好之人的"相遇"；而在"相交"层面，抖音的评论内容隐藏在评论按钮中，而快手的评论内容是与视频内容共同显现在页面中的，不需要点击进去就能看到其他用户的评论。另一方面，抖音与快手所构建的趣缘社群具有不同的性质，原因在于抖音的算法推荐机制以公域流量为重，用户因趣缘结识的概率更大，而快手则走了差异化发展的路子，更加重视私域流量，这让趣缘群体在刚建立时便具有较为紧密的内部连接。

　　趣缘群体的建立对于促进用户间的交往信任和消费信任具有十分重要的意义，搭建趣缘社群也被视为发展社群经济的重要方式。克莱·舍基在《人人时代：无组织的组织力量》中提出构成社群经济的三个基础：共同目标、高效率协同工具及一致行动。① 短视频社交平台正好可以为电商实践提供此类支持，比如在同一兴趣群体内，主播与观众的共同目标是供需匹配，而弹幕、评论、私信、连麦等则为实现供需匹配这一目标提供了高效率的协同工具。同时，实现良好的消费体验则是两者的一致行动。此外，趣缘群体的产品消费可能有利于用户的身份认同与群体认同，也可能在知识共享和情感支持方面获得额外的消费价值，从而有助于建立用户对电商平台的信任和忠诚度。

　　有鉴于此，新闻游戏的制作者要致力于搭建能够促进消费的趣缘社群，以更好地传播信息、引导舆论。

二、算法对新闻游戏发展的负向可供性

（一）生产内容的泛娱乐化

　　新闻游戏具有文化和商业这一双重属性，算法的精细化推荐就是为了通过满足用户的需求，来吸引他们有限的注意力，再通过对他们注意力的二次贩卖来提升媒体的经济收益的。然而，以用户兴趣和消费习惯为中心的算法推荐机制及新闻游戏生产机制，可能会造成新闻游戏内容生产的泛娱乐化。因为用户更偏向于那些轻松的、不需要费力思考的娱乐型信息，若一味迎合用户的兴趣标准，就会对算法分发的综合性、全面性造成较大的影响，那些具有价值的信息可能会被单一的、以流行度和娱乐性为主的评判标准所挤压。若算法推荐多以娱乐性为标准，则可能会引发以下两大困境：一是内容生产的过度娱乐化，以及由此带来的用户参与公共事务的热情下降。尼尔·波兹曼早就对电视时代出现的"泛娱乐化"现象提出了

---

　　① 彭兰.新媒体用户研究：节点化、媒介化、赛博格化的人［M］.北京：中国人民大学出版社，2020：160.

警示，这应该引起我们的深思。众所周知，在经济利益的驱动下，大众传播媒体会通过生产和传播娱乐化的内容来吸引受众。而在算法推荐时期，这种策略会带来一种更为显著的负面效果，即用户在娱乐性内容的长期喂养下，将更偏向于获取娱乐性内容而非严肃性信息，这将进一步激发用户兴趣偏向，使他们变成"娱乐至死"的"代名词"。长此以往，用户将逐渐丧失对社会公共事务的关注和参与度，而这些事务往往关乎用户的个人利益和整体的国家利益。

另一方面，娱乐性内容的过度分发和算法推荐标准的过度娱乐化，势必在内容传播和生产的双重意义上降低那些有价值、有深度的信息内容的产出量和曝光率。若新闻报道的价值判断以流量为标准，那么有深度的长篇报道的投入产出比就会大大降低，如果无法获得良好的浏览和点赞数据，就很难通过注意力变现来促进经济的增长，并以此反哺有深度的内容的生产。这将导致高品质的、严肃性的、专业性的内容无法获得良好的可见度和经济收益，从而造成新闻市场的劣币驱逐良币的后果。

（二）用户认知的偏激化

在传统的新闻生产转向算法新闻的过程中，大众传播媒体的把关主体也发生了转变。在新闻分发阶段，算法取代记者、编辑等成为主导的把关者。但算法推荐常会使虚假新闻或低俗信息在传播中产生马太效应，让新闻内容的质量出现螺旋式下降的情况，这已演化为一个严重的公共问题。当然，在批判此类现象时，需要看到问题的根本，它不在于算法技术，而在于掌握算法的资讯平台，它们让算法背后的把关主体代表自己的意志。长期以来，人们习惯性地将中性的算法等同于中立的算法技术，一些 IT 巨头也致力于宣扬这一观念，如今日头条鼓吹"去主编论""唯算法论"，大力包装算法的客观性与中立性。这使相关部门在面对虚假新闻和低俗信息泛滥的时候，难以快速找到一个可以问责的对象，平台也因此获得了一个免责金牌。而在传统媒体时代，承担把关职责的新闻工作者和媒体机构常常担起反思与改进的责任。事实上，算法并不是完全中立的，其背后承载着平台的价值观或利益诉求，只不过这种价值观是隐蔽在代码中悄然运行的，不易被公众察觉。

算法是一套由算法工程师预先设定好的统一运算程序，可以自主处理和分析各类数据。算法较之于传统新闻记者的优势在于其精确性和快速性，以及可以减少错别字和语法错误等，但这并不代表算法是客观的。算法运算模型的搭建者是人，即算法工程师，他们不可避免会代入其价值观念和主观偏见，同时也会受到平台价值规范及其所处的社会文化环境影响。此外，媒介本身也无法做到完全客观，这可以从美国传播学家麦库姆斯和唐纳德·肖提出的议程设置理论，以及戈夫曼提出的框架理论的论述中看出。算法内容也是如此。

（三）传播结果的"窄化"

传播结果的"窄化"主要指"信息茧房"问题。信息茧房是由用户的信息偏食而造成的。其实，早在传统媒体时期，这一现象就已存在，但算法权力的滥用将该现象变成了更为严峻的问题。在传统媒体时期，新闻记者和编辑会用严肃的、高品质的新闻来平衡用户对娱乐性内容的偏食。而在社交媒体时代，算法推荐则一味采取迎合用户的信息偏好的方式，来争夺他们有限的注意力，而这可以帮助媒体平台获取更多的广告合作和经济收益。同时，算法还能促进广告内容的定向投放。具体来说，算法可以根据用户的信息浏览记录及其在其他平台上留下的痕迹，来推测用户的信息偏好并为其推送适配的内容。在掌握用户的偏好后，媒体平台就可以为用户推送量身定制的广告内容，以提高广告的抵达率和转化率。当社交媒体平台利用算法获得商业盈利后，就更可能加剧算法权力的滥用，而这无疑也强化了"信息茧房"。

（四）新社会空间的权力抗争

在空间生产理论看来，空间的概念不仅限于地理学、物理学与几何学意义上的空间，而是一个连接着社会关系的、动态的、社会生产性的实践过程。算法新闻是媒体机构与技术平台所制造出的新的社会空间。在这个空间中，人们的思想和行为受到技术逻辑、平台逻辑、内容逻辑、分发逻辑与消费逻辑等多重逻辑的制约和规训，存在着各种关系的生产与再生产。具体来说，在这一空间中，算法推送规则潜移默化着人们接受信息的方式和信息消费习惯，人们看到的那些所谓个性化定制的信息流实际上是被平台装饰后的同质化、大众化的信息，且算法的"流量至上"逻辑进一步助长了传统媒体的消费主义倾向以及自媒体的消费主义狂欢。最终，个性化算法分发所带来的后果就是，用户因为只能获取到其感兴趣的信息，而这些信息往往是质量不高的信息，这使他们难以获得更多自我成长和向上流动的机会，使社会区隔呈现出加速化和隐秘化的特征。对于新闻游戏来说，这是其空间中社会关系再生产的一个面向。事实上，由于新闻游戏所建构的社会空间对处于其中的个体产生了文化与行为的影响，这种影响会随着个体在其他社会空间中的实践而扩散出去，并对其他社会空间的再结构化产生巨大的影响。

列斐伏尔揭示了空间场域中承载的隐蔽的权力关系，认为空间中的权力拥有者可以决定权力表征的实现形式。① 算法新闻已经构成了人们日常生活的拟态环境，且影响着人们生活的诸多方面，对于算法新闻带来的负面影响，一些学者呼吁通过现实空间的权力机制来制约算法空间的权力滥用，如增强算法透明度、制定算法新闻伦理、强化算法平台的社会责任等。归根结底，人们已经跳出了对空间本身进行思考的逻辑，转向对空间的形成过程及其背后的权力运作关系进行研究。正如算法技术的客观性与中立性之争一样，需要回到算法所处的社会空间中来实事求是地思考，这更有助于人们认识新闻游戏背后的权力关系和权力抗争，从而更好地促进新闻游戏的良性发展。

第三节　算法可供性视域下新闻游戏发展的精准营销方略

算法技术对新闻传播具有正向和负向可供性，大众传播媒体要充分认识到算法负向可供性对新闻生产和传播的恶劣冲击，积极从算法的正向可供性出发，深入思考算法时代的新闻游戏发展的进路，使算法技术更好地服务新闻业的发展。具体来说，在新闻游戏的生产和传播中，大众传播媒

---

① 郭洁. 算法新闻的空间视角研究 [J]. 青年记者，2021 (14)：22.

体可以从以下几个方面把握算法的可供性。

一、内容生产：符合新闻专业主义

算法正在不易觉察地影响着我们的观点和决策，以至于影响到现代社会的运行机制。在欣欣然于技术所带来的社会进步时，我们也需要时刻保有价值理性，一再强调与重申人的主体、价值、理性和尊严。"人类生活从线下迁移到数据空间过程中，促进了社交、信息加密、交易等相关领域技术的不断发展。应重视各种非政府等多元主体的作用，实现政府、商业、科技、组织及公民之间多维关系的相互制约与关系调适"，既要保护算法新闻的创新发展，也要保障用户的应有权益。[①] 发展算法新闻业需要秉持一种开放的态度和立场，必须将算法程序设计者、算法程序使用者和算法新闻用户都纳入信息文化产业市场，并调动这三大主体的积极性、妥善保护其合法权益。[②] 在信息文化产业市场的良性发展中，这三大主体并非总是处于对立状态，且需要调动算法新闻用户这一主体的积极性，实现三大主体的协同发展。其中，用户成为赋予算法新闻生产者权利的一股力量，而这还需要法律制度和市场机制的兜底保障；此外，算法程序设计者、算法程序使用者也要加强自我约束，用新闻专业主义的标准来规范算法新闻生产。

由此可知，在新闻生产中，我们不仅需要算法，还需要活生生的人来分析和阻止算法中不合理的信息传播。在算法新闻屡次带来把关问题的今天，人工判断的优势反而被凸显出来，更多的媒体机构和资讯平台也开始采用人工与算法协同运作的把关机制。因此，从内容上来说，新闻游戏的生产必须符合新闻专业主义。

二、制作规范：统一新闻游戏的制作标准

游戏的娱乐性和知识的严肃性，已让新闻游戏成为颇具争议的话题，如果不对内容生产进行规范，致使不少通过游戏来呈现的知识滑向虚假、

---

① 林凌，贺小石．人脸识别的法律规制路径［J］．法学杂志，2020（7）：26.
② 林凌，李昭熠．个人信息保护双轨机制：欧盟《通用数据保护条例》的立法启示［J］．新闻大学，2019（12）：18.

不道德的深渊，无疑会让对新闻游戏持悲观态度的人更加抵制这一新兴的新闻报道形式。因而在推动新闻游戏发展的过程中，需要统一制作标准，对相关的内容进行严格的把关：首先，经由游戏呈现的新闻内容必须真实、正确，绝不容许出现胡乱捏造的情况；其次，新闻游戏的内容不能违背人性伦理，如对战争、自然灾害、公共卫生事件的描述要体现人文关怀，不能对人们造成二次情感和心灵伤害、不能泄露隐私；最后，新闻游戏的开发，要在行规和法规的共同规范下进行，明确前期信息写作、游戏设计过程中的标准，对于违反规定的运营商，要予以严肃的处理。从社会发展这一层面来说，新闻游戏的制作标准应该考虑读者在阅读时的轻松感和所受到的教育等方面。正如《叙利亚 1000 天》的开发者所说，开发这款游戏的目的不只是娱乐大众，更是为了教育大众。虽然有人指责《叙利亚 1000 天》具有浓厚的娱乐性，但其所主张的方向无疑是正确的。我国需要出台相应的政策，用完善的法律法规来规定新闻游戏的选题、虚拟的边界、传播平台以及审批权限等，以统一新闻游戏的制作标准。

在生产方面统一制作标准，是为了给新闻游戏的运营确定准入门槛，让内容、知识是第一位的观念深入人心，充分发挥游戏的"外包装"效应。当然，除了法律、法规的惩罚外，业界的自律也是很重要的，各运营商应该树立精品意识，摒弃将游戏作为噱头获取点击量的行为，并自觉接受第三方的监督。

三、信息推送：从"个性"到"人性"

今天，算法新闻的推送已逐渐从"个性化"转向了"人性化"，媒体工作者、算法技术与用户之间也产生了更为紧密的连接。一方面，智能推送不仅关注用户需求与信息内容之间的匹配度，还结合用户所处的时空场景和消费习惯来进行信息推送，提升了用户在信息传播中的地位。另一方面，媒体机构致力于不断创新新闻的呈现形式，诸如新闻游戏等新闻报道形式更强调用户的参与性，因此在新闻的设计与推送上更具人情味儿。

那么，"个性化"推送与"人性化"分发有何不同呢？具体来说，"人性化"分发是一种建立在"个性化"推送基础之上的、对用户消费行为具有更深刻洞见的分发模式，"个性化"推送仅仅考虑用户的内容偏好，并以此为标准向其推送特定的内容，而"人性化"分发则考虑到了用户消费新闻的具体场景。最根本的区别便在于，"人性化"分发过程中的主导者是用户而非算法，这能够在很大的程度上消解算法推送所带来的信息偏食和信息茧房等困境，旨在通过提升用户这一主体在传播中的主动性来平衡技术与人性之间的关系。

然而算法新闻可能带来的"过滤气泡"等问题，使其招致了诸多批评，比如导致用户视野变窄、认知偏向得到强化等。但实事求是地说，我们不能轻易得出"算法推送导致认知窄化"的论断。固然算法技术会加剧"回声室效应"等现象，但也不能忽视用户本身的信息偏好和信息获取方式，以及他们所编织的社会关系网络的影响。这也告诉我们，在算法新闻中需要积极培养用户的媒介素养和理性思维。当然，大众传播媒体也可以通过社交网络的协同推荐来优化算法，以此平衡技术的负面影响。

四、价值共创：引导用户共建游戏平台

近年来，仅仅通过用户的浏览痕迹来推送相似新闻信息的分发机制，并不能算作严格意义上的"个性化"推荐。机器只能通过"猜你喜欢"的方式来吸引用户的注意力，这一过程中，用户的主观能动性被遮蔽了，没有用户深度参与和主动表达的定制化新闻推送只能是一种"伪个性化"。

而新闻游戏的生产与分发，均强调玩家的主动参与，其生产和分发方式也从封闭转向开放，通过玩家的主动参与和切身体验来增强他们的掌控感。在界定上，通过大数据分析玩家偏好并以此进行的信息推送模式，实质上是一种"隐性个性化"，对玩家信息消费行为的分析更多基于他们不经意流露出的部分消费习惯，在这一过程中，判断与满足玩家的"个性化"需要的是算法系统，玩家其实是缺乏主动选择权的。而"显性个性化"则赋予了玩家更多的主动性，他们可以定制自身需要的内容，即调教算法，也被称为玩家的"定制化"行为。

在自媒体时代，个体在信息生产与分享中的重要性日渐提升，这也反过来促使算法推荐从封闭走向开放。一方面，新闻业除了注重提升信息内容与用户需求的匹配外，还极为重视信息与相关场景的适配度。另一方面，

新闻游戏的生产开始凸显"显性个性化"这一现象，在算法中强化了用户为中心的理念。当算法黑箱逐渐向开放式平台渗透时，用户能够更自主地"调教"算法，这也是提升其媒介素养的一个重要机遇。

五、多元算法跨平台推广：搭建全媒体平台

算法技术应用于新闻游戏生产领域，不仅提升了新闻游戏制作的效率，通过有针对性地分发也增加了新闻的点阅量，更满足了不同用户的不同需求。然而，这种精准分发在一定程度上窄化了用户的信息接收渠道，使用户在各自的舒适圈内作茧自缚。归根结底，单一的推荐算法是导致信息茧房的主要原因。① 因此，必须优化、推广多元算法，以更先进的技术消除个性推荐带来的观点固化及其他负面影响。互联网资讯企业对算法技术的应用不应是单一的，需充分考虑其利弊后综合使用，以算法互补破除"信息茧房"的桎梏。目前，不少媒体开始尝试多样化算法技术的合并使用，美国开发者尼克·拉姆研发的新闻 App，能够从众多新闻媒体中挑选 20 个新闻来源，并利用可视化的方式帮助用户逃离自身的阅读气泡，当用户阅读习惯向某一边偏离较远时，App 会发出提示，建议用户通过丰富新闻来源的方式来获得其他派别的观点。虽然不同的社交媒体平台的功能设置大同小异，但这些平台的可供性并不完全相同。例如，用户在社交媒体平台上发布内容时可以使用标签（#）对话题进行分类，也可以通过@另一用户，与更广泛的平台内容和用户建立关联。当前，不少社交媒体的用户都具有较高的可识别性和社交网络透明度，这种情况更适合弱关系的建立，如寻找潜在客户的企业、获得新的工作机会的员工等。同样是可见性，其程度也有所不同，可以对所有公众可见，也可以对该平台或平台上某个账号的所有订阅者可见，也可以只对特定的订阅者可见。准确把握不同平台的各种可供性，将有助于进行具有针对性的精细化传播。此外，各平台的用户构成也存在差异。因此，我国企业在投放广告或者信息时，可以分析不同网

---

① 孙少晶、陈昌凤、李世刚，等．"算法推荐与人工智能"的发展与挑战［J］．新闻大学，2019（6）：1.

络平台的可见性、关联性，用户个人信息的可见性及其社交网络的透明度等来了解相关平台用户的构成、兴趣、需求等情况，以更好地实现精准传播。

六、算法"转译"：将伦理融于新闻游戏之中

为提升新闻伦理的有效性，需要强化算法新闻各主体间的"转译"、对话与沟通能力。其中，最为重要的两类主体为算法工程师与科学家，他们分别是记者与算法技术的代言者。从美联社于 2017 年推出的《人工智能工作手册》可以看到，记者与编辑可能面临的风险包括算法的风险与工作流程被打破的风险。[①] 前者不仅包括算法背后的价值观偏见，还包括初始输入的数据，而后者则指向新闻记者与编辑在实践中面临的挑战，包括跨界合作能力与人机合作能力，如怎样更好地与算法工程师、技术人员进行沟通协作、如何在人机协同中发挥人的主导性、如何观照新闻专业主义理念和媒介伦理诉求，以更好地利用算法来服务于新闻的生产与传播。同时，算法工程师、科学家也需要在技术与工具理性伦理中有意识地融入新闻伦理和人文关怀，更好地设计用户的使用情境，推动"脚本逻辑"与"用户逻辑"的结合，从而将新闻伦理有效地植入有算法参与的新闻游戏之中。

七、社会责任：提升新闻工作者的媒介素养

大众传播理论中的"选择性接触理论"是弱效果传播理论，这一理论虽然始于传统媒体时期，但在当下的算法新闻时代仍然是适用的。这一理论指出了用户在获取新闻信息时对不同信息的关注度是不同的，人们都倾向于关注或接触与自身观点或立场相同或近似的信息。用户固有的这种信息偏好在算法时代则构成了"信息茧房"现象的成因之一。从根本原因来看，算法推荐造成的"信息茧房"与"回声室效应"主要是由技术推送的偏差所致。传统媒体时代，编辑与记者的把关、用户的选择性接触也会造成用户的信息偏食，但当时的大众传播所营造的拟态环境还不足以取代用

---

① 余婷，陈实. 人工智能在美国新闻业的应用及影响［J］. 新闻记者，2018（4）：36.

户通过具身实践获得的真实认知，因此通过媒介接触带来的认知偏差尚未达到"作茧自缚"的程度。而在媒介化生存时代，过载的信息内容和传播渠道使公众卷入进了信息的海洋中，而算法技术又源源不断地向用户推送较为单一、固定的信息内容，便强化了用户的信息偏差，这些过载的重复性信息也占据了用户绝大部分的注意力，从而加剧了"信息茧房"效应。然而，用户的信息需求是随着其所处环境的改变而变化的，因此新闻推送也要关注用户的场景化需求。

从算法分发的原理来看，虽然可以利用大数据技术搜集分析用户的个人信息甚至是隐私来判断用户偏好，但推荐系统的初始设定常会推送那些流行度较高的内容，这符合大众的偏好，却不一定对每个用户都同等重要；推荐系统也通常将用户的历史浏览记录作为分析其偏好的依据。然而，无论是用户的历史浏览记录，还是具有较高热度的流行内容，都可能是用户在无意识状态下的行为，如从众心理或单纯消磨时间。因此，将用户的点击和浏览记录视为分析用户需求的唯一来源，就很可能造成用户分析的偏差，当算法以此为标准向用户推送大量的同类讯息时，便会挤占用户有限的注意力，使其无法获取更多有价值的信息。为了打破此类算法推荐带来的信息茧房与"回声室"，需要在保障隐私与数据安全的前提下，促进社交媒体平台与不具备社交媒体基因的个性化新闻推送平台建立合作，通过数据交易或数据共享，向下挖掘用户信息浏览数据与用户个人信息和社交网络之间的深度关联，形成更为深刻的用户洞察，洞悉用户的深度需求与实时需求，从而实现新闻内容的场景化适配供给。此外，还应不断升级算法技术，使算法不仅仅停留在针对特定的表面刺激给予反馈的"弱算法"阶段，而是通过行为与条件的设计与调适，使算法进位到"强算法"或"超算法"阶段，提高算法反馈的准确性。①

眼下智能算法实践正影响着社会关切，尤其是基于智能模型的算法，在形成结构化结果之前取决于数据集的质量。当泛网络语境中的故意偏见被有意识地利用，而模型化的思维方式没有自主、自律、自控和自我意识，

---

① 王昀. 新媒介研究拐点：人工智能时代传播学的现貌与反思［J］. 编辑之友，2018（2）：24.

算法实践就不可避免地被带入道德泥潭，这就要求其具备更高级的数据集，需要更好地去调整策略，尽管算法型的内容分发平台因缺乏独特的内容作为护城河，难以逃过炒作话题、吸引流量、投放广告的眼前利益。当前新闻算法正在由传统的内容与技术相融合，演变为社会语境多样、传播情境与算法语境相适应的态势，报业媒体既要赶上"算法"的技术快车，又要在"导向"的指引下进行舆论监督。

在改革开放四十周年到来之际，央视财经频道联手腾讯打造新闻游戏《幸福照相馆》。这是以春节家家户户都会拍摄全家福照片这个传统习俗为切入点，制作的一款 H5 多媒体融合创意互动项目。游戏玩家在进入程序后，被设定为进入幸福照相馆的客户，能够自由选择 50 个拍照底板，这些底板以每 10 年作为一个节点。这款游戏其实就是通过玩家选择底板和设计照片内容，如摆放的装饰品、拍照时人物的着装以及照片背景等感受不同时代的文化与进步。一切选择完毕后，上传家庭成员的照片即可生成一张全家福。这款游戏结合不同时代的历史原貌以保证其内容真实性，又依托腾讯优图大量算法、人脸识别和五官定位技术等人脸融合技术来确保全家福的质量，尽量让照片达到在照相馆中拍摄的效果。在娱乐互动之中，家与国在团圆的美好憧憬中融为一体，它不仅能够激发更多全家互动和家庭话题、感受家庭温情、唤起家庭成员时代记忆，而且能了解改革开放以来经济、社会等诸多方面的改变、向改革开放致敬。近年来主流媒体推出了不少这一类型的新闻游戏，通过更换少数民族服饰、军装等庆祝国家大型节日、唤醒家国情怀。尽管因为大多数 H5 新闻的画面与操作趋于简单导致沉浸感体验较差，但在节日氛围的衬托下该类型的游戏分享量还是非常可观的，也达到了媒体预期的传播效果。

算法新闻越来越成为用户获取信息的主要方式，对用户的思想与行为均产生了极为巨大的影响。在这种情况下，算法新闻的生产者与算法推荐系统的设计者，均应该遵循新闻专业主义和社会伦理的价值要求，而非将人的主体性和价值理性让步于机器的主体性和工具理性。

本章小结

　　智能媒体的深入发展，不断推动着算法渗入社会生活中的方方面面。在今天，算法技术已深深嵌入新闻生产和传播的各个环节。而算法可供性以一种用户认知和想象的形式呈现出来，强烈影响着用户的算法使用策略和行为。在利用算法生产、分发新闻游戏时应当充分发挥其正向可供性，规避其负向可供性。总的来说，新闻游戏应当把握住算法的移动可供性、社群可供性、平台可供性、能见度可供性等技术，避免陷入算法带来传播结果窄化、受众认知偏激化等陷阱。

第八章

信息过滤的可供性与新闻游戏发展的伦理化进路

随着网络技术的发展，传统时代的媒介技术已不再符合当今新闻生产和传播的需求，新媒体环境的变革催生了新闻游戏这一特殊的新闻报道样式。但技术是一把双刃剑，在创新新闻生产和传播模式的同时，也带来了诸多的不良影响。面对当前的新型传播格局，新闻从业人员如何有效运用信息过滤技术来发挥新闻游戏的优势，是一个值得大众传播媒体高度重视的问题。

第一节　新闻游戏信息过滤中常用的方法

相对于传统媒体时代的人工筛选信息来说，新闻游戏对信息过滤技术的要求更为严格，其需要综合利用多元化的过滤方法来筛选信息，例如基于个人需求的信息检索、基于规则的协同过滤、基于海量数据的挖掘等，不断为新闻游戏的生产和传播注入新活力，从而提升其产品质量，满足用户精准化、个性化的需求，提高新闻游戏的传播效果。

一、基于个人需求的信息检索方法

信息检索指的是基于个人需求，用户利用互联网技术从大量的数据和文本中搜索出自身所需要、感兴趣的信息，同时，检索系统以高度组织化、条理化的呈现形式快速将相关的信息反馈给用户的过程。例如常用的百度、谷歌等搜索引擎都属于信息检索系统，用户通过在搜索引擎中输入需要检索的关键字，即可找到与关键字高度相关的信息，并根据相关的匹配程度进行有序的排列。

在信息爆炸式增长的背景下，信息检索技术成为用户寻找自身感兴趣的内容的主要路径。但是目前的搜索引擎系统提供的相关检索服务过于统一化，缺乏对用户兴趣爱好的精准定位，忽略了检索服务系统的差异化发展，如果用户输入相同的关键字，则系统所反馈的结果和信息就是大抵相同的。此外，当用户利用百度、谷歌等搜索引擎进行信息检索时，大量无关的信息将会严重干扰用户对相关信息的有效选择。

众所周知，个性化信息检索能够按照用户的需求情况将信息检索结果反馈给他们，提升了信息分化的精准度。例如浙江大学研制的 NetLooker 这一个性化信息检索系统，能够将用户的兴趣爱好纳入考虑范畴，促使用户对相关的文本进行选择、归纳、提炼及储存，从而深化用户对不同信息层次的认知和理解。

二、基于规则和模式匹配的过滤方法

基于规则和模式匹配的过滤，主要是指平台通过对大量的信息进行人工分析、记录，从而挖掘出不同信息所具备的特征，并以此为基础来设置过滤规则。例如微博等社交平台在进行垃圾内容过滤时，会根据关键词设定过滤模式，将平台的价值体系和选择倾向纳入信息过滤过程中，以打造风清气正的网络空间，助力平台的健康、稳定发展。

基于规则和模式匹配的过滤，一方面需要专业人员利用自身的实践经验对过滤内容和信息系统进行总结、更新和优化，经验不足的人员会因此消耗大量的精力和时间，无法设计出简练高效的筛选规则。另一方面，新媒体技术能够迅速聚合各种各样的信息。但由于人工过滤的速度跟不上大范围、快速度的信息生产和传播的现实，因此基于规则和模式匹配这一技术所进行的过滤，其准确率、效率等会大打折扣。

有鉴于此，信息过滤需要将技术纳入进来，让技术和人工有效地结合起来，达到优势互补的目的。例如有人利用 RIPPER 算法设计出了一种基于规则的过滤器，该系统能够将数据进行集中化处理，自动区分正反面内容，并呈现出正反例规则的集合情况，同时利用相反类别不断地对多元信息的过滤规则提供约束条件。这种过滤方式虽然提高了过滤效率，但随着信息量增加，规则集合会变得过于庞大从而导致过滤系统混乱，信息的准确率也难以得到有效的提升。

三、基于统计机器学习的过滤方法

机器学习，顾名思义就是要让机器能像人一样去学习。这是一门多领域交叉学科，涉及概率论、统计学、逼近论、凸分析、算法复杂度理论等多门学科知识，专门研究计算机怎样模拟或实现人类的学习行为，以获取新的知识或技能，重新组织已有的知识结构使之不断改善自身的性能。机器学习是人工智能的一个分支，也是人工智能的核心，是使计算机具有智能的根本途径。

自 1980 年在卡内基梅隆大学召开第一届机器学习的学术研讨会以来，有关机器学习的研究成果不断涌现，而机器学习也在不同的领域中得以推广。从数据挖掘分析延伸到基于用户兴趣爱好的信息过滤，机器学习的知识理论和算法技术也有了进一步的突破，并被成功应用于相应的推荐系统之中，使个性化推荐技术渗透到信息过滤的各个环节之中，这也使信息过滤技术有了新的发展方向。

信息过滤技术与信息检索技术具有一些共同点，如两者均能促使用户更加快捷、准确地获取到自身感兴趣的内容。但是，信息过滤技术主要应用于用户个体需求长期保持稳定的情境之中，而信息检索技术主要以短期实时查询为主。此外，信息过滤技术中用户的信息需求主要是通过用户自身的描述文件得以实现的，而信息检索技术则以关键字的检索来实时查询和呈现用户的需求。

随着信息过滤技术的更新迭代，垃圾邮件制造者的反识别手段也逐步升级。上述的第一、二种过滤方法都存在着一定的局限性——均需要人工的积极参与，但是由于垃圾邮件制造者的反识别技术手段变化莫测，使得传统人工过滤方式很难跟上节奏，也就很难产生相应的效果。在信息时代，为了推动信息过滤技术的持续升级，就需要不断优化过滤垃圾信息的方法，在积极挖掘、搜集、整合信息，进一步实现信息结构化生产的情况下过滤垃圾信息。例如基于统计理论的过滤方法，就能同时保证效率和正确率，节约了大量的人力、物力。目前这种技术主要被应用于垃圾信息的过滤处理领域以及工业领域。

四、基于海量文本的数据挖掘方法

数据挖掘概念在 1989 年被正式提出。所谓数据挖掘，又被称作数据库中的知识发现，指的是通过分析大量的数据文本，采取半自动化的方式从不同数据中提炼出隐藏在其中的、事先未被发现的、存在着特定价值和意义的知识的全过程。随着媒介技术的不断升级，数据挖掘技术已被广泛应用到零售、通信、银行、基因分析、股票分析、WEB 应用等不同行业，逐渐在计算机领域中扮演着举足轻重的角色，不断重塑着当前的新闻业。

目前数据挖掘技术能够实现从多种数据源头中对知识进行深度研判和分析，不断提升数据挖掘的效率，数据源头包括系数据、对象关系数据、文本数据、多媒体数据、空间数据、时间序列数据、异构数据等多种数据类型。数据挖掘的知识以特征、区分、关联、分类、聚集、趋势、偏差等形式为主。此外，数据挖掘技术主要包括数据准备、数据挖掘、结果阐述等三个阶段，且三个阶段不断往复实现闭环流程。常用的数据挖掘方法包括统计分析、神经网络、决策树、遗传算法、最近邻技术等。在推荐系统中，数据挖掘技术不断提取特征、挖掘关联规则、分类聚集对象，实现对偏好信息的纵向挖掘和深耕。

五、基于用户举报机制的过滤方法

随着用户自身的媒介接近权得以不断满足，大众传播领域的话语表达权不断下沉，用户可以通过各种媒体平台参与到内容生产之中。但是由于用户的利益诉求和媒介素养的缺失，导致大量垃圾信息充斥在网络空间之中，内容质量良莠不齐，因此众多的社交平台都纷纷推出举报机制。

2009 年 10 月 14 日，Twitter 推出用户可以举报垃圾信息发送者的新机制。在点击网页上的"举报垃圾信息"的提示后，用户主动举报的信息会快速上传到 Twitter 平台上，服务器会立即将相关的信息汇总给安全核查小组，经过全天候实时审查系统的研判和标记后，若用户举报的垃圾信息属实，安全核查小组会立刻采取相应的措施，对垃圾信息的发送者进行严格处罚。另外，Twitter 安全核查小组会以人工核对的方式对被举报的信息进行识别和处理，通过专业把关去阻止用户恶意举报的行为。

新浪微博于 2012 年的 5 月 8 日正式发布《微博社区公约（试行）》及一整套相应的监管机制。据悉，这是国内首个微博社区公约，表明新浪微博也推出了用户举报功能。同时，新浪微博成立了新浪社区委员会，负责对被举报垃圾信息进行核查，不断加强对网络社区的管理，从而规制不良行为。截至 2013 年 6 月，新浪社区处理的用户举报就超过了 1500 万次，其中处理淫秽色情信息 100 多万次、处理用户传播的谣言 200 万次、处理垃圾广告 1200 多万次，有 20 多万人被扣除信用积分。这说明，网络社区正以开放的姿态积极完善自身的使用机制，不断构建健康向上的互联网生态环境，以此让用户与平台之间形成更为科学的协作关系。

第二节　信息过滤技术对新闻游戏发展的可供性

互联网作为一种"高维媒介"，充分激活了用户个人的信息生产能力，其所引发的信息爆炸也让传统的信息过滤方式在数量庞大的网络新闻面前显得力不从心。因此，技术作为需求匹配、信息分发的重要手段，有效地解决了信息泛滥时代的信息过滤问题，凸显了信息过滤中的"减法思维"。

一、人机协同："合作共赢"取代"单打独斗"

经过多年的实践，算法技术加持下的新闻生产模式逐渐成为结构性的力量，重构了当前新闻业的格局。算法推荐技术未来还将衍生出更多的可能性。对此，我们有必要从不同的层面来加强算法新闻伦理的构建，采用不同的战略来应对算法时代的挑战。

（一）本位指向：从"技术至上"到"以人为本"

在新兴传播技术赋能于新闻内容生产的过程中，需明确人在人机协同中占据主导地位的价值，将算法视为服务于人类需求的工具，采取"以人为本"的理念来推送信息。也就是说，在算法时代，新闻工作者不能以"技术至上"为目标，应该始终坚持人在新闻中的主导作用，注重传递人文关怀。德国社会学家韦伯将"合理性"分为强调动机纯正、手段正当为导向的价值理性，以及功利性为导向的工具理性。① 若让工具理性倾轧价值理性的话，就有悖于新闻人文关怀的立场。因此在新闻游戏的生产和传播中，新闻工作者应以"人文关怀"为基本原则，不断挖掘报道的深度、体现出人性温度，采取深情而不煽情、冷静而不冷漠、全面而不片面、平衡而不失衡的立体化、多层次报道手段，以唤醒用户的共情心理，为他们提供正确的价值导向。

（二）理念改写：从"暗含偏见"到"主流旋律"

在新闻游戏的生产和传播中，要以社会主义核心价值观为方向标，严禁在程序设计中融入新闻工作者的偏见。正如喻国明所说："我们应该拥抱人工智能所引发的算法革命，构筑以人为本的人工智能型算法发展的战略，强调智能型算法的价值观，为沉浸式产品植入必要的干预机制，确保其朝着有益于个人和社会的方向发展。"② 新闻游戏需要将正确的价值理念纳入算法技术中，大力培育和践行社会主义核心价值观，弘扬主旋律，激发正能量。也就是说，在新闻游戏的生产中，大众传播媒体要坚持正确的价值和舆论导向，不断直面时代问题清单，提供符合社会利益以及时代发展方向的信息，助推社会的发展进步。

（三）标准升级：从"举步维艰"到"复苏崛起"

2017 年，美联社推出了《人工智能工作手册》，该手册对新闻工作者的媒介技术素养提出了严格的要求，例如遵守客观公正的责任原则等。在新闻游戏的生产中，新闻工作者需要对最新的算法知识进行学习和更新，以更好地驾驭人工智能技术，新闻工作者需要当好人工智能技术的掌舵人，用社会伦理来规范技术的运作方向，实现"技术向善"的目标。具体可以

---

① 马克斯·韦伯. 经济与社会 [M]. 林荣远，译. 北京：商务印书馆，1997：66.
② 喻国明. 为算法植入价值观 [N]. 光明日报，2018-09-21.

从以下几个方面来努力：

1. 在新闻游戏的生产的过程中公开相关的数据来源

向玩家公开展示数据抓取、分析、处理全过程。在玩家的监督下，采编人员能够去除主观偏见，保证新闻生产的可靠性，在与玩家积极对话的过程中促进新闻游戏的可持续发展。

2. 新闻游戏需要既懂新闻又有游戏设计能力的复合型人才

众所周知，媒介竞争关键是人才竞争，媒介优势核心是人才优势，因此新闻工作者也必须具备新闻游戏方面的媒介素养。这里可提及"黑客记者"这一概念，"黑客记者"指集记者与程序员于一身的融合型人才。毫无疑问，新闻游戏需要更多类型的"黑客记者"。

3. 加强对新闻游戏生产和传播全过程的监管

在人工智能技术广泛渗透到新闻传播领域的今天，新闻生产和传播的流程已发生了巨大的变化，新闻传播的格局被各种各样的新媒体技术所重塑。在新闻游戏生产的链条中，需加强对新闻选题、采集、编辑、制作等方面的人工核查。同时，在新闻生产出来以后，要实时监控舆论的衍生、融合、裂变、扩散的全过程，全面地掌握舆论的发酵、产生、高潮、演变及消散情况，并根据具体情况及时采取应对措施，避免虚假新闻的泛滥，竭力将负面新闻排除在新闻生产和传播的体系之中。

4. 完善新闻游戏生产和传播的法制体系

当机器人写新闻逐渐普及之后，隐私权、著作权等问题便开始暴露出来。新闻传播行业需要树立法治思维，走上依法治理新闻生产和传播的道路。在新闻生产和传播中明确法律条款、严格约束新闻生产的不当行为。对造成恶劣社会影响的新闻报道，要进行事后追究，以促进新闻游戏的智能化生产进程，为算法技术保驾护航。新闻工作人员和玩家均要进一步明确自身的职责所在，顺应智媒体时代的浪潮，投入共同保护、创新新闻游戏产品生产和传播的浪潮之中。

二、优化过滤技术：以"高效排异"代替"卡顿崩溃"

在新闻游戏的推送中，必须对信息过滤技术进行优化。这可以从以下几个方面来努力：

（一）优化新闻游戏中算法的扩充逻辑

当前，大数据已被广泛地应用到各行各业之中，传统的计算逻辑已经无法适用于当前新型的信息过滤技术。由于传统的计算逻辑无法高效识别数字形式的新型编码，导致了新闻工作者无法高效过滤多媒体信息，甚至出现在数据过滤过程中忽视信息内容和价值的情况。因此，新闻传播行业需要不断地对过去的算法逻辑进行更新和完善。就目前来说，以动态编码为核心的算法，能够对传统信息过滤技术的缺陷进行弥补，同时能够进一步更新信息过滤技术的底层逻辑。原因在于动态编码算法不仅能够从海量的信息中提取出具有共性的东西，还能对信息的传播路径进行总结和优化。此外，动态编码算法还具备了高效的自学能力，能够根据媒介环境的变化而不断更新自己的知识系统。由此可知，如果以算法来推送新闻游戏，就需要优化其中的算法扩充逻辑。

（二）完善新闻游戏中算法的底层逻辑

在人工智能技术不断迭代升级的今天，原有算法的底层逻辑不够严谨的问题逐渐凸显出来，导致算法技术在运行中存在着大量的漏洞。当传统的信息过滤技术面临大量的多媒体信息时，算法逻辑的检索过程就会呈现出异常状态，因为传统的信息过滤技术已无法满足大量的计算需求。若算法负荷较重的话，还会让系统出现卡顿、崩溃甚至停止的现象，导致大量无效的信息难以被过滤和筛除。

为了避免出现系统卡顿和崩溃现象，人们需在动态编码算法技术的基础上增加辅助逻辑的算法，将由于大量信息重新聚合而引发系统故障的问题彻底解决掉，以提升算法技术的稳定性，并进一步提升算法底层逻辑的严谨性。辅助逻辑算法是指通过算法技术，将各种各样的多媒体信息进行分装处理和标签化，保证多媒体信息排列组合的多样化和独立化，进一步识别、分析、提取多媒体信息。值得一提的是，通过辅助逻辑算法处理后的信息结果会自动上传到算法总系统中，并交由动态编码算法进行核对和检验。

在人工智能环境下，多媒体信息会不断更新自身的运用格式，辅助逻辑算法在该过程中扮演了极为重要的角色，它不断对排列相同的多媒体信息进行封装格式处理，并且以最快的速度将处理结果返回到底层数据的支持库之中，实现算法系统的全面升级和迭代更新。当动态编码算法与辅助逻辑算法进行合作互补之后，需将辅助逻辑算法执行代码纳入到动态编码算法之中，以保证在扫描过程中两种算法技术能够顺利运行，从而确保处理结果的匹配性和逻辑性。一句话，辅助逻辑算法能够完善新闻游戏中算法的底层逻辑，以"高效排异"代替"卡顿崩溃"，值得新闻游戏的制作者去掌握。

三、实现协同过滤：从"分离式连接"升级为"强连接"

协同过滤推荐技术是最早应用于推荐系统中的技术之一，主要运行逻辑是通过对已有用户过去的行为进行分析，对他们的使用偏好和兴趣进行研判和预测。协同过滤推荐方法主要采用最近邻手段，通过用户个人的过去喜好信息来分析和测量用户群体之间的距离，利用目标用户群体的最近邻对某一商品的历史评价进行加权处理，以保证目标预测的准确性和科学性，从而预测目标用户对某一商品的喜爱度和兴趣度。在找到用户所需求的信息后，系统会根据用户的兴趣程度进行推送。最近邻技术包括基于用户的最近邻推荐和基于物品的最近邻推荐两个部分。协同过滤技术主要是基于一种特定的假设：为目标用户精确找到他们真正喜爱的内容的最佳举措是通过寻觅到与用户具备相似爱好的用户群体，然后将目标群体所感兴趣的内容推送给用户。该假设突破了用户信息获取"分离式连接"的束缚，基于现实生活中的"强关系连接"来运行，在日常生活中，用户通常会通过亲戚朋友的推荐来选择个人感兴趣的内容，由于生活在网络空间的用户群体常常会具备现实生活中的影子，因此在网络空间的内容选择也通常会打上日常生活的烙印。协同过滤技术正是将这种思想运用到网络推荐系统中，以其他用户对某种商品或内容的评价作为推荐系统的处理标准，从而可以轻松地将用户感兴趣的内容推送到他们的面前。

协同过滤系统具有适用范围广、用户应用成本低、对推荐对象没有特殊要求和约束、对一些非结构化的复杂对象也能进行高效处理等优势。在新闻游戏的生产和传播中，大众传播媒体主要是从用户的角度来进行推荐。协同过滤系统能够从用户在网络空间中留下的数字脚印来自动获取信息，并不需要对用户采取强制性手段来逼迫他们填写信息。根据媒体的选择或然率可知，用户往往会选择使用费力程度较低、报偿程度较高的内容，因此协同过滤技术十分贴合用户的选择需求，用户可以轻松获取契合自身需求的信息。

协同过滤技术能够挖掘完各式各样的内容，将海量信息进行深度聚合和分析，不断翻新原有的内容，为用户推荐一些新颖和奇特的信息，丰富了用户的知识、延展了用户的兴趣爱好，并突破了信息传播中单一封闭的内容闭环模式。这是协同过滤技术与内容过滤技术的最大差别，内容过滤技术往往被限制在用户群体熟悉的内容中，这往往会固化用户的思维，使他们无法跳出自身所熟悉的内容圈层；而协同过滤技术在某种程度上实现了对内容过滤技术的弥补和优化。协同过滤技术提升了多媒体信息处理的效率，但它也不是完美无缺的，还需进行不断的修正。

第三节　信息过滤可供性视域下新闻游戏发展的伦理突围

新闻伦理主要是强调新闻工作者主观行为所引发的后果和影响，而技术伦理则是指确定技术使用中的伦理导向，让人们在使用技术的过程中不仅考虑技术的可能性，还要考虑技术活动的目的手段及相关后果的正当性。使用技术的人必须对技术运行中的相关问题进行深度研究，把握技术对人类所产生的影响。自古至今，在使用技术时，人们往往有着强烈的目的性，而正是这些目的性，使技术能够对社会、对自然产生相关的效应。然而不可否认的是，技术是一把双刃剑，把握不好或者被别有用心的人所操纵，就会产生巨大的负面效应。因而人类需要不断走出技术的结构性困境、不断弥补技术的功能性缺陷，让技术更好地服务于人类。

一、深刻反思基于"中介观"的技术伦理

在工具主义看来，技术是具有中立性的，它本身不承载任何的道义和伦理问题，技术的好与坏取决于创造和使用技术的人类。然而技术哲学却

对工具主义保留批判的态度，认为工具主义将政策资源和科技发明归功于技术的作用，而忽视了对技术工具自身的可靠性的思考。若用"工具"一词来描述技术承担的角色，则有过于客体化的嫌疑，或许"中介"一词更能中性地刻画出技术工具在现实生活中所发挥的作用。技术的不断革新，使它们能够不断嵌入到新闻传播行业之中，成为媒介场域中的结构性力量，通过塑造和构建受众对世界的感知体系和认知框架，不断形塑他们改造世界的知识结构和思维。

唐·伊德认为技术工具与人类之间存在着四种关系：具身关系，即技术工具与人类完全融合，从而指向客观世界；诠释关系，即技术成为客体信息，从而进行自我展现；它异关系，即通过技术的使用从而赋予他者能动性；背景关系，将技术工具视作一种日常用品，使其使用常规化。[①] 其中，前两种关系突出了技术自身存在的中介作用，为我们探究新闻游戏的技术伦理奠定了较为坚实的基础。

（一）具身关系与技术伦理

具身关系强调由人类所创造的技术工具，完全与其使用者的身体感知融为一体，从而不断构建人类的知觉经验，例如人类分别利用广播、电视作为中介工具而形塑了自身的听觉、视觉感知经验。这里所说的技术工具并不是纯客体性的"像对象一样的东西"，而是哲学上所谓的"抽身离去"，这种具身关系可表述为：人与技术—环境。从具身关系的角度对新闻游戏等虚拟现实进行分析可看出：技术在运用的过程中与使用者融为一体，媒介技术从新奇摩登式存在转变为背景式存在，这使得技术以隐性化和透明化的状态而存在，但是技术能够以生成知觉的模式塑造使用者认识和阐述外部客观世界的习惯。纵观媒介发展史的变迁轨迹，从口耳相传到纸媒，再到广播和电视，再到各种虚拟现实技术，媒介技术不断延伸了人类的感知系统，使新闻信息的呈现方式也更加趋于感官化和刺激化，从而改变了人类的感觉平衡状态，因而人类对现实世界的认知方式和心理作用都存在着相应的差异。如果媒介技术过于强调视听感知，可能会导致受众对文字

---

① 唐·伊德. 技术与生活世界：从伊甸园到尘世［M］. 韩连庆，译. 北京：北京大学出版社，2012：20.

信息的感知力和信任度下降的情况。此外，技术工具作为一种"中介"参与到使用主体认知偏向的形塑之中，说明由于技术工具的功能和方式的差异性会影响使用者对于认知客体的知觉建构和认知定势。利用不同的媒介工具对同样的内容进行报道，会让受众接收到的内容和他们对信息的认知重点存在差异。新闻游戏具有较强的移情功能，其大大地延伸了人类沉浸式感知新闻事件的能力。通过营造出"在场感"和"交互感"，新闻游戏能够让受众实现深度交流，使离散的个体在技术的赋能下，实现心灵上的同频共振和情感层面上的深度链接。

新闻游戏所具有的沉浸式体验感，能够不断提升玩家的"在场"感知能力，满足玩家的"我在事件现场"的欲求。同时，新闻游戏能够以脱域的方式强化个人的情感体验，将玩家从既有的现实情境中剥离出来，让他们沉浸于虚拟新闻情境之中。

（二）诠释关系与技术伦理

诠释关系强调技术具备解读人类语言结构、文本意义的能力，作为人类获取外部世界的信息的中介工具，如刻度盘、量表或其他的"可读技术"，能够让人类更好地认识、阐述和改造世界。这种关系可以表述为：人与技术/世界。从诠释关系的角度对新闻游戏的技术进行分析可看出：技术让抽象世界变得具体可读，技术搭建的全新新闻场景，使受众突破了时空向度，产生共时共在的感觉。而通过新闻游戏技术，玩家能够跨越物理空间的羁绊，实现在"现实场景"中的互联互动。同时，从"编码与解码"的维度上对技术的可读性进行分析，利用技术将相关客体的特征、意义编写成人们所熟知的符号，有助于人们通过对符号的解码形成对内容文本的理解和认知。从这个意义上来说，编码相对于解码而言更值得重视。例如对于血腥暴力画面、灾难性新闻报道来说，利用虚拟现实技术会引发人们对媒介伦理的争论，若一味热衷于还原凶杀现场，就会对相关的人员产生二次伤害。也就是说，追求生动而缺乏伦理的新闻报道有悖于新闻的人文关怀立场。此外，技术要具有可读性，就必须对认知客体有一定的"编码"能力。因此，并不是所有的新闻题材都适合用游戏技术来呈现。例如封闭性较强的新闻现场、突发性的新闻报道等都无法及时通过游戏技术对新闻现场进行深度还原和复现，原因在于新闻游戏的生产成本较高、生产周期较长，因而在时效性方面难以满足人们的需求。但长期选择那些相对稳定、持续时间较长的事件来报道，就会将玩家的认知定势囿于固定的闭环回路中，使玩家对客观对象的认知存在局限。

海德格尔曾言："技术是时代的座驾，但是能够驾驭技术从而影响时代进程的永远都是具有主体性意识的人。"面对技术运用中所产生的伦理问题，需要人们思考相应的规避措施，在享受技术带来的红利之时，人们需要以谨慎、冷静的态度来分析技术的伦理新问题，从而能够更好地去拥抱技术的变革、构建美好的技术图景。

（三）规避新闻游戏中的三重伦理风险

上文对新闻游戏等技术在新闻传播行业中映射出的种种伦理问题进行了反思。此处将重点放在新闻媒体方面，兼顾新闻生产中的主观因素，对新闻游戏中存在的媒介伦理问题进行反思，探索规避新闻游戏中的三重伦理风险的路径问题：

1. 新闻的客观性容易被削弱

传统媒体的新闻报道主要依赖于记者对现场事件的客观描述，虽然新闻游戏的全景复现不再需要考虑记者对事件的主观解读，更多是依靠玩家进行自主式阐释，实现"千人千面"的感知模式。但真实还原并不等于客观再现，新闻游戏主要是通过摄影师对现场进行全景式拍摄后，对新闻事件进行转化和阐释，主要由场景来呈现，但场景的构建无法彻底根除技术人员主观式的截取和片段化的呈现等情况。新闻游戏提供的"头脑中的图像"具备了超现实性的特征，玩家在沉浸式体验中容易出现沉溺于表层信息和通俗娱乐，而忘却了思考和询问事件的发展逻辑和动态轨迹的情况。同时，由于新闻游戏的画面是去除边框的，以此建构了无人干涉的"真实世界"，以沉浸式的方式形成经过剪裁和导演的"伪语境"，让人忽略了新闻游戏的主观性和虚拟性。

2. 新闻价值面临着迁移和重构的风险

新闻价值是指新闻事实所具有的能够满足受众需求的潜在或显在的作用，包括时新性、趣味性、显著性、接近性、重要性等。但新闻游戏这一新兴的报道样式，使新闻价值的要素出现了重新洗牌的情况，新闻游戏的生产者将感官刺激性、趣味性、技术适用性作为评判新闻价值的核心标准，积极利用 VR 等新媒体技术对新闻内容进行建构，以增加内容的立体感，提升其表达的深度。这可能会出现因炫技而产生媒介伦理的问题——过度追求技术的表达力而忽视了对新闻事实进行有效刻画。

3. 新闻受众面临"赛博格化"的弊端

技术发展应该沿着"人性化"的道路前进。游戏中虚拟现实等技术的更新迭代更追求人性化的体验，竭力为玩家营造身临其境的场景，在情感维度上实现了共时性满足。但场景体验中需要特定的可穿戴设备，这些设备的使用加速了玩家的"赛博格化"进程，人与机器的关系也从制造机器演变为寄生机器。由此可知，新闻游戏的数字化呈现使玩家过度依赖于电子义肢，在延伸自身身体的同时却在一定的程度上丧失了主体性。因此，不能因为游戏技术的临场感、超现实感、沉浸感而忽略了身体的在场感。

新闻游戏为玩家提供了沉浸感，以诉诸感性的方式引发了玩家的情感共鸣，但是同时也解构了实体性的身体交往，消解了肉身主体的在场性，从而加剧了玩家的依赖感和不确定感，脱离游戏技术的"伪技术狂欢"之后，玩家往往会丧失独立思考的能力。游戏技术所营造的虚拟环境引发了新的异化，技术"单语言"压制了玩家的思考本能，让他们失去了批判和深度追问的能力，只会心甘情愿地顺从和接受相应的信息，逐渐演化成为"单向度的人"。从这个意义上来看，大众传播媒体所构建的公共空间，与阿伦特、哈贝马斯等人所期望的公共领域渐行渐远，社会大众也逐渐丧失了理性的批判能力。同时，游戏技术可以借助多通感、可移情的手段来呈现新闻，会在某种程度上使社会"过于媒介化"，使事实真相在受众情绪流动和意见宣泄中不断被遮蔽，进而容易让理性"公众"退化成非理性的"群氓"。

二、凸显共享的标志性符号和建构共现的意义

（一）凸显共享的标志性符号

符号作为精神、意义的物质载体和外在形式，其具象化和象征性的特

性在新闻游戏中尤为突出，发挥着极为重要的作用。新闻游戏为玩家提供沉浸式体验空间，让他们充分开展各种各样的互动活动，价值密度较高的互动仪式往往能够引发玩家共同的身份认同，构建情感化的集体共同感，产生专属于他们的集体记忆和标志性符号。因此，可以通过研判有无衍生集体共享的符号文本，从而对新闻游戏的传播价值进行效果的评价。如为庆祝建军 90 周年，《人民日报》客户端借助人脸识别、融合成像等技术推出《快看呐！这是我的军装照》这款新闻游戏，刚一推出便在社交网络掀起了大众晒军装照的热潮，并且形成了群体共享的标志性符号文本，强化了玩家对国家的认同感。

（二）建构共现的意义

胡塞尔认为，我们对他人的本真经验有一种同感认知，就像将"自己移置到了他人境域的动机引发之中（直观的共现）"。[①] 无论是传统的新闻叙事还是融合新闻（新闻游戏是融合新闻的一种）的叙事，都包括文本单一存在、表征、线性序列与意义系统等四个结构层次。其中文本是一种客观性的物理存在方式，表征是指充分运用符号语言文本对事物本身进行完整重现，但叙事主体和客体两者呈现割裂的状态。对此，奈杰尔·思里夫特提出非表征理论，强调突破主客体割裂，主张将日常生活实践、时空多重维度等作为核心议题。[②] 从这种角度上来看，这一理念与融合新闻所呈现的各方主体融合共创和生产边界消弭等意义相互契合。线性序列是一种线性的叙事，融合新闻的叙事也可以有线性的，但更多的是非线性的。意义系统代表新闻游戏与消费者形成一个具有共通价值信仰和心理模式的共同体，包含身份认同、审美认同、情感和精神认同等。从叙事体系构造方面来看，融合新闻主要打造独特的文本意象，打破以往的叙事结构范式，融合新闻的生产者从以往的信息传递者转变为故事叙述者，将受众的注意力引入到文本体系的意义建构之中，延展了精神维度上的意识张力。

媒体叙事主要包括宏大叙事与微缩叙事、精英叙事与草根叙事等多种

---

① 倪梁康. 胡塞尔现象学概念通释（修订版）［M］. 北京：生活·读书·新知三联书店，2007：116.

② 李鲤. 超越表征：数字时代跨文化传播研究的新视野［J］. 当代传播，2020（6）：62.

方式，这几种叙事方式可以混合使用。为了突破当今内容泛滥的重围，新闻游戏就需要以内容饱满充实的创新型实践抢占新闻传播的风口，不断创新内容价值框架建构模式，以契合时代发展的要求。无论是传统新闻叙事还是融合新闻叙事，最终目标都是为了达到直观的共现，即通过加深事实文本与意义价值之间的联系来优化新闻叙事的闭环式结构。

三、形成共同认可的价值理念和构筑新型价值生产体系

（一）形成共同认可的价值理念

具备核心价值的互动能促使群体成员催生出主观精神世界的一体化认同感，新闻游戏的传播价值在于：把握时代动态脉搏、洞悉社会情况、引导社会主流舆论、解决实际问题，以及为玩家提供符合核心价值理念的价值导向。因而玩家能否在消费新闻游戏产品的过程中形成共同的价值理念，成为评判新闻游戏价值密度的重要标准。如 2015 年联合国气候变化大会即将签订《巴黎协定》前夕，FT 中文网在《世界到底在采取哪些措施阻止气候变化》这一报道中，推出一款名为《气候变化计算器》（Climate Change Calculator）的新闻游戏。游戏设定的任务是，在 21 世纪结束前，将全球气温增幅控制在 2℃以内，玩家需要通过互动图表找出不同国家应该采取何种应对策略，以达到减排目标。这款新闻游戏能够加深玩家对全球气候变暖议题的了解，有助于形成对全球碳减排问题的价值共识。

（二）构筑新型价值生产体系

在新闻游戏等新兴传播科技的作用下，新闻传播行业的信息采集、新闻生产、内容接受等流程均有了极大的变化。各种智媒体的勃兴，构建了人类信息生产、传播的新格局，这种格局催生了新型的价值生态系统，使新闻生产、传播体系呈现出扁平化、交互式、一体化的面貌，各主体之间形成了价值共创的关系，他们抛弃以往零和博弈的模式，构筑了合作共赢、优势互补的新型价值生产体系。随着多媒体技术的加速升级，新型价值生产体系的结构不断延伸和扩展。需要特别指出的是，新型价值生产体系的结构升级和革新，要指向价值共创服务，力图打破各主体之间的壁垒，形塑价值共创主体之间的共识和认同，助推价值共创模式的形成。

由于新型价值生态体的构造呈现出多节点、去边界、泛连接的网络模式，因此需要对价值生态系统进行严格规制和强效管理，让各生产主体在保证自身优质内容及核心立场的情况下，不断进行守正创新，实现内容和价值上的创造性发展和创新性转化。也就是说，价值共创的各主体应该以开放的姿态去拥抱新型价值生产体系，结合自身传播实践，对融合共创模式的性质、使命、职责进行宏观思考和战略布局，让价值共创大显神威。

四、凸显"人性化"

当前，世界各国都围绕智能技术制定了一系列的法律法规和政策措施，清理了智能技术发展路径中的制度性障碍，为各种智能技术的应用和创新奠定了基础。当然了，相关的法律法规和政策措施也为解决由技术衍生出来的媒介伦理问题提供了方案。在"补偿性媒介"理论看来，每一种新兴的媒介都是对前一种媒介或者先天不足的媒介的弥补。当前，社会需求呈现出多元化的状态，为了满足多元化的社会需求，大众传播媒体纷纷将智能技术运用于信息生产和传播之中，新闻游戏也因此得以迅速发展，其所营造的沉浸式体验空间，深受社会大众的喜爱，凸显了新闻传播行业走向"人性化"的趋势。

在智能媒体时代下，无论是技术的更新迭代，抑或是生产模式的变革，其终极目标都是以人为本，技术的核心功能要义就是要更好地满足人的需求、服务人的发展。新闻传播领域的技术也是如此，智能技术的应用再造了新闻生产、传播的流程，满足人们对技术应用的想象和需求。纵览漫长而悠久的技术发展史就能发现，技术的发展都是沿着人性化的方向前进的。诸如新闻游戏等智能技术，均致力于模仿甚至复制人类的认知体系和阐述模式，加速了技术的人性化进程，将人性化、差异化的生产模式纳入到满足社会大众需求的范畴之中，"人性化"特征尤为明显。

五、打造人与技术的和谐关系

技术是人类驾驭信息生产和传播的工具和手段，正所谓我们塑造了工具，工具反过来又塑造了我们。社会的变革不断革新人类的需求，进而促进了媒介技术的演进和发展，而技术的发展往往引发人与技术的关系的思考。要发挥智能技术在新闻游戏运用中的正效应，就需要积极构建人与技术之间的和谐关系。可以从以下几个方面进行努力：

（一）掌握技术在新闻游戏实践中应遵循的基本原则

为了使"技术至上"回归"人机协作"的理性空间，让人类掌控和操纵技术的权利不断恢复，使技术的使用和实践更加遵循伦理规范，就需要掌握技术在新闻游戏实践中应遵循的基本原则。从技术的角度来看，新闻游戏的生产、传播应坚持以下三个原则：

1. 以人为本的原则

技术的产生、发展主要是源于人类的多元需求，技术是为了服务于人类、促进社会高效发展而得以不断进化的。因此，无论进化和升级到何种程度，技术都应该始终以服务人的切身利益、尊重人的内心志愿、推动人类的进步和发展为主要目标。在新闻游戏的运行中存在着一些技术伦理失范的行为，违背了人类的切身利益，阻碍了人类社会的发展。因此，若一味追求智能技术在新闻活动中的"作用"，奉行"唯智能论"的生产和传播理念，就会出现舍本求末的情况，加剧了技术对于新闻游戏内容的裹挟，降低了内容的价值密度，使新闻的核心被淹没，违背了推崇"审美新闻学"的初衷。因此，针对技术使用中的一系列违背理性、违背人类切身利益的现象，需要突出"以人为本"的原则，对技术的使用进行严格约束和规范，使技术实践和运行遵从于人类的发展愿望。

如何在新闻游戏的生产和传播中践行以人为本的原则呢？践行以人为本的原则，一方面要坚持新闻游戏对于社会大众无伤害的底线，另一方面要切实维护人类的主体意愿。总的来说，可以从以下三个方面来努力：

首先，新闻游戏最基础的伦理底线就是保证技术对社会大众具有无伤害的保护模式。应用伦理学中无伤害的底线原则主要是指在新闻运行过程中对受众利益进行维护，尽量避免损害他人的利益。也就是说，新闻活动不损害受众的自主利益是新闻从业者必须遵循的第一原则，对受众的身体健康、心智状况进行维护是新闻活动的基准。由此可知，新闻游戏的生产和运行需坚持以人为本的核心原则，在确保对玩家的身心不造成伤害的情况下去追求沉浸感和舒适感。

其次，在保护社会大众不受伤害的基础上，维护和尊重人的"主动性"，保证人类的进化和技术的升级能够和谐共生。应用伦理学中强调以平等的地位和态度与他者进行沟通交流，最大限度地尊重他者的主体利益和个人意愿。在新闻游戏领域则表现为技术对人类想法和志向的尊重。主要包括：第一，对人的知情权的尊重，即玩家拥有对新闻游戏的内容进行深度了解和全面分析，从而对新闻内容质疑的权利。第二，对人类的利益和意愿的尊重，即在新闻生产过程中，玩家拥有公平分配利益的权利，其技术掌控权应当得到尊重——拥有对技术进行操纵，防止自身的控制权被剥夺的权利。对人类主体利益和意愿的尊重，有助于维持新闻游戏中人类与技术相互制衡、归于本位的关系。

最后，新闻游戏以全新的面貌出现在人类的日常生活中，与其相关的技术应用和约束都存在着一定的漏洞和缺失。因此，在新闻游戏的实践过程中，应始终高举以人为本的原则，并将该原则纳入具体的新闻实践过程之中，以保证人类在新闻游戏的生产和传播中的主体性，实现人类与技术合作共赢和优势互补的目标，保证智能技术在社会发展中的长效运行。

2. 适度开发的原则

所谓适度开发，就是以合适的手段对技术进行开发和研究。把握不好技术的使用程度和范围，新闻游戏就不能发挥其应有的作用。众所周知，游戏技术对人类的心理和感官具有特定的刺激和催化作用，但技术伦理失范的主要原因并不是技术所营造的在场感和沉浸感，而是玩家对技术的掌控方式和把握情况。如果大众传播媒体和游戏公司等新闻游戏制作者故意利用相关的技术来突破人类的时空向度，以诱导性的传播方式使玩家长期处于一种高强度的、兴奋刺激的场景之中，毫无限制地刺激玩家的身心，就会使他们在持续的刺激中出现精神麻醉的情况。因而新闻游戏的生产必须遵循适度开发原则。

如何在新闻游戏的生产和传播中践行适度开发的原则呢？如何对技术进行开发，主要由人来决定。据此可以说，适度开发其实就是人类自我控制式的行为规范。此处将围绕新闻游戏技术的使用度量来进行分析：

首先，适度一词本身较为模糊，为测量新闻游戏中技术使用是否真正适度，需要采取明确的量化准则。例如在制定新闻游戏生产和传播过程中的量化标准时，需要将标准测定的文本扩散化和普遍化，抽取不同年龄、性别、身体情况等个体化特征样态进行科学研判和实验，研究社会大众对新闻游戏技术的承受范围和享受边界，以获取普适性较强的量化规定。

其次，适度开发既需要强制性、外在化的量化标准，也需要具备自律性、内在化的理念共识。在新闻游戏的生产和传播中，新闻工作者要发自内心地接受该原则并积极实践，即将内在信念和外在压力结合起来，主动对自身施加控制和约束。恰如田秀云所说，个体把被动的服从变为主动的律己，经由自主选择将外部的道德要求变为自己内在价值目标和行为准则的自主行动，[①] 即在长期的新闻活动中，将外部准则内化成自身的内在理念，从而有效践行适度开发的原则。

最后，要注意到智能技术与传统技术的差异所在。智能技术能够不断模仿和复制人类的认知思维和身体意识，当智能技术发展过于"类人"之时，就会对人的主体地位形成威胁，不断挤压新闻工作者的生存空间，从而引发"成名的想象"不断坍塌。因此，在新闻游戏的生产和传播中，需要对相应的技术进行适度的开发——通过智能技术发现和弥补人类的能力局限，同时又通过人类的力量来纠正技术的偏差和误区，这是新闻游戏开发的核心所在。

3. 造福社会原则

让技术造福人类也是媒介技术伦理执行过程中必须遵循的核心理念和思想，尤其是在媒介技术进一步升级和发展，给人类社会的发展带来诸多负面影响的情况下，更需要思考技术对人类的服务问题。倘若对技术的负面效应不闻不问，久而久之就会让人类陷入更大的异化之中，甚至会对整个社会造成不可逆的影响，最终将违背人类发明技术的核心初衷和最终要义。荷兰技术哲学家斯威斯卓和瑞铂构建了辩论式预判性技术伦理，[②] 并提出目的论的辩论、义务论的辩论、正义论的辩论、"好的生活"伦理的辩论等四种公众伦理辩论模式。[③] 其中"好的生活"伦理的辩论模式指的是通过社会公众对技术的理性预判和积极思辨，探讨新兴技术能否在未来的时间

---

① 田秀云. 伦理学概论 [M]. 北京：科学出版社，2009：202.

② SWIERSTRA T, RIP A. Nano-ethics as NEST-ethics：patterns of moral argumentation about new and emerging science and technology [J]. Nanoethics, 2007 (1)：3.

③ SWIERSTRA T, RIP A. Nano-ethics as NEST-ethics：patterns of moral argumentation about new and emerging science and technology [J]. Nanoethics, 2007 (1)：11.

内对人类的整体进步起到推动作用,这深刻反映了技术的发展和进化应始终为人类以及整体社会环境服务的观点。作为新兴的新闻生产和传播形式,新闻游戏不仅是新媒介技术的产物,同时也是新闻传播行业未来发展的"新风口",因此其发展就要始终指向造福人类与社会的核心原则。

如何在新闻游戏的生产和传播中践行造福社会的原则呢?造福社会需要建立在以人为本的基础上。一方面需要制约智能技术引发的伦理问题,另一方面需要不断挖掘智能技术与人类社会发展的契合点,力图让新闻游戏发挥其正向效应。这里所谓的正向效应包括承担和传播社会主流意识、弘扬社会主旋律,最终服务于人类社会化。

综上所述,关于新闻游戏中"人—技术"两者之间关系的探讨,不仅与规避技术对人类造成的负面影响相关,也与让技术围绕人的利益来推进新闻生产和传播相关。新闻游戏除了能够助力人类突破时空维度进行"圆梦"外,还潜移默化地改变了人类的沟通方式,并由此改变了整个社会的结构向度,它以多样化的生产逻辑、多元化的文本书写向整个社会传递核心力量。这些都说明,新闻游戏要以造福社会理念为终极要领,始终坚持"以人为本""内容为先"的价值理念。

(二)技术在新闻游戏实践中的运用措施

1. 助力网络新媒体产业的发展

当前,新闻游戏存在着技术使用不成熟、成本与变现不平衡、规范不明晰等问题。因此,有关各方需加大技术开发力度、加大技术使用的监管力度,协同构筑新媒体产业的发展基石。

在今天,越来越多的人投身到与新闻游戏相关的内容创业之中。然而,很少有人真正深耕其中,不少人浅尝辄止,或者抄袭他人的东西,致使侵犯著作权的行为层出不穷。从管理学的角度来看,管理的对象不仅限于物体本身,更重要的是要对人进行管理,内容创业领域的侵权行为时有发生,原因在于不少人缺乏人性的自我约束。而对构建高效平衡的新媒体环境来说,著作权的保护和运用具有极为重大的意义。有鉴于此,有关部门需制定相应的伦理规范法则,有效预防、打击内容侵权行为,坚持"技术一体化发展方向"及"移动优先"的战略,积极构建和谐有序的新媒体生态,实现技术运用过程中的公共性、商业性、科学性三者的动态平衡,为新媒体产业的发展提供有效的保障。

2. 形塑商业伦理规范

众所周知，理想的公共领域是在媒介技术伦理合理化的基础上，内容生产主体在开放的公共论坛中所开展的多元化、理性化、平衡化的报道，并以此为受众提供开放性、公平性、交互性的意见交流平台。然而，由于相关主体过度追求经济利益而忽略了社会效益，使公共领域的重建存在着明显的"负外部效应"特征。

在"工业流水分发"时代，众多的利益主体在各媒体平台进行动态汇集，各种各样的信息充斥于网络空间之中，在信息接收的过程中，受众能够不断获得相应的社会资本，但要在浩如烟海的信息中找寻到自己需要的信息，无疑会让他们消耗众多的精力和时间。由此可知，在新媒体时代的信息消费中，受众会被商业利益所裹挟和塑造，在无法抵抗的状态下产生虚假欲求。

从本质上来说，商业伦理就是一种职业道德，同时又是一种社会道德。① 因此，对新闻游戏来说，相关的工作人员必须学会自我约束，有关各方也要形成合力，确保以公共服务理念为抓手，对商业伦理失范行为进行规制和引导。

3. 构建"品德的善"的新型范式

美国文化批评家弗雷德里克·詹姆逊认为，在后现代社会，现代主义的时间文化让位于后现代主义的空间文化。② 加拿大著名传播学家英尼斯也在其媒介偏倚论中指出，媒介正在从偏倚时间向偏倚空间转移，偏倚时间媒介"强调传播者对媒介的垄断和在传播上的等级性、权威性"，而偏倚空间的媒介是一种大众的、政治的、文化的普通媒介。③

新媒体技术以跨时空性、隐蔽性、交互性等手段，不断消弭各行各业之间的边界、不断渗透于社会的演变和交往之中，在历史、当下、内在和外在四大语境中，构建出符合历时性和共时性的符号意象。在这一过程中，新闻工作者的伦理道德便成了媒介伦理规约中最为核心的问题，因为信息

---

① 纪良纲. 商业伦理学 [M]. 北京：中国人民大学出版社，2011：22.
② 约翰·斯道雷. 文化理论与大众文化导论 [M]. 常红，译. 北京：北京大学出版，2013：240.
③ 田中阳. 传播学基础 [M]. 长沙：岳麓书社，2009：178.

的生产和传播都主要取决于大众传播媒体。因此，"品德的善"的形塑需贯穿于新闻生产和传播活动的整个过程之中，实现大众传播媒体与媒介伦理范式的灵魂耦合。同时，要对现有的媒介伦理视域进行扩展和延伸——从大众传播媒体的角度进行运作，以新闻生产和传播过程中的利益和理念为底线，以"责任、公正、价值"等核心伦理文本为基础，以技术伦理、道德伦理、规约伦理为内在逻辑，构建出符合新闻游戏的行业规范、能够助力新闻游戏井喷式发展的伦理道德体系。

4. 坚持媒介底线与贯彻群众路线

新闻媒体的报道，无论是内容还是形式，必须符合社会的核心利益即"社会需要"，并非仅仅是"社会阅读的需要"，而更侧重于"社会利益的需要"。① 社会利益的需要是新闻业的起点，也是它的终点。

在坚持媒介底线的过程中，大众传播媒体也应高举群众路线的旗帜，群众路线的基本原则为媒介进行自我审视提供了参考依据。对新闻游戏来说，群众路线不仅以方法论的方式扮演着理论基础的角色，也以实践论的方式起着规范作用。在新闻传播的社会实践中，要始终坚持"一切来自群众、一切依靠群众、一切为了群众"和"从群众中来，到群众中去"的理念，不断深入基层进行宣传和引导，推进社会治理体系现代化。

5. 积极重塑新型的受众观

随着新媒介技术的不断迭代更新和传播内容的不断分化，媒体的受众逐渐演化为分众。我国的经济体制是社会主义市场经济体制，市场化运作让经济发展焕发活力，受众又成为重要的消费群体。从受众向消费者的转向，隐喻着资本逻辑对文化消费者的操纵和驯化，文化发展一定程度上被大众传播媒体直接或间接地控制着，它们经常会忽略受众的主体性。而忽略受众的主体性，就意味着在某种程度上将大众传媒的内容生产看作大批量生产的文化工业流水线。在这种情况下，内容生产和价值评判就主要依托于资本逻辑结构下的物质性交换和买卖，而忽略了具备欣赏性和内在性的文化框架，受众也在程式化和模板化的语态体系下逐渐变得驯服和同一，复制性的流行文化催生了易被操纵、趋同化、工业化的大众。

---

① 郭大伟，申虹. 新媒体技术与当下媒介传播的伦理困境研究 [J]. 新闻研究导刊，2016（8）：193.

然而，在新兴传播技术的赋能下，包括新闻游戏的玩家在内，大众传播媒体的受众已成为产消者，扮演着信息的生产者、传播者和消费者等多种角色，扮演生产活动的消费者这一新型角色，使受众在形塑社会文化方面发挥着极为巨大的作用，他们实实在在地参与到各种议题的构建和设置之中，与垂直媒体或水平媒体共同打造和谐稳定的"纸草社会"。在这种情况下，大众传播媒体必须重塑新型的受众观，以构建更为合理的传受关系。

本章小结

麦克卢汉曾指出："每一种新媒介的产生与运用，都宣告着我们进入了一个新时代。"① 新媒介技术已经潜移默化地融入了人们的日常生活之中，新闻游戏的出现让社会大众获取信息效率大大提升，并构筑了人性化、虚拟化、沉浸化的信息传播版图。但如果过度沉浸于新闻游戏所建构的虚拟现实之中，就会陷入深层异化的陷阱，同时会对社会主流框架和社会理性语境的形塑和建构造成阻碍。有鉴于此，我们不要只看到游戏技术本身，而要思考游戏技术邀约和汇集的一切意义和价值，在享受新闻游戏给社会带来的"红利"的同时，深入思考技术洪流为新闻游戏注入的"神话"，在"技术狂欢"的背景下，对技术伦理保持着一份独立的冷思考，采用各种过滤技术对新闻游戏的负面信息进行过滤，推动新闻游戏从"玩具"到"现实的镜子"，最终演变为"艺术的接生婆"的流动，以不断创造梦幻曲、雄辩术、艺术的方式实现新闻游戏的螺旋进化，铸就精神维度上的媒介化巴别塔。

---

① 马歇尔·麦克卢汉. 理解媒介：论人的延伸 [M]. 何道宽，译. 北京：商务印书馆，2000：19.

第九章
新闻游戏的负面效应及其规避措施

　　新闻游戏是智媒体时代的一种极为重要的新闻报道形式，它在提升新闻的体验感和传播效果方面发挥着极为巨大的作用。但作为兼具新闻的客观性、严肃性和娱乐性的报道形式，新闻游戏也存在着不少的负面效应，需要采取合理的措施予以规避。

第一节　新闻游戏的负面效应

　　对新闻的生产和传播来说，新闻游戏无疑是一把双刃剑，在发挥着积极作用的同时，也存在不少的负面影响。具体来说，新闻游戏的负面效应主要包括以下几个方面。

一、新闻的严肃性与游戏的娱乐性之间的界限极易消弭

　　对于新闻游戏中的信息来说，其严肃性、真实性、准确性不仅是业务方面的问题，也是道德方面的问题。在传统的新闻报道时代，记者、媒体奉行专业理念，坚持职业操守，致力于翔实、准确地传播信息。这也告诉我们，新闻游戏的"基因"在于"新闻"，它也要以追求内容的严肃性、真实性和准确性为目标。不过当新闻和游戏相结合时，游戏元素确实让新闻生产和传播发生了较大的变化。在新闻游戏中，各种虚拟的、可视化的场景以及强烈的角色代入感，都是用来吸引玩家的重要手段。然而，正是这

些手段削弱了知识的严肃性，并由此引发了相应的伦理问题。2012 年，英国极光数字游戏工作室开发了《终结游戏：叙利亚》这款新闻游戏——模拟叙利亚冲突中的局势，玩家（受众）扮演叛军角色，在做出一系列政治、军事决策之后削弱叙利亚政府的力量，使政府被击败或者不得不接受所谓的和平协定。这款新闻游戏的素材源于叙利亚真实的社会情况，相关素材还会随着局势的发展而不断更新。该游戏一上线便引发了争论，不少人指责其粗暴地将取材于现实中的流血事件改编成游戏，有违人伦常理，让战争中关乎民众生死的议题变得琐碎、不值一提，甚至成为调侃的对象。

也许有人会从虚拟现实、增强现实等技术角度来思考问题，认为这些手段能够为新闻游戏提供必要的真实感、严肃感。其实，在虚拟空间中所构建的真实、所营造的严肃是符号意义方面的真实和严肃，并非现实空间中的真实和严肃。由此可知，新闻游戏会为新闻埋下不小的危机，它会消解新闻报道的权威性，减弱新闻载体的严肃性。在新闻游戏中，如果突出游戏元素，使游戏形式大于信息传播和获取本身，就会出现喧宾夺主的情况——让受众沉浸于游戏的体验中，忽视了信息的获取。有鉴于此，在新闻游戏的信息生产与传播中，要坚持人文关怀、恪守知识的教化功能，把握好新闻传播和游戏之间的度，通过游戏中跃动的文本符码，准确表达复杂的问题、传播丰富的信息，做到不因符码间的娱乐跃动而使人们对信息的追求受到影响。

随着科技的发展，人类对肉体和感官的追求变得更加强烈，而随着消费主义的兴起，媒体也开始走上了娱乐化的道路。新闻游戏是新闻和游戏的结合体，游戏是一种重要的娱乐方式，但新闻却是一种极为严肃的信息，因而新闻游戏的生产和传播需要遵循新闻的规律。恰如新闻游戏《叙利亚1000 天》的开发人员 Mitch Swenson 所说，他的初衷不是为了让玩家们开心，也不是为了赚钱，恰恰相反，这款游戏与其说是一款游戏，不如说是一种学习，你有自己的选择。

诚然，新闻游戏的娱乐性是不可避免的。但是否陷入娱乐的泥沼，关键在于玩家对新闻游戏的态度，如果只是抱着娱乐的心态去玩，那么游戏的娱乐性就会占据主导地位，玩家无法与新闻游戏反映的社会现实产生共情。相反，如果玩家将新闻游戏视为反映社会现实的镜子，从创作者的视角去思考与体会相关的社会状况，就会对新闻游戏反映的社会现实产生众多的思考，就会与新闻游戏的生产者产生共鸣。此处仍以《急诊人生》这款新闻游戏为例，这是一个以医学为主题的资讯游戏，力图呈现在急诊医疗系统崩溃的背景下医护行业面临的难题。在游戏中，玩家扮演急诊科的医师的角色，接触、医治不同的病人。在这一过程中，玩家经常会处于手忙脚乱之中，最终因为无法接诊大量的病人而功亏一篑。游戏设计的初衷是为了让玩家感受到医生的艰辛和不易之处，缓解现实中医患关系的冲突问题。作为一种新闻报道方式，新闻游戏仍然以新闻为主要内容，但如果玩家过分沉迷于媒体所提供的娱乐场景，就会逐渐丧失了社交动机，消解了新闻生产和传播中的理性思维。如 2000 年，英国议会因支出丑闻而陷入困境，《卫报》以此为背景，推出了一款名为《调查你处议员的开支》（*Investigate Your MP's Expenses*）的新闻游戏，该游戏推出仅 80 个小时，就发布了十七万余个政府文档，大批玩家参与其中，最后迫使几十个国会议员下台，并迫使英国政府开展了一场由上至下的政治系统变革。《卫报》的新闻游戏实践表明，新闻的严肃性和游戏的娱乐性是否可以相容，关键在于它能否正确引导社会大众了解和消费相关的新闻信息。

二、商业炒作对人道主义的亵渎

新闻游戏是一个新兴的领域，蕴藏着巨大商机，很多公司（其中不乏游戏公司）都纷纷涉足这一领域，想要大赚一笔。毫无疑问，要达到赚钱的目标，就要调动玩家的积极性。由于青少年群体较为庞大，又对游戏有着挥之不去的情结，因而诸多大众传播媒体都希望以游戏的形式来开发新闻产品，在其中输入自主性、娱乐性、轻松化的游戏元素，让玩家能够愉悦地获取信息。不得不说，这种手段在一定程度上弱化了信息传播中存在的灌输、说教等痕迹，能够让受众在潜移默化中接受特定信息。然而，新闻游戏的制作者必须考虑报道题材的适当性问题——对于那些娱乐性的题材，如果突出游戏的娱乐性，也许批评的人数还不算多，但对那些与政治、公共安全、自然灾害等事件相关的题材，如果以娱乐、调侃的形式出现，就会招致众人的唾骂。因而以这些事件为素材而生产的新闻游戏，应该追求正确的价值观念，以认真、负责的心态来阐释相关的事实。然而，新闻游戏领域的商业炒作从未停止过，就算是与政治相关的重大事件，也有公司敢冒天下之大不韪去进行商业炒作，目的是获得更多的收入。如以叙利亚战争为背景的游戏《叙利亚之旅》，就被批评者指责以游戏的方式来呈现人道主义，是一种违背人性的做法，其为了商业利益而置社会道义于不顾。实事求是地说，新闻报道中的"游戏化"表达，很多时候过于真实地还原了某些事件，如战争、暗杀及其他暴力等，最大限度地营造真实的灾难氛围，既会对死者造成亵渎，也会对相关的当事人造成伤害。

此外，新闻游戏对数据的运营，会造成玩家隐私的泄露。这是商业炒作对人道主义的漠视。就目前来说，由数据运营引发的隐私泄露，主要表现在两个方面：一是新闻游戏制作者对庞大的数据进行采集、分析及精准推送，使玩家的隐私成了公开透明的"商品"。新闻游戏制作者将玩家的数据打包给广告商，让玩家的信息完全"裸奔"于平台之中——玩家在观看、浏览、"玩"的过程中遗留下的"数字脚印"被新闻游戏制作者掌握，他们在不知不觉中沦为了数字劳工，不少学者所期盼的"被遗忘权"成了一种奢望，"全景敞视监狱"才是现实。二是数据使用和保护工作还有较大的改进框架。毋庸置疑，新闻游戏等技术被广泛运用于社会价值的生产和创造之中，持续地为社会大众的日常生活提供服务，具有较大的现实意义。然而在这一过程中，技术不断挖掘与社会大众相关的数据，并将其作为商品进行售卖，使社会大众在获得了社交资本的同时也牺牲了个人的隐私。由于数据存储机制存在着诸多缺失，因而数据盗用、非法交易等不良现象频繁发生，使社会大众的隐私保护陷入了困境。在这种情况下，相关部门需要构建起联防共建的治理机制，不断吸纳社会中的多元力量参与到数据治理之中，确保数据导向契合社会主流价值体系。也就是说，相关部门要注重吸引多主体参与进来，及时查找数据存在的漏洞和不足，优化数据管理的模式和流程，找到便利性、独立性和安全性三者之间的最佳平衡点，将"离人的发展"变为"为人的发展"，以伦理规范、纠偏技术使用，从而制定出最佳的数据保护措施，为新闻游戏生产和传播中的人道主义保驾护航。

由此可知，新闻游戏在事关国计民生等重大事件的叙事方面，应该从思想上把好游戏设计中的"人道主义"关，不能亵渎人性、不能没有人文关怀。

三、游戏夺得意义权引发新闻游戏中的意义危机

在郭庆光看来，传播成立的前提是双方有共通的意义空间，信息的传播要经过符号的中介，传播是一个符号化和符号解读的过程。① 新闻游戏是一个典型的将报道内容符号化的过程，需要运营商和玩家拥有共通的意义空间，有效地对游戏符号进行编码和解码。新闻游戏文本既包括报道内容文本，也包括由图像和程序组成的游戏文本，而与新闻文本相比，游戏文本的意义解读无疑更为复杂。从理想的情况来看，新闻游戏的制作者作为新闻价值的传播者（编码者），发送的信息能够被玩家（解码者）有效解读，并由此取得良好的传播效果。然而，新闻游戏中的很多编码并不能被玩家有效解读，特别是那些以复杂的游戏程序进行编码、期望传递更多信息、让玩家更有兴趣的内容，玩家解读起来就更为困难，那些关键信息很可能被游戏元素所消解。也就是说，如果新闻游戏制作中突出游戏的元素，玩家在浏览新闻报道时，就会感觉其内容不是有价值的信息，而是充满趣味的游戏。在这种情况下，游戏的虚拟性、轻松感得到了玩家的认可，而真正需要传播的价值却被忽视，游戏因此夺得意义权力，从而让报道的内容成为被标出的异项，有人称之为"标出性翻转"现象。在这种情况下，新闻游戏中的新闻价值让位于游戏文化，对玩家来说，游戏的趣味性比获取信息还要重要。如有人指责《大自然的终极武器》这款新闻游戏，玩家只处于一个体验者或者旁观者的位置，没有控制游戏中虚拟世界命运的能力，游戏性尤为突出。

上述情况实际上是由过于重视游戏技术所导致的。游戏技术是智媒体时代的一种典型技术文化。在这种文化的影响下，内容不是用来"读"的，而是用来"体验"的，信息获取中的体验式文化正在形成。当新闻报道的内容借助游戏形成更为复杂的意义文本，玩家对文本的解读将会更为困难，这无疑会引发新闻游戏中的意义危机。要解决这一危机，就要回到传受双方的"共通的意义空间"上来，新闻游戏的制作者要坚守知识传播的良知，在对新闻文本进行编码时，应立足于玩家易于解读这一特定的"点"上，

---

① 郭庆光. 传播学教程［M］. 北京：中国人民大学出版社，2011：5.

而作为解码者的玩家也应该抱有对知识的敬畏之心，不沉迷于游戏的娱乐之中。为了更易于理解，新闻游戏的制作者在生产新闻时，除以游戏的形式出现外，还可以制作副文本，对新闻事件进行相应的介绍。

四、受众沉迷于"自我"陶醉而忽视"自己"的责任

"自我"一般是指人内在心理的体验，而"自己"则更多地体现为人的外在社会化行为。"自我"强调自己的选择，有明显的主动性，"自己"则强调社会控制。新闻游戏能让玩家沉浸于游戏这一虚拟的空间之中，拥有更多的选择权和主动权，充分感受自我的存在。需要指出的是，过度体验游戏会让玩家停留于娱乐的表层，难以深入到社会现实的框架之中，因而也就难以达到新闻传播的目的。这种将游戏的虚拟世界与现实空间相隔离的情况，会让玩家过度陶醉，产生认知层面的不协调，忽略了自己在现实世界中应该承担的社会责任。特别是当某些游戏本身就含有负面价值时更是如此，如《纽约时报》根据 Cabel Cain（一位 26 岁的大学生）在 YouTube 上浏览大量种族歧视、阴谋论和厌女论的视频后，被拉入一个极端保守主义的信息世界这一事件，制作了《制造 YouTube 激进分子》的游戏，让玩家可以通过图文并茂的形式了解这一情况。这更容易让玩家忽视了自己的社会责任。

新闻游戏让玩家沉迷于"自我"陶醉而忽视"自己"的责任的原因主要体现在两个方面：一是追求刺激，追求游戏的冲击感。特别是遇到那些反映社会现实但自己未在现实社会中体验过的题材，受众更易于沉迷于其中，强调虚拟空间中的"主我"而忽视了现实空间中的"客我"。二是现实、虚拟两个空间中的双重角色的扮演，会让玩家产生理解的偏差。众所周知，玩家可以随意扮演游戏中的角色，相关角色的衣着也可以随意选择。更有甚者，玩家还可以更改游戏的剧情。可以说，在虚拟空间中，玩家可以随心所欲地构建一个全新的自我。然而在现实空间中，人们的角色扮演必须符合人情、伦理，符合社会期待，因而不得不承担社会责任。在智媒体时代，这种双重角色随时切换，让玩家对新闻游戏的内容产生理解偏差。倘若在虚拟空间的体验中投入更多的情感，就会在现实空间中产生更多的移情，更容易将虚拟和现实混为一体。有鉴于此，新闻游戏中的游戏设计

应该引导玩家扮演负责任的角色，做到"主我"与"客我"的统一。

在新闻游戏开发方面，目前存在着以"自塑"为主、"他塑"缺失为特征的新闻游戏开发模式，这在某种程度上迎合了泛娱乐时代社会大众的心理。在这种情况下，大量符合玩家娱乐心理、增加社会控制难度、具有"负面效果"的新闻产品不断被开发出来。众所周知，新闻游戏处于新闻的范畴之中，它属于严格意义上的社会管制，是社会大众获取客观、真实信息的重要渠道。"自塑"在某种程度上忽略了社会控制，助长了"泛娱乐化"的风气，增加了社会控制的难度，从而极易引发"新闻危机"，对新闻业产生较为巨大的影响。如果新闻游戏制作者的理念存在偏差，很有可能会影响到社会的公序良俗，倘若被居心不良的人所利用，就会产生麻烦。新闻游戏习惯于在"自塑"中追求新闻游戏的娱乐性，而忽略了"他塑"下的时代需求的严肃性，这是新闻游戏容易出现的问题。由此可知，新闻游戏的娱乐性，会使新闻走向娱乐，日益模糊新闻与游戏的界线。以"自塑"为主导的新闻游戏在短期内具有很高的传播率，但从新闻专业主义的视角来看，以"自塑"为主导的新闻游戏会对新闻的本质形成巨大的挑战，甚至是一种亵渎。如《刺杀肯尼迪：重装》这款最早的纪录类新闻游戏，就是一款充满争议的游戏，里面的天气、车速、射击者使用的武器都是真实的，而玩家则是以杀手的身份进行开枪的，只要在合适的时间点上作出正确的选择，就可以得到最高的分数。从道德上来说，这款新闻游戏太过残酷，也存在不尊重遇难者的嫌疑，存在着诸多的负面影响。

在最初的设计阶段，新闻游戏的制作者往往会将某些看起来不算重要的因素排除掉，而这种过滤过程是不公开的。因此，制作者最终呈现的新闻游戏作品的真实性、可信度不能也无法得到第三方的认证。新闻游戏的游戏性质使得制作者有权在某些方面进行隐藏或修改，并不限于对新闻事实的编写，这就不可避免地存在负面影响。同时，与传统的单调、直线型的新闻报道相比，新闻游戏是利用游戏的"糖衣"来增加社会新闻的吸引力，这种"游戏化"的表现方式会使新闻本身所传达的观点变得模糊不清，从而使玩家对所有的新闻游戏内容都一概接受，一定程度上降低了他们的思考能力。不仅如此，在利用多媒体技术制作、按照既定程序运行和展示的新闻游戏中，制作者的思想和价值观会以更加精妙的方式隐匿于游戏的场景之中，对玩家产生潜移默化的影响。

五、"传播乐趣"成为主流而"传播痛苦"则被淡忘

斯蒂芬森认为："传播痛苦涉及下达工作与行动的命令，它旨在获取物质上的收益；比如发展教育、培养技能等都是一些艰辛的工作。传播痛苦常常是对于个体的自我存在的否定。"① 相反，"传播乐趣则涉及快乐，满足，平静，幸福等感受，艺术、戏剧、聊天、社交等都带有着传播乐趣的属性。传播乐趣常常是对于人自我存在的积极肯定"。② 但是，在目前的一些新闻游戏中，制作者只把能否给玩家带来"乐趣"这一指标作为衡量传播效果的依据，从而逐步淡忘了"痛苦"这个词。其实，传播痛苦是工作的一部分，也是新闻游戏产生传播效果的一种必要手段。传播痛苦主要与社会控制有关，如果新闻游戏的生产偏离了社会发展的轨道，它就在一定的生产模式下忘记了"传播痛苦"。而"传播痛苦"的存在是必要的，一些新闻游戏在这方面也取得了特定的成效。如以反法西斯战争胜利为题材的新闻游戏《大逃亡》，为玩家提供了丰富的场景选择，以此来提升玩家在游戏过程中的参与度。在这款新闻游戏中，制作者设计了"多人逃亡的存活概率要比独自逃亡高""没有十分把握的情况下千万别选择救人""以自己的生存为首要目标"等游戏关口，这些关口均反映了战争的残酷性与人性的泯灭，让玩家产生了反战情绪。

六、新闻游戏中隐含着新闻的客观性与受众认知的主观性的冲突

新闻的客观性与受众认知的主观性之间的冲突首先表现在游戏的制作和改动方面。为了保证新闻报道的真实性，在写作过程中，新闻工作者必须认真核实新闻稿件的真实性，确保稿件的时间、地点、人物、情节等方面准确无误。不过在把新闻变成游戏之后，为了让游戏的设计更加合理，制作者会做出一些相应的改动，但就是相应的改动却会对新闻的真实性产

---

① STEPHENSON W. The play theory of mass communication [M]. Chicago：The University of Chicago Press，1988：12.

② STEPHENSON W. The play theory of mass communication [M]. Chicago：The University of Chicago Press，1988：15.

生破坏。游戏是虚拟的，虽然会与现实世界有联系，但毕竟不是现实真实的空间，这种将新闻事件进行"游戏化"改编的做法，也会让玩家在一定程度上产生错觉。为了增强游戏情节的趣味性，新闻游戏在叙事时经常会打破事件原有的逻辑结构，在游戏过程中重新进行组织，以努力贴合"情节"本身。在这种情况下，玩家常常会受到外界环境和主观判断的双重影响，他们在选择和体验过程中所形成的情绪和观念也往往会偏离客观现实。此外，游戏制作的虚拟场景和音响效果也会降低新闻事件的真实感，从而影响玩家的判断。

新闻的客观性与受众认知的主观性之间的冲突，还表现在新闻的客观性与游戏的算法偏见之间的冲突。由于技术、文化的"偏向"不同，媒体的传播形式和表现形式也不尽相同。在媒体融合时代，新闻游戏是一种高度还原现实的新闻活动产品，它为使用者营造一种"超真实"的、具有象征意义的媒体环境。也就是说，新闻非完全的自由，它只是一个由"把关人"修改和修饰的过程。这种现象最直观地反映在新闻游戏的算法偏差方面。算法偏见是社会偏见的延伸，也是媒介偏见在人工智能时代的"升级版"。① 这种"偏见"是指大众传播媒介在传达信息时不能保持客观、公正的立场，在个人的观念驱动下，信息传播带有主观的态度，导致受众对事件的客观认识受到影响，进而导致新闻工作者和媒体的形象受到损害。从根本上说，新闻游戏就是一种数字化的新闻报道，但是它的制作过程却往往是由设计者根据其一贯的作风来推动的。而在新闻游戏的数据收集、处理和使用的过程中，更是凸显了游戏设计人员的个人价值：如何设定新闻游戏中的场景和人物，哪些地方可以进行人机互动，哪些地方则不能进行，这实际上展现了媒体在"议程设置"和"框架设置"方面的权力。例如在新闻游戏《急诊人生》中，急诊医生的设定只有男性而没有女性；在游戏《优步游戏》中，当遭遇乘客迟到的情况司机却只有打电话询问和继续等待的两种选项；在 *Bury Me, My Love* 游戏中，主人公的肤色只有白种人，而没有黄种人或黑种人的选择。类似的情况还很多，从客观的角度来看，新闻

游戏中的"算法偏差"本质上是对客观事物的一种隐含解构，而"数据黑箱"则是对新闻事实的一种"过滤"。

事实上，只有客观的新闻报道才能让受众捕捉到重要的信息。虚拟现实技术可以让 VR 新闻的用户获得一种临场感，但这是一种"在场感"，并不是真实的。科技的发展固然可以让用户在 VR 中感受到更多的"真实"，但是"真实"并不能与客观世界相媲美，它仅仅是一种媒体所制造的"拟态环境"。虚拟现实技术的特性，证实了"内爆"这一理论，即新技术所产生的"超真实感"，使不少用户很难区分"现实"与"虚拟"，也很难将"真实世界"与数码技术、媒体技术所创造的"拟态环境"区分开来，从而将虚拟的真实作为评判事物的标准。从新闻游戏生产和传播的角度来说，大众传播客观中立的程度将直接影响到玩家的判断。在大众传播媒体的新闻报道中，客观涉及政治、经济、文化等诸多因素，虚拟现实新闻也是如此。因此，新闻游戏的客观化，离不开大众传播媒体的专业素养，在它们制作新闻游戏产品的过程中，需要通过技术和监管的双重手段来保证新闻产品的立场是客观公正的，如向玩家公开新闻事件的信息来源，并尽可能地捕捉更全面的信息。同时，新闻的制作应按照新闻事件的原貌还原，接受公众、其他新闻媒体、行业组织和管理部门的监督和质询等。①

七、新闻游戏消解了新闻公信力

《2017 年中国网络媒体公信力调查报告》显示，网络媒体面临着可信度与严肃性缺失、内容真实性难辨、过度煽情等问题，用户普遍对网络媒体持不信任的态度，它们对网络媒体发展环境的满意度也不高。这与近年来一些负面网络新闻事件不断发酵，进而导致网络新闻的可信度大幅下降有关。此外，在后真相时代，情绪诉求对舆论的影响尤为强大，这也在某种程度上损害了网络媒体的可信度。周敏等认为："新闻与游戏的结合会带来新闻业权威性的危机，新闻游戏会损害新闻客观性，减弱新闻议题的严肃

---

① 郑雨雯，张慧雯. VR 新闻的沉浸模式及传播效果研究 [J]. 传播力研究，2018 (11)：55.

性"。① 这确实是存在的，一些新闻游戏的确在侵蚀着网络媒体的可信度。作为新闻报道中的一种新型的叙事方式，新闻游戏应该是新闻核心与游戏外壳的有机结合，是媒体客观与游戏艺术的全面融合。新闻游戏的出现，为新闻生产和传播模式提供了一个全新的思路，并为新闻业的发展提供了一个很好的参考路径。而在新闻游戏的生产和传播中，最重要的就是要掌握好"度"，适当地利用游戏要素，让新闻游戏更贴近新闻，这是必然要求。然而，新闻游戏对这个度的把握，却常常出现问题，致使新闻的公信力一再遭到削弱。主要体现在以下几个方面：

（一）对"美"的过度追求削弱了新闻的公信力

新闻游戏倾向于追求"美"的效果，这会消解新闻的公信力。众所周知，游戏工作室与新闻编辑室有着迥异的话语体系，对于游戏的设计者来说，好看、好玩是游戏产品评价的常用话语，也是游戏价值的终极追求，其中透露出鲜明的审美价值标准，"可视化内容的生产过程，也几乎完全不受新闻价值标准的约束，而是毋庸置疑地奉行着美学的标准"。② 因而在新闻游戏的具体生产和传播中，媒体的工作人员时常需要面对视觉美学上的挑战，他们可能偏向游戏的美感而忽视信息传递的客观性的要求，因而在审视新闻游戏的设计工作时，往往一句"不好看"，就把整部作品给抹杀掉了。从大众传播媒体的实际工作中可以看到，游戏已不只是新闻制作的辅助手段和外部手段，它的审美逻辑和情感逻辑已成为新闻制作的重要元素。从这个方面来说，新闻游戏它已具备了对抗传统新闻生产理念的话语权威，新闻的公信力也因此受到损害。

（二）个性推荐阻碍主流价值传播进而削弱了新闻的公信力

新闻游戏等技术以个性化、差异化的内容推送手段来达成精准传播的目的。这些技术基于对数字足迹、时空场景的深度研判和分析，精准识别玩家的偏好，并在庞大的数据库中寻找与玩家偏好高度相关的内容，从而

---

① 周敏，侯颖．新闻边界视角下的新闻游戏探究［J］．现代传播（中国传媒大学学报），2016（1）：162.

② 常江．蒙太奇、可视化与虚拟现实：新闻生产的视觉逻辑变迁［J］．新闻大学，2017（1）：57.

让信息推送能够精准落地。在这种情况下，拟态环境建构的主角从"媒体"滑向了"技术"。克莱·舍基在《未来是湿的》一书中提出："新媒体环境下任何人均可超越限制，基于正义、共同喜好、经历，利用社会性工具联结起来，一起分享、合作乃至展开集体行动。"① 群体互动由混沌走向秩序，形成无组织的组织力量，但同时也会陷入"控制辩证法"的泥沼。"控制辩证法"理论表明，当个体对媒介掌控力越强，反过来媒体对个体的控制力也会越强。对新闻游戏来说，用户使用越娴熟，越会被技术深层异化，从而陷入"媒介依赖"的陷阱。这主要体现在两个方面：一是当玩家过度沉溺于技术构建的拟态环境之中时，一味标榜"个性化"的媒体会将自己桎梏于"定制化"茧房中，个性化裹挟之下会引发信息茧房的危机，导致同质信息逐渐增加，玩家将会被困在自我塑造的兴趣偏好圈层中，在一定程度上阻碍了自己到达多元信息彼岸的步伐，使回音壁效应更为明显，这不利于玩家的全面化发展。二是个性化推荐将玩家个体的兴趣爱好进行强化处理，不断强化他们的固有思维，导致不同兴趣群体品位区隔的加剧，同一圈层的玩家具有强烈的归属感、认同感以及依附感，拒绝与其他圈层的玩家进行深度交流，各圈层呈现出明显排他性、高组织性与封闭性的特征，使社会主流观念的共识被消解，让社会群体的割裂和矛盾不断涌现。严重的话，还会引发情绪宣泄至上的舆论纷争。

由新闻游戏等技术所主导的个性化推荐，除了使信息茧房、过滤气泡等效应尤为突出外，也会加剧各方观点的分化速度，让话语的表达形态从"广场式的众声喧哗"到"客厅式的窃窃私语"，观点交锋愈演愈烈，十分不利于共识的达成。由此可知，在新闻游戏等技术的作用下，存在于网络空间中的临时意见"共同体"的意见表达，往往不是基于理性和事实。因而在这个临时"共同体"中，观点碰撞大于理念共识、情绪性批判多于建设性话语。毫无疑问，这会对主流价值理念形成冲击，并由此削弱了新闻的公信力。

---

① 克莱·舍基. 未来是湿的 [M]. 胡泳，沈满琳，译. 北京：中国人民大学出版社，2009：5.

（三）迭代新闻引发信任异化进而削弱了新闻的公信力

在新媒体时代，用户的媒介接近权得到了大大的满足，网络空间成了思想的集散地和舆论的放大器。"迭代新闻"这一概念就是在这种背景下被提出来的。所谓"迭代新闻"，是指以快速逼近新闻内容的方式进行报道，及时满足受众对相关信息的渴求。"迭代新闻"主要采取先发布部分事实，再不断补充事件细节的方式进行报道。因此，"迭代新闻"能够及时满足新闻的时效性、新奇性，但却无法保证新闻内容的真实性和客观性。由于当前的社会环境较为复杂，加之媒介技术不断迭代更新，使各种自媒体有了生长的土壤。自媒体的勃兴，打破了主流媒体在话语建构体系中的垄断地位，使主流媒体呈现出话语权旁落、权威性消解、公信力下降的态势。一些主流媒体不断被公众质疑和冷落，被迫沦为了议题建构的"失语者"，公众开始逐渐失去了对社会各种关系的信任，容易囿于个人的想象之中，以致极易被情绪所主导，进而陷入"信者恒信，不信者恒不信"的怪圈。

公众从对主流媒体的不信任到信任异化，与自媒体参与信息传播，以及虚假信息的泛滥密切相关，这需要利用相应的法律法规来予以处罚。虽然我国还没有出台成文的新闻法，但是处置虚假新闻依然是有法可依的。根据《中华人民共和国治安管理处罚法》第二十五条的规定："散布谣言，谎报险情、疫情、警情或者以其他方法故意扰乱公共秩序的处五日以上十日以下拘留，可以并处五百元以下罚款。"然而，即使在有法律监管的情况下，也仍然无法杜绝虚假信息的传播，反而呈现出愈演愈烈的趋势。这可能是因为，在社会转型期间，虚假信息回应了公众的关注点和内心痛点，而一些自媒体为了达到流量变现的目的，捏造出触及公众痛点的虚假信息。同时，这可能也与一些边缘人群以制造虚假新闻来强化自身的存在感相关。若主流媒体辟谣手段不佳，未能把握好时、度、效，将会陷入塔西佗陷阱之中。凡此种种，都会让信息甄别能力不强、媒介素养不足的公众陷入偏听偏信之中，难以对周围的社会环境建立起一堵信任的高墙，甚至会引发整个社会的信任崩塌。

在这种情况下，主流媒体需不断利用智能技术来进行事实核查，采取调查性报道的方式不断深挖、研判事件的发展过程和态势，让原本错综复杂的事态变得清晰严谨。面对当前新闻传播环境中大量存在模糊和杂糅的文本，致使真实源头成谜、失实信息呈现链条式的裂变和分化的情况，主流媒体需要积极利用真相调查的方式来对相关的信息进行有效的辨别和深度分析。在运用真相调查的方式时，要特别注意一种情况，那就是各媒体平台为了获取独家新闻而一味求快求新，不断去缩短事情发生和报道之间的时间差，因而经常忽略对信息的真实性进行把关和查证，导致大量未经立体化、全面化、多层次核查的信息被传播出来，使整体的新闻环境呈现出混杂化和扁平化的状况。

需要特别指出的是，无论媒体技术如何发展，坚守新闻的真实性仍然是新闻出版领域的核心要义。就像大家常说的那样，在一个充斥着"游离的能指"和"无规范感"的世界里，我们相信规范性原则在当代语境仍然被捍卫。坚持新闻真实性，在看似"无规范感"的世界里走出规范性的实践道路，是包含新闻游戏在内的所有新闻报道的特殊使命，这对重建社会信任有着极为巨大的价值。

（四）偏见性表达的无度反转削弱了新闻的公信力

今天，网络空间已成为新闻生产和传播的主要场域，其信息的内爆情况极为突出。在滚滚的信息洪流中，舆论评判呈现出情理倒序的非逻辑标准，热点话题不断催生受众的情绪化表达，舆论内容在不同利益的驱动和偏向的民意表达下以嘈杂化的态势存在，使非理性情绪逐渐泛滥和扩展，为新闻反转的滋生提供了庞大的空间。如2018年10月28日，一辆公交客车在重庆市万州区的长江二桥坠入江中，造成了车毁人亡的悲剧。事故发生不久，网上就爆料称，坠江事故是由当时同在桥上的一辆红色小轿车逆行造成的，这一消息被不少网络媒体转载，甚至有自媒体发布消息说，女司机在开车途中穿着高跟鞋。于是，网上对小轿车女司机的骂声此起彼伏，针对女性驾驶员的吐槽也蜂拥而至。然而，官方于11月2日公布的调查结果显示，公交车坠江的原因是车内一坐过站的乘客与司机之间的互殴行为导致车辆失控所致，而之前在网络上遭到谩骂的红色小轿车司机，其实属于该起交通事故中的受害方。

（五）情绪泛滥下的舆论失焦削弱了新闻的公信力

在社会转型期间，技术环境的变动尤为复杂，而人文空间的变化也较为剧烈。一旦发生热点事件，微博、微信等社交平台就成了公众发表意见的公共领域。但不少时候，这些社交平台也成了公众发泄情绪的空间，在别有用心的人的煽动下，公众的情绪裹挟着理性，被那些"感性的无知"所迷惑，他们对事件的表达由"个体对事实的争论"迁移到"群氓对情感的困斗"，导致舆论失焦的现象频频发生。

　　失焦原本是专业的摄影术语，后被延伸为舆论失焦，是指伴随着互联网的发展，信息文本呈现出多样化和繁杂化的样态，导致受众在庞杂的检索信息中对中心议题关注的耗散，造成对核心议题理解的偏移。一方面，舆论失焦的现象会对核心事件的聚焦造成影响，新闻的搭车效应明显增强，中心事件的相关议题也被逐一进行报道，虽引发了受众对相关事件的关注和重视，却分散了受众对中心议题的注意力，因而不利于核心事件的深入解决。例如在东航坠机事件中，自媒体因追求快速发布新闻而出现了罔顾真相的情况，就连坠机人数这种最为关键的信息都是错误的，引发了人们对坠机人数的争论和关注，导致新闻事件核心报道对象呈现出暂态化失焦的状况。另一方面，那些失焦的舆论事件在产消一体化的网络环境中被进行指数型传播和节点式分发，让失焦的舆论事件得以无间断传播，在短时间内形成事件的信息链和发展链，构建出新型的舆论景观，甚至会演化为群体性事件。由于公众比较关注各类热点事件，因而他们会通过网络平台大胆地发表意见，不少意见属于非理性表达，是在情绪的驱动下发表的，并非真正理性的"人民的声音"，这又导致了舆论景观呈现出情绪化、盲目性、混杂化的状况。在这种情况下，标签化和归类化演化成舆论的"兴奋点"，甚至可能会引发网络推手、人肉搜索、网络暴力等行为，而这些都会削弱新闻的公信力。

　　综上所述，在信息传播途径多元化的时代，信息呈现出由点到线、线到面、面到体进行去中心化、立体化的传播态势。数量庞大的网民成为网络空间中的新闻游牧者，他们以各种各样的目的在多平台进行自由涌动，呈现出"种子传播"式的多元表征，传播内容的随意性极强。因此，一旦虚假新闻得以传播和裂变，就会导致社会信任壁垒的崩塌和丧失。毫无疑问，这种偏向表达的无度反转，大大地削弱了新闻的公信力。

八、游戏的导向性与新闻的公共性相冲突

新闻专业主义观点认为："守护社会公共领域的构建是当务之急。"① 媒体要成为公众沟通表达自己、了解他人、了解社会事实的媒介，就要在"促进整体经济、政治、社会和文化决策过程中的平等和最大可能的参与"②这一层面下功夫。新闻游戏的首要目的在于模拟现实，它的角色是服务而不是引导，玩家是共享公共利益的公民，他们在新闻游戏所形成的公众空间中就相应的议题展开辩论，为公众领域提供各种各样的意见，因而新闻游戏的报道应该是守护公共领域，做到客观公正。但当前不少新闻游戏"试图使玩家从一定角度来考虑问题、指出问题，经常暗含某种解决办法，在修辞上也通过视听元素和可玩性进行交流。也就是说，制作者必须创作比政治卡通和社论能更好地表现编辑立场的游戏"。③ 如《逃跑人的日常》主创团队就添加了一个人物，即玩家需要将德国军人的两个孩子救出来，这就是人们常说的"在原本游戏设定的生存法则之上为游戏加入一些柔性的成分"，从而引导玩家产生"只有人性、感情以及对自由的不懈追求，才是最难能可贵的"的情感体验。而这种立场和论点鲜明的取向，与只提出问题供人们讨论的取向相比，往往会使相关的情感在玩家之间迅速蔓延，从而导致公众理性的退化，这显然会对公共领域的构建造成破坏。

当游戏的导向性与新闻的公共性发生冲突时，就会出现价值疏离的情况。也就是说，在这种情况下，新闻价值的坐标发生了漂移，不讲求客观真实，而是注重互动与体验。新闻游戏是一种诉诸情感的传播策略，与玩家产生共情是其重要驱动力。新闻游戏通过收集、储存、分析玩家的行为和情感数据，并通过富有趣味的修辞手法将这些数据呈现给社会大众，从而触发他们特殊的情感。而"这种情感沉浸状态是连接游戏领域与非游戏领域的纽带，能够将新闻文本带入仿真现实"。④ 沉浸理论常被用于解释游戏人的心理状态，其推崇的浸入感是指因为一种活动具有一定的挑战性，

① 吴飞. 新闻专业主义研究［M］. 北京：中国人民大学出版社，2009：66.
② 文森特·莫斯可. 传播政治经济学［M］. 胡正荣，等译. 北京：华夏出版社，2000：30.
③ 孙荟萃，邹迪. 新闻游戏发展状况与伦理困惑初探［J］. 西部学刊，2017（5）：49.
④ 刘研. 电子游戏的情感传播研究［D］. 杭州：浙江大学，2014：17.

可以让人完全沉迷于其中，忘记自己的存在和时间的状态。在"沉浸式体验"的背景下，新闻游戏的难度不能太高，否则让玩家失去成就感，进而让他们感到沮丧，并有可能因此不再接触新闻游戏。

游戏的导向性与新闻的公共性相冲突，还体现在算法黑箱冲击社会价值底线方面。13 世纪，知名哲学家拉蒙·柳利提出了"逻辑机"的设想。此后数百年间，人类对智能技术的追求就一直没有停止过。1955 年，美国科学家约翰·麦卡锡明确提出"人工智能"一词，人工智能技术慢慢走入人们的视野，尤其是阿尔法狗战胜李世石以后，人工智能技术更是引发了人们对"后人类"的想象。人工智能技术以算法技术为核心支撑。在新媒体时代，算法更是被应用到各行各业之中，并逐渐取得主体地位。在新闻游戏的制作中，算法也在选择议题和设置、舆论引导等方面发挥着举足轻重的作用。

克里斯托佛·斯坦纳在《算法帝国》中指出："在未来的发展中，我们将面临一个如何划定效用与威胁之间界限的任务。"① 算法技术也是如此，在今天，算法逻辑使社会发生了深刻的变化，也埋下了值得警惕和预防的隐患。由于算法本身具有难度和复杂性，因而其在设计原理、计算机制、运行管理等方面的公开性和透明性较低，导致其"黑箱"难以被有效监管，因而由算法主导的生产中存在着难以察觉的价值导向和安全风险。在传统媒体时代，媒体是作为显性的权力中心而存在的。伴随着新媒体技术的发展，集权式传播的格局变成了分权式传播，掌握核心算法技术的数据公司成了新型的权力中心，它们在通过智能中介满足受众信息需求的过程中进一步提升了自己对权力的垄断能力。众所周知，算法逻辑的背后是资本力量的运作和操纵，算法技术本身是不具备任何价值属性的，各权力中心通过特定的价值观形成暗含偏见的内容，并将它们推给用户，使用户难以抵抗从而陷入集体无意识之中，沦为了算法的奴隶，在各种"超真实"的空间中丧失了对新闻的判断力。

---

① 克里斯托弗·斯坦纳. 算法帝国 [M]. 李筱莹，译. 北京：人民邮电出版社，2014：28.

第二节　新闻游戏负面效应的规避措施

新闻游戏有着诸多的负面效应，这些效应对新闻游戏的发展形成了巨大的挑战。因而必须采用相应的措施来予以规避，相关的措施主要包括以下几个方面。

一、坚持以社会主义核心价值观为引领

包括新闻游戏在内的所有新闻报道模式，都必须以社会主义核心价值观为引领。新闻游戏的发展，需要找到虚拟叙述的理论基础，完善虚拟空间中新闻业的作业模式，构建全新的舆论引导阵地，为社会政治、经济、文化的发展营造良好的舆论环境。也就是说，新闻游戏要始终坚持马克思主义在意识形态领域的指导地位，坚定文化自信，坚持以社会主义核心价值观为引领，积极寻求与社会大众的互动模式，由此形成一个完整的对话机制，使新闻游戏成为一个全新的、能够在舆论引导方面发挥巨大作用的报道形式。

二、找到新闻专业主义与"游戏化"的平衡点

在尝试创新新闻的生产和传播方式的过程中，新闻工作者必须时刻牢记一点，即新闻的创作必须依赖于客观、真实的事实。新闻游戏与一般的游戏有很大的不同，它的核心任务在于报道新闻、传播信息和引导舆论。从这一点上来说，任何复杂的技术制造都无法抹杀新闻游戏的专业属性。倘若一味追求新闻的生产和传播模式而忽视了新闻专业主义的规训，就使新闻游戏失去了本质的东西。有鉴于此，在制作新闻游戏时，新闻工作者必须掌握好自己的尺度，找到新闻的专业性和游戏的娱乐性之间的平衡点。新闻游戏要保留新闻议题的严肃性和权威性，以及解释报道的思想性。需要特别指出的是，严肃性往往体现在态度的严谨等方面，因为议题的严肃

性并不是新闻的标配，不少严肃的话题也同样可以以用户易于接受的方式去表达。① 将虚拟现实融合进新闻游戏的报道，并使其"游戏化"的倾向得以恰当的遏制，达到在生动和有趣地报道新闻的同时保持新闻的权威性。也就是说，用"游戏化"的手段来报道新闻，需要让新闻"不至于堕入娱乐化的深渊"。②

新闻专业主义以追求公共利益为重要方向，这也是新闻游戏应该坚守的方向。新闻游戏之所以被大众所诟病，最主要的原因就是它的"游戏"属性太强，容易将它的"新闻"属性遮蔽起来。因而新闻游戏的发展必须把握好新闻和游戏的"度"。新闻和游戏，哪个更重要？很显然，新闻游戏的性质决定了新闻是最为重要的，而游戏只能是辅助新闻生产和传播的手段。在新闻游戏的发展中，需要游戏设计者与媒体工作者进行深入的交流与沟通，协同推进，以促进传媒产业与游戏业的深度整合。但必须强调的是，相比于游戏设计者，新闻工作者在新闻游戏发展中的作用更大，他们负责宏观调控和整体把握，负责科学地调整新闻与游戏的关系，使游戏的元素保持在一个合理的范围内。在新闻游戏中，新闻工作者除了要对游戏的"度"进行适当的控制之外，还应运用游戏语言特有的表达方式，呈现新闻游戏这一"融合性"产品的公共利益属性。具体可从以下方面来努力：

（一）建立新闻游戏的职业规范标准

标准化是实现工业化、规模化发展的必要条件。要想让新闻游戏成为主流报道方式，必须先建立起一套较为专业化的生产和传播体系。新闻游戏的专业化建设应从主体的建构、题材的筛选标准、模板化的程序设计等方面进行。

（二）大力培育新闻游戏的融合型人才

新闻游戏的设计人员是一种新型人才。随着社会大众对新闻游戏的关

---

① 孙振虎，李玉荻．"VR 新闻"的沉浸模式及未来发展趋势［J］．新闻与写作，2016（9）：32.

② 刘晓．新融合"施法"新故事"游戏 + 虚拟现实"成新闻业新趋势［N］．人民日报海外版，2015 – 10 – 09.

注度的提高，大众传播媒体和相关的游戏公司都急需这种具有融合技能的人才。新闻游戏的设计人员不仅要具备记者应有的专业知识，还要掌握游戏设计人员的技术操作水平，更要具有将新闻与游戏进行"融会贯通"的勇气与谋略。游戏与新闻的融合是未来新闻业发展的一个主要方向，培养跨领域的人才，将会为新闻游戏的发展提供源源不断的力量。目前，国外部分新闻传播学院已将游戏设计融入整个新闻传播的教学体系之中，并致力于培养多层次的信息传播与游戏设计人才。因此，我国也应该顺应潮流，积极在高等教育中开设新闻游戏课程。对于媒体机构来说，要积极将新闻、游戏行业的专业人员组织起来，通过培训、讲座等形式，为他们提供新闻报道、游戏设计等多方面的知识，不断提升他们制作新闻游戏的水平。通过这些方式，为我国培养出多学科交叉的新闻游戏人才。

三、创新新闻游戏传播的话语范式

新闻报道必须进行话语范式的创新。大众传播媒体要与时俱进，不断推出具有时代特色的新产品。新闻游戏在对新闻事件进行纪实性报道的同时，也能给玩家带来更多的个性化服务。因此，在报道中，新闻游戏应借助影视、游戏等叙事手段来吸引玩家的眼球，以此增加新闻的传播价值，为观众提供更多的知识。从根本上来说，要创新传播的话语范式，新闻游戏必须借力 VR 技术。据《中国 VR 用户行为研究报告》的数据，我国 VR 的潜在用户数量已经突破了 8 亿大关。将 VR 技术运用于新闻游戏之中，有三大优势：首先是提升传播效果，其次是打破时空的限制，最后是增强报道的客观性。如 2017 年的十九大报告，就有不少媒体运用 VR 的报道手法来创新新闻报道的传统范式。在《新京报》所开设的"喜迎十九大"这一专题报道中，《我家门前》是借助 VR 技术开展全景化报道的典型代表，这组报道结合了文字、音频、视频等报道要素，采用 360° 全景式技术，使用户能够全方位地感受北京的和谐宜居状态。同样，《广州日报》中央编辑部推出的十九大系列报告《新时代，你有一份来自未来的快递》，则利用 H5 技术，将十九大的内容以贴近民生的方式进行详尽的解读，这一份特殊的快递中包含了教育事业、社会保障以及脱贫扶贫等八个方面，点击相关栏目，就能够较为详细地了解到相关的主题。相较于传统的报道，特别是时政类的报道，新闻游戏的报道能够将以往的"硬文风"进行软化，有利于培养社会大众的政治情感，提高他们的政治参与热情。

四、破解"算法黑箱"

"黑箱"这个术语是由控制理论衍生出来的，它是指使用者只能了解输入和输出，却不能直接观察和了解其内部结构、工作原理以及具体的过程。在新媒介的数字化背景下，新闻游戏的算法透明性必须得到充分的体现。从本质上来说，算法的透明性要求公开新闻制作的过程。在今天，"透明度"这一概念已被视为新闻报道合法化的基础规范，其不仅可以对算法进行有价值的检查，还可以提高算法对道德、文化和认识论等的影响力。[①] 如《超级 H5 | 快来！搭乘"海南号"时空穿梭机重返 1988！》这款新闻游戏，就斩获了第 29 届中国新闻奖媒体融合新媒体创意互动类三等奖，该作品以文字、资料视频、动画等表达形式回溯了海南省在成为经济特区后的光辉发展历程，选取的时间节点和事件都极具典型性。同时，这款新闻游戏将取材、节点选择等要素都提供给玩家，较好地体现了新闻游戏透明度这一概念。

五、谨防新闻游戏的商业性导向

毫无疑问，新闻游戏不能作为一种获取利润的工具。新闻游戏可以让信息在最短的时间里抓住玩家的眼球，把玩家的关注变成网上的流量，从而达到"流量变现"的目标。但新闻游戏绝对不能以牺牲新闻的严肃和公共利益为代价。这就要求大众传播媒体坚持自己的权威性与专业性，不能让新闻游戏沦为追逐利润的工具。新闻游戏要在确保新闻事实、尊重新闻价值的前提下，采用程序化的叙述方式来报道新闻，并注重在报道中提升用户的沉浸式体验感，开辟新闻业发展的新路径。新闻游戏有趣的交互方

---

① 许向东，等. 智能传播中算法偏见的成因、影响与对策［J］. 国际新闻界，2020（10）：69.

式，提高了用户的参与热情，具有很高的市场价值。在媒体融合不断向纵深推进的今天，全球的媒体格局也会因此而改变，媒体与其他行业之间的交流和合作也会不断加深。新闻游戏这一新兴的报道方式告诉我们，在发展的过程中，新闻业面临着"边界模糊"和诸多"非新闻"因素的冲击，需要努力调整、协调各方因素，杜绝出现以商业性为导向的情况，力求保持自身的合法性与职业权威性。

六、把握"游戏性"沟通的规律

新闻游戏终究不同于一般的游戏，无论是借鉴游戏的特性和规则达到在传播方式上进行改良和创新的目的，抑或是通过新的修辞手段来吸引观众，新闻游戏的终极目标始终是更好地传递信息，传播价值观念，营造良好的舆论环境。如果为了吸引观众、为了赚钱而忽略了媒体的社会责任，就是一种本末倒置的做法，就会对新闻事业的健康发展造成巨大的影响。有鉴于此，大众传播媒体需要把握新闻游戏的"游戏性"沟通的规律，积极探索适合于游戏传播的主题，并在实践中弄清其规则，如《人民日报》的"家国梦"系列融媒体产品的报道就是如此。此外，大众传播媒体还应该从"游戏性"的客观现实出发，对"游戏性传播"的特征和规律进行深入的研究，并对"游戏"的"自愿性""非功利性"的特征进行思考，在新闻产品的生产和传播中加以应用。创新新闻游戏的传播思维，真正做到以玩家为中心，尊重和把握玩家的个性化需求，探索"游戏性"传播的规律，让更多新闻工作者转变观念，使新闻游戏的生产和传播有规律可循。

七、深度挖掘新闻游戏的正面价值

新闻游戏归根到底还是要讲新闻，① 新闻游戏的核心在于客观和真实。要克服新闻游戏所面对的各种困境，大众传播媒体需要在内容层面上寻求新闻与游戏的相似性。这就要求大众传播媒体坚持"内容为王"的目标。

---

① 张建中，李建飞. 重启新闻叙事：本土化新闻游戏创新与实践 [J]. 当代传播，2016
(6)：45.

唯其如此，新闻游戏才能得到快速的发展。新闻游戏的"内容为王"需要从以下方面进行努力。

（一）坚持真实性

真实是新闻的生命，对新闻游戏这一特殊的报道形式来说也是如此。在开发新闻游戏时，要注重新闻的简练性，力求以最短的程序语言来讲述新闻故事。新闻的真实性要求大众传播媒体必须保证报道中的每一个细节都源于事实。

（二）坚持中立性

"中立"要求即新闻报道不掺杂任何主观情绪，新闻媒体所提供的信息应尽可能地接近于现实。"中立"是指在叙述过程中，要把握"度"，追求"度"。新闻游戏的中立之处在于"新闻"和"游戏"的有机结合。在提及"新闻游戏"时，要使"新闻"的成分占主导地位，"游戏"的成分只是辅助。所以，在进行新闻游戏的实际操作时，大众传播媒体都要把握好"新闻"和"游戏"的比例，不能失调。

（三）坚持人文关怀

目前，新闻游戏受到人们的质疑的一个重要原因就是其过分解读敏感的主题，而缺少相应的人文关怀。因而作为"把关人"的媒体与玩家，在选择新闻主题和进行产品开发时，应坚持人文关怀，尽可能地避免在新闻报道中出现违反人道主义的事情。

（四）坚持故事的趣味性

故事性是新闻吸引人的核心所在。对于新闻游戏来说，要将源于现实社会中的素材进行有效的加工和整合，生产出极具故事性的新闻产品，让玩家在跌宕起伏的情节中感受新闻事件，由此提升新闻的传播效果。

（五）提升内容的生产质量

实事求是地说，制作一款新闻游戏的成本要远远高于一般的新闻稿，任何一家新闻媒体都希望自己的产品能被社会大众所接受，并在社会上得到广泛的传播。最近几年，新闻游戏在社会大众面前出现的频率越来越高，但社会大众对它们的关注度却没有那么高，主要原因在于大众传播媒体在内容挖掘方面的力量还比较欠缺，致使社会大众难以接触到高质量的内容。就目前来说，新闻游戏的制作还处在一种浅层次的设计阶段，主要原因在于新闻游戏的开发费用问题，尤其是"爆款"的新闻游戏的开发费用更是高得令人心疼。在如今的媒体环境下，不少媒体认为，在新闻游戏上投入过多的资金可能是得不偿失的，因而不愿意在新闻游戏上进行过多的投资。这就使新闻游戏的开发面临着较为尴尬的局面，一方面是社会对高质量的新闻游戏的需求，另一方面是不少大众传播媒体不愿意花那么高的成本来生产。要解决这一问题，需要做好以下准备：

第一，新闻游戏制作者应当在游戏开发中进行分工。在观念上，要树立新闻舆论导向的观念；从组织结构上看，要形成合理的组织布局，并建立起新闻的内容生产机制——以优质为主导。当前，大众传播媒体的内部人员组成、人才短缺和利益诉求等问题，是影响新闻游戏发展的主要因素。目前，国内的新闻游戏制作还处于初期阶段，相关人才的培训经费也显得比较紧张。但毫无疑问，未来是智能媒体的天下，每个媒体都应该扩大自己的版图，而不是进行单纯的内部变革。

第二，要有打持久战的心理准备。新闻游戏不能只是一种简单地说明事情来龙去脉的报道形式，而是要深入挖掘新闻事件的真相和它所意涵的意义，不要期望新闻游戏的开发是一蹴而就的事情。也就是说，新闻游戏的开发是一个较为漫长的过程，它需要讲述一个详细而充满缺位的故事，制作者必须了解事实、挖掘事实、组合事实，以将各种相关的社会认知整合起来。2013 年，《得梅因纪事报》推出了《丰收的变化》这款新闻游戏，就是媒体在内容上进行精心打造的佳作。这款新闻游戏的主要报道对象是四家位于美国中部艾奥瓦州的家庭农场。在对这四家农场历史的变迁与现状进行多层次的实地考察后才开始制作。而在新闻游戏制作出来以后，《得梅因纪事报》先把它交与当地的农民进行把关，并根据农民的反馈进行完善，然后再推向市场。《丰收的变化》共分为五个部分，立体地展现了各种因素给艾奥瓦州农场以及整个美国农业所带来的影响，引发了社会大众的持续关注。可以说，《丰收的变化》这款新闻游戏的开发者，在当地农民的指导下大大增强了新闻报道的交互性以及趣味性，因而在上线的当天就获得了巨大的点击量。

八、着力塑造品牌

自 2003 年被正式提出，"新闻游戏"至今已有了二十年的发展历程，但实事求是地说，新闻游戏至今仍只是新闻产品大家族中的"边缘角色"，未能进入主流，其根本原因是不少新闻媒体尚未将其纳入自身的发展策略，更缺少打造知名品牌的思考。在当今新媒体技术条件逐渐成熟的情况下，人们对新闻游戏已经形成了相对稳定的解读能力。因此，新闻游戏的制作者可以借用相关的传播理念，积极在日常的报道中推进新闻"游戏化"的实践，通过建立新闻选题化、专题化报道的创新报道方式，让新闻事实获得长期和持久的关注，逐步塑造新闻游戏的品牌，充分发挥其在互动式叙事上的优势，并凸显其在新闻报道中的地位。[①] 毫无疑问，新闻游戏今后发展的一个重要趋势就是塑造相应的品牌，并以此培养忠实的玩家群体。

对于新闻游戏没有自身品牌的问题，不少人都比较痛心。新闻游戏的品牌没有树立起来，除了新闻游戏自身所存在的伦理问题外，还存在不少原因，如新闻游戏并没有形成一种常态化的生产机制。在日常的新闻生产和传播活动中，新闻游戏仅仅作为一种辅助报道的手段，并没有落地，因而无法成为一种媒体的品牌或者商业模式。如今，随着信息技术的发展，信息传播的深度和广度也随之得以迅速拓展。可以说，技术的进步已经消解了大众传播媒体在第一手信息发布方面的优势，信息准入标准大幅度降低，媒体要想在信息发布方面重新获得以往的优势地位，就应该在新闻游戏的开发上形成长效化的机制。也就是说，大众传播媒体应该重视新闻游戏的品牌建设，在新闻游戏的内容品质、社区产品、服务产品、界面形式与用户体验等方面积极作为，达到"自身的优势最大化并以此来吸引更多的受众获得关注"[②] 的目标。众所周知，当新闻的品牌建设较为成功时，新闻对受众的黏度就会大大增加，使以往受众的地位不断稳固，使边缘受众

---

① 姚静. 新闻游戏：新媒体环境下的互动性新闻叙事模式 [J]. 传媒，2016（8）：72.

② 付波. 双重视野下的新闻游戏研究 [D]. 武汉：华中师范大学，2017：16.

变为核心受众，使潜在受众变为现实参与的受众。毫无疑问，这能为新闻游戏的市场开发奠定坚实的受众基础，而对于品牌的建设而言，需要创新品牌的观念，可以从注重新媒介运用以及打造产业生态格局等方面入手。①任何一款产品，都必须符合用户的要求才能有市场。新闻游戏的生产和传播也要按照市场的规律进行，要把相关的渠道整合起来，塑造自身的品牌，从而形成一个良性的产业生态。在智媒体广泛普及的今天，新闻游戏要利用好各类社交平台，实现新闻的裂变式传播。

其实新闻游戏的制作者也可以利用社交网络来构建虚拟的社群，以此不断提升玩家的黏性、不断提升自身的知名度。新闻游戏的制作者在打造自己的品牌的同时，也要注重培养玩家的忠诚度，和玩家建立稳固的联系，并将更多的活跃玩家培养成意见领袖。在这种情况下，新闻游戏的制作者就能够利用庞大的粉丝群体建立多层次的传播网络，并利用自己的平台优势来进行更广泛的传播。此外，品牌化的形成，也要从版权保护、平台赢利、广告方式创新等方面来推进。版权是新媒体时代最热门的话题之一，在各类社会化媒体的迅速发展下，网络游戏的侵权事件也越来越多。因此，新闻游戏的制作者必须大力维护自己的著作权，且不要去侵害其他人制作的新闻游戏的版权。

此外，新闻游戏的制作者还可以通过广告的形式来塑造品牌。在这方面，需要实现广告模式的创新，主要表现为：将产品或服务的音像符号化，使受众在玩的过程中对新闻游戏产品产生深刻的印象，从而达到市场推广的目的。广告植入是新闻游戏推销自己的一种主要方式，它可以在各种不同的游戏终端上呈现，也可以在各种场景下呈现，比如游戏首页、游戏界面以及游戏过程中的场景设定等。与此同时，广告商和新闻游戏的制作者之间也存在着互动关系。这种互动关系会让新闻游戏的制作出现两种情况：一是广告客户的特点和类型会对整个游戏的风格设计产生一定的影响；二是广告商也会资助新闻游戏的制作。如《华盛顿邮报》与聊天应用公司 Kik 展开合作，利用 Kik 设置交互游戏。这是广告植入新闻游戏的一个成功案例。

---

① 付波. 双重视野下的新闻游戏研究［D］. 武汉：华中师范大学，2017：16.

本章小结

　　新闻游戏具有诸多的社会价值，但也存在着不少的负面影响。新闻游戏的影响不只存在于新闻传播领域，也存在于文化等其他领域。在新闻游戏的生产中，大众传播媒体、游戏公司等要坚持新闻的客观性原则，不能让游戏夺得意义权而引发新闻游戏中的意义危机。因此，大众传播媒体、游戏公司要采取相应的措施，竭力规避新闻游戏的负面效应，推动新闻游戏的健康发展。

第十章
未来媒体视野下新闻游戏的走向

技术是新闻游戏发展的重要推动力，随着各种新兴传播技术的发展，大众传播媒介将迎来一个新的发展时期，进入所谓的未来媒体阶段。在未来媒体时期，新闻游戏也将迎来自己发展的新图景。

第一节　未来媒体概览

对于媒体下一步的发展，学者们已经开始为其画像，对其基本架构、所意涵的价值及发展趋势展开了研究。

一、未来媒体的内涵

未来媒体究竟是什么样的媒体？学者们从多方面为其进行画像，将其称为"浸媒体""智媒体"等，甚至有人认为它是一种科技公司。未来媒体的典型特征是"智能与共享""万物皆媒"，人类进入一个移动化、智能化的传播时代，万物互联和相互沉浸，很多人认为未来媒体时代是第三媒体时代，信息传播可以实现无边界共享，媒体的人性化特征尤为突出，其包含所有的媒介形式和文化形态，人们可以随心所欲地在现实和数字两个世界中穿梭，"精神"成为更为重要的存在方式。一句话，未来媒体是包罗万象的、是具有无限可能和无限发展潜能的媒介。

由此可知，未来媒体既是一种技术，也是一种艺术，不仅能够依靠先进的技术来传播信息，也能够在融入艺术思维、情感和创造力的过程中呈现各种精妙绝伦的艺术景观。因此，在媒介产品创作的开端，就需要将技术思维和艺术思维融合起来，以"技术＋艺术"为产品生产的逻辑起点，使之既凝结了技术，又彰显了艺术。在这种情况下，信息生产和传播不再一味地以技术为导向，媒介的人文精神、人文价值不再被弱化，媒体成了诸多媒体的融合体和包含众多人文属性的人格体。也就是说，未来媒体一定是融合性的媒体，而且这种融合是逐渐走向极致化的，技术与媒介、媒介与人都融合了。需要指出的是，在技术、媒体与人相互融合的过程中，人应该是主动性的，不能被技术异化，也不能失去主体间性，而要让融合后的媒体具有人格化特征，使之朝着更具人性化发展的方向迈进。

　　未来已来，未来媒体的工具性与人的主体性正在不断融合，一种充满人情味和主体性的媒介已经显现。媒介工具主要有两种类型，即生产工具和传播工具。自原始的传播工具如烽火、擂鼓等被发明开始，媒介工具就不断靠近人的各种属性，与人的距离越来越近、关系越来越紧密，而在第二媒体时代，移动互联、可穿戴设备等纷纷出现，推动了"全息媒体"的诞生，媒介工具与人的关系更为亲密，人与媒介之间的距离逐渐缩短并变为零，最终达到相互渗入，催生了后人类的诞生，各种人机结合的新物种也被不断演化出来。

二、未来媒体的架构

　　总的来说，未来媒体将是一种无边界的融合的媒体。不过，对人类来说，这种融合是不是可以全盘接收呢？答案应该是否定的，因为技术的可供性是双向的，它在为人类的相关行为提供特定的可能性的同时，也会让人类陷入某种困顿之中，产生诸多意想不到的破坏性。这其实在现阶段已经初露端倪，如各类社交媒体对个人隐私的侵犯；算法让用户被信息淹没，对信息的消费变得狭隘、麻木；VR让沉浸于其中的人无法从虚拟空间解脱，导致与现实空间的割裂；新兴技术让人和机器的融合度加深，现有的人机界限被突破，人的主体性遭遇各种威胁……诸如此类，应该引起人们的反思，并采取相应的行动，让人在万物互融的未来媒体时代保持着自身的主体性。可以说，任何一次媒介技术的革命，都牵涉到人的主体性被冲击的问题，无论媒介技术发生什么样的变革，人都应该是信息生产和传播的起点、焦点和最终的关怀。因此，在未来媒体时代，应该摒弃万物无边界融合的思维模式，不能让万物在融合的过程中出现零和博弈的情况，而应该将人置于中心的位置，万物边界的消融应该以为人服务为中心。有鉴于此，未来媒体的架构应该从以下几个方面进行思考：

（一）人与信息的有效对接

在未来媒体时期，人与信息的无边界融合必将成为常态，人能够徜徉在各种各样的信息之中。然而，人也会因为信息的超载而倍感困惑，自身的需求与信息的有效对接受到较大的影响，庞大的信息难以和精准的需求之间实现无缝连接，虽然大众传播媒体采用用户画像的手段来为社会大众智能化地推荐信息，但智能推荐所依托的信息筛选、过滤机制是以用户直接需求这一单一维度为基础的，没有充分考量与人关联的万物状况，甚至对与用户的潜在需求相关的各种信息都视而不见。在这种情况下，全方位对用户的需求进行研判，促进人与信息的有效对接成为亟须解决的问题。我们可以从两个方面入手：一是积极研发、使用各种各样的生物传感器，及时有效地探测和捕捉用户的身体变化情况乃至心理状况，以此更好地量化和跟踪用户，及时对接他们的信息需求。二是提升信息与场景的匹配能力。在未来媒体的消费中，场景更是无法抹去的要素，它将为用户的信息消费营造更具体验感的空间。在不同的场景之中，用户的信息需求和身心状态都会不一样。因而积极搭建不同类型的场景，以不同场景的高维数据来适配用户的信息需求，提升信息对接的有效性。

（二）人与自身的跨界融合

众所周知，媒介技术的发展也意味着人的身体被"截除"，技术越发展，人的某些"器官"越有被"清除"的危险。在虚拟技术的赋能下，人能够在赛博空间中建构自己的"虚拟身体"，人的精神和心灵逐渐具有离身的特性。因而有人担忧人的物质性、主体性会因为技术的影响而进一步丧失。大数据、5G、云计算、算法、人工智能等技术的应用，让用户能在更为广袤的宇宙之中认知事物，其感知边界得以无限制地拓展。如果用户真实身体依然离场，就会出现心灵、精神与身体"分居"的情况。众所周知，作为"在世存有"的肉身，其在各种意义的生产和维系之中具有不可替代的价值，而各类器官的共同作用，是意义生产和维系的基础。因而，诸如VR、AR等技术，能够为人类创造充满视、听、触的感觉空间，但却无法提供嗅觉和味觉空间，让处于赛博空间中的"虚拟身体"的感觉难以得到全息还原。在这种情况下，应该进一步提升人与自身的跨界融合的程度，如利用未来媒体技术开发数码味觉接口及气味扩散器，用数字方式模拟味觉、用超声波或者加热的方式扩散各种香味，借助这些方法打破嗅觉和味觉缺场的限制，让人能够在赛博空间中实现各种感官的互动，不断协调、平衡具身性信息，打破身心"二元分离"的局面，让"虚拟身体"获得物质空间的具身认知和体验模式。

（三）"人机共生"网络的编织

在技术的赋能下，智能机器或者被智能技术串联了的世间万物，都会成为信息生产、传播和消费世界中的重要主体，人和机器的界限将被突破。但就目前来说，人的主体性受到压制，技术成为优先选项，人和机器的主客体关系处于失衡状态，致使人机界限的突破处于表层。也就是说，对技术的普遍乐观，致使人们没有清醒地认识到技术本身具有的缺陷，不能做到扬长避短。面对这种情况，人应该重新审视媒介技术的角色，在客观认知媒体技术的基础上引入人本精神，不断提升人的主体性和批判性功能，以编织更有价值的实现人与机器和谐共生的关系网络。

三、未来媒体的价值

未来媒体最明显的特征是高度的智能化，而高度的智能化能够实现深度赋能。利用未来媒体，人类更容易在认识和改造世界的过程中提升自我效能。赋能是未来媒体对人类发展的重要手段，其价值是能够让人类建立起更为完善的信息生态系统。在未来媒体的赋能下，人与技术、内容与关系的融合将不断加深，人机共创价值成为信息生产和传播的重要理念。这主要体现在两个方面：

（一）改写媒体运作的内在流程和逻辑

在未来媒体时期，人们能够更为自由地选择内容，算法从海量的数据中筛选和推送人类所需信息，人的"数字化生存"与媒体的"计算化生存"共现共存。而随着人工智能技术的发展，人和机器的相处将会到达"临界点"，就是所谓的"奇点"。跨越这个点，人工智能就有可能超越人类，整个人类社会的文明就会发生翻天覆地的变化。在这种情况下，媒体将会出现人机合一、自我进化的情况，智能机器将会成为信息的生产、传播的主体，智能编辑成为核心引擎，人机协作成为媒体发展的主流方向，致使新闻生产和分发模式、内容获取的方式、新闻事实的核查手段都会发生巨大的变化。在这种情况下，人的主体性的迷失将会更为明显，因而需要反思未来媒体中的主体性，正如前文所说，需要注入更多的人文属性。

（二）让信息生产和传播更具安全性和道德性

信息生产和传播更安全和更道德，得益于未来媒体的人性化赋能。在人工智能时代，计算不仅是计算机的问题，也是与人类的生存和发展密切相关的问题。因此，未来媒体的赋能，不仅仅体现为让媒体的运作更高效、信息推送更精准，也将人的数字化生存和发展问题摆在了我们的面前。如算法的偏见、歧视会将人包裹在信息茧房里面，会让人在"幸福"中被奴役，会让人所拥有的资源出现不平等的情况，会使信息贫民的社会阶层被固化。可以说，赋能是双向的，算法偏见、传播伦理等问题不能以技术的方式来解决，必须回到人文世界之中，以人性化的赋能加以矫正，让信息的生产和传播更具安全性和道德性。因此，在未来媒体的赋能中，要考虑人的实际需求，不是以信息的到达为目标，而是要契合人的真实诉求。这也是学界对"混合智能"比较感兴趣的原因所在，它强调在提高算法在信息搜索、计算和分发能力的同时，也要提升其感知、推理和归纳信息的能力，在实现生物智能和机器智能的基础上，推进人机合作，使信息生产和传播能够感知、记忆人的需求，从而生产和发布具有人文情怀的信息，让信息的生产和传播更具安全性和道德性。

四、未来媒体的发展趋势

我们虽然能够大概看清未来媒体的基本架构，也能初步分析其在人类信息生产和传播中的价值。但实事求是地说，未来媒体究竟会怎么样，我们依然很难进行科学的预判。因此，不确定性依然是未来媒体的重要特征，这种不确定性是由未来的经济社会状况所决定的。但毫无疑问，在未来媒体的竞争中，夺取科技的制高点是关键，高科技推动未来媒体的高质量的发展依然是人类数字化生产、生活的主基调。在未来媒体的发展中，提升新基建能力、构建新平台和提供新供给、形成新组织、打造新业态，是亟须推进的项目。

第二节　未来媒体时期新闻游戏的发展趋势

在未来媒体时期，新闻游戏的发展将会更为迅速，其至少体现出以下三种趋势。

一、新闻游戏将会成为未来媒体的重要入口

未来媒体是一种充满体验感的媒体，人类将跨越较低层次的认知时代，进入较高的层次，即能够全方位体验、研判事物的时代。未来媒体不仅仅是一种技术，更是人类对数字化时代人机互动关系的一种想象，它既基于现实又超脱现实。在体验欲望的驱动下，新闻游戏这种带有天然娱乐性，又能够传播严肃信息的新闻样式，无疑会成为未来媒体的重要入口，成为未来媒体的关键性支撑。在内容交互与特殊场景相互作用的过程中，流量会不断增加和聚合。

二、数字技术始终是新闻游戏发展的底层性架构

未来媒体中的新闻游戏，将会在万物互连和互融的过程中走向更高层次、更为广阔的融合空间，各种要素将会更加紧密地联系在一起，深度沉浸成为核心诉求。而这需要相应的技术支撑，以实现高质量发展。毫无疑问，具有可融合、可延展以及可触达属性的数字技术，将会成为其发展的底层性框架——未来媒体时期的 VR、AR 以及各类可穿戴设备所构筑的前端平台，为新闻游戏的玩家提供了可融合的互动方式；人工智能、区块链

等新基建技术，为新闻游戏的发展提供了可延展的技术支撑；蕴含着丰富多彩的社会关系、社交活动的场景，为新闻游戏的内容生产提供了可触达的生活模式。

三、主体、内容、流程和呈现依然是新闻的主要叙事策略

不管媒体形态如何变化，信息生产和传播、新闻叙事等都始终是它们赖以生存的手段，它们依然离不开人、机器或者人机结合体等传播主体，离不开展示新闻故事的内容，离不开新闻的生产流程，离不开充满体验感的呈现形式。正因为如此，在未来媒体时期，新闻游戏的主要叙事策略依然是主体、内容、流程和呈现。其中，主体是多元化的，既包括媒体机构，也包括普通大众，还包括政府、企业、组织以及机器等；内容生产注重参与性，讲求生动和深度；流程以构建信息生产和消费的实时集成和反馈系统为目标，不断优化、再造生产、分发与对话机制；呈现形式是智能化、自由化和可供选择的。在这种情况下，未来媒体的新闻游戏将具有超强的信息和生活服务能力，人机协同成为潮流，而虚实结合成就其集成模式。

本章小结

随着信息传播技术的迅猛发展和广泛应用，人类的信息生产、传播与消费将进入未来媒体时期。未来媒体既是一种技术，也是一种艺术，它是一种充满智能性的媒体，其对经济社会发展的赋能性极强。未来媒体的基本架构主要体现在人与信息的有效对接、人与自身的跨界融合以及"人机共生"网络的编织等三个方面，而其价值也体现在改写媒体运作的内在流程和逻辑、让信息生产和传播更具安全性和道德性等两个方面。未来媒体时期的新闻游戏将会体现出三个显著的特征：一是新闻游戏将会成为未来媒体的重要入口；二是数字技术始终是新闻游戏发展的底层性架构；三是主体、内容、流程和呈现依然是新闻游戏的主要叙事策略，把握好这三个策略，将能更为有效地推动新闻游戏的发展。

参考文献

一、著作类

[1] 雅克·埃诺.电子游戏［M］.马彦华，译.成都：四川文艺出版社，2005.

[2] 伊恩·博格斯特.玩的就是规则［M］.周芳芳，译.北京：中信出版社，2018.

[3] 曾庆香.新闻叙事学［M］.北京：中国广播电视出版社，2005.

[4] 丹尼尔·米勒.脸书故事［M］.段采薏，丁依然，董晨宇，译.北京：北京大学出版社，2020.

[5] 约翰·斯道雷.文化理论与大众文化导论［M］.常红，译.北京：北京大学出版社，2013.

[6] 郭庆光.传播学教程［M］.北京：中国人民大学出版社，2011.

[7] 加达默尔.真理与方法［M］.洪汉鼎，译.上海：上海译文出版社，1999.

[8] 约翰·赫伊津哈.游戏的人：文化的游戏要素研究［M］，傅存民，译.北京：北京大学出版社，2014.

[9] 亨利·詹金斯.文本盗猎者：电视粉丝与参与式文化［M］.郑熙青，译.北京：北京大学出版社，2016.

[10] 吉姆·布拉斯科维奇，杰里米·拜伦森.虚拟现实：从阿凡达到永生［M］.辛江，译.北京：科学出版社，2015.

[11] 纪良纲.商业伦理学［M］.北京：中国人民大学出版，2011.

[12] 简·麦戈尼格尔.游戏改变世界：游戏化如何让现实变得更美好

［M］．阎佳，译．杭州：浙江人民出版社，2012.

［13］卡斯珀·约斯特．新闻学原理［M］．王海，译．北京：中国传媒大学出版社，2015.

［14］凯文·韦巴赫，丹·亨特．游戏化思维：改变未来商业的力量［M］．周奎，王晓丹，译．杭州：浙江人民出版社，2014.

［15］康德．纯粹理性批判［M］．郭大为，译．北京：人民出版社，2004.

［16］克莱·舍基．未来是湿的［M］．胡泳，沈满琳，译．北京：中国人民大学出版社，2009.

［17］克里斯托弗·斯坦纳．算法帝国［M］．李筱莹，译．北京：人民邮电出版社，2014.

［18］马克斯·韦伯．经济与社会［M］．林荣远，译．北京：商务印书馆，1997.

［19］莱文森．莱文森精粹［M］．何道宽，译．北京：中国人民大学出版社，2007.

［20］李沁．沉浸传播：第三媒介时代的传播范式［M］．北京：清华大学出版社，2013.

［21］罗伯特·洛根．理解新媒介：延伸麦克卢汉［M］．何道宽，译．上海：复旦大学出版社，2012.

［22］罗伯特·斯考伯，谢尔·伊斯雷尔．即将到来的场景时代［M］．赵乾坤，周宝耀，译．北京：北京联合出版公司，2014.

［23］马克思，恩格斯．马克思恩格斯全集：第1卷［M］．北京：人民出版社，1995.

［24］马歇尔·麦克卢汉．理解媒介：论人的延伸［M］．何道宽，译．南京：译林出版社，2011.

［25］迈克·费瑟斯通．消费文化与后现代主义［M］．刘精明，译．南京：译林出版社，2000.

［26］迈克尔·舒德森．新闻的力量［M］．刘艺娉，译．北京：华夏出版社，2011.

［27］马歇尔·麦克卢汉．理解媒介：论人的延伸［M］．何道宽，译．北

京：商务印书馆，2000.

[28] 梅洛·庞蒂．知觉现象学［M］．姜志辉，译．北京：商务印书馆，2001.

[29] 尼古拉·尼葛洛庞蒂．数字化生存［M］．胡泳，范海燕，译．海口：海南出版社，1997.

[30] 尼古拉斯·盖恩，戴维·比尔．新媒介：关键概念［M］．刘君，周竞男，译．上海：复旦大学出版社，2015.

[31] 倪梁康．胡塞尔现象学概念通释（修订版）［M］．北京：生活·读书·新知三联书店，2007.

[32] 彭兰．新媒体用户研究：节点化、媒介化、赛博格化的人［M］．北京：中国人民大学出版社，2020.

[33] 乔治·H.米德．心灵、自我与社会［M］．赵月瑟，译．上海：上海世纪出版社，2005.

[34] 让·波德里亚．象征交换与死亡［M］．车模山，译．南京：译林出版社，2006.

[35] 斯蒂芬·贝斯特，道格拉斯·科尔纳．后现代转向［M］．陈刚，译．南京：南京大学出版社，2002.

[36] 唐·伊德．技术与生活世界：从伊甸园到尘世［M］．韩连庆，译．北京：北京大学出版社，2012.

[37] 田秀云．伦理学概论［M］．北京：科学出版社，2009.

[38] 田中阳．传播学基础［M］．长沙：岳麓书社，2009.

[39] 童兵．马克思主义新闻观读本［M］．上海：复旦大学出版社，2016.

[40] 维克托·迈尔·舍恩伯格．大数据时代：生活、工作与思维的大变革［M］．周涛，译．杭州：浙江人民出版社，2012.

[41] 文森特·莫斯可．传播政治经济学［M］．胡正荣，等译．北京：华夏出版社，2000.

[42] 吴飞．新闻专业主义研究［M］．北京：中国人民大学出版社，2009.

[43] 吴声．场景革命：重构人与商业的连接［M］．北京：机械工业出版社，2015.

［44］赵毅衡. 符号学原理与推演［M］. 南京：南京大学出版社，2016.

［45］朱光潜. 西方美学史（下）［M］. 北京：人民文学出版社，1964.

［46］宗争. 游戏学：符号叙述学研究［M］. 成都：四川大学出版社，2014.

［47］BOGOST I. Persuasive games：the expressive power of videogames［M］. Cambridge，MA：The MIT Press，2007.

［48］BOGOST I，SIMON F，BOBBY S，et al. Newsgames：journalism at play［M］. Boston：The MIT Press，2018：52.

［49］MICHAEL H. Virtual realism［M］. New York：Oxford University Press，1998.

［50］NORMAN D A. The psychology of everyday things［M］. New York：Basic Books，1988.

［51］STEPHENSON W. The play theory of mass communication［M］. Chicago：The University of Chicago Press，1967.

二、论文类

［52］包昱涵. 新闻游戏的概念溯源、发展历程与前景展望［J］. 今传媒，2017（7）.

［53］曾庆香. 新媒体语境下的新闻叙事模式［J］. 新闻与传播研究，2014（11）.

［54］曾雄，梁正，张辉. 欧美算法治理实践的新发展与我国算法综合治理框架的构建［J］. 电子政务，2022（6）.

［55］常江. 蒙太奇、可视化与虚拟现实：新闻生产的视觉逻辑变迁［J］. 新闻大学，2017（1）.

［56］陈柯伶. 新闻的变身：从新新闻主义走向跨媒介新闻［J］. 新闻界，2018（5）.

［57］陈月. 动新闻的创新性与真实性分析［J］. 视听，2016（10）.

［58］董晨宇，段采薏. 反向自我呈现：分手者在社交媒体中的自我消除行为研究［J］. 新闻记者，2020（5）.

[59] 杜翼. 移动互联网时代下的网络编辑创新：以基于 Html5 新闻游戏为例 [J]. 新闻研究导刊, 2016 (4).

[60] 关萍萍. 电子游戏的多重互动性研究 [J]. 北京邮电大学学报（社会科学版）, 2011 (5).

[61] 郭洁. 算法新闻的空间视角研究 [J]. 青年记者, 2021 (14).

[62] 郭全中. 智媒体的特点及其构建 [J]. 新闻与写作, 2016 (3).

[63] 郭祎. VR + 新闻：虚拟现实技术对新闻报道的多重影响及前景探究 [J]. 西部广播电视, 2016 (14).

[64] 杭云, 苏宝华. 虚拟现实与沉浸式传播的形成 [J]. 现代传播（中国传媒大学学报）, 2007 (6).

[65] 贺建平. 仿真世界中的媒介权力：鲍德里亚传播思想解读 [J]. 西南政法大学学报, 2003 (6).

[66] 黄鸣奋. 数字化语境中的新闻游戏 [J], 重庆邮电大学学报（社会科学版）, 2014 (5).

[67] 黄雅兰, 罗雅琴. 可供性与认识论：数字新闻学的研究路径创新 [J]. 新闻界, 2021 (10).

[68] 霍均飞. VR 网络新闻纪录片《百万人大游行》的案例研究 [J]. 文艺生活·下旬刊, 2017 (3).

[69] 孔少华. 从 IMMERSION 到 FLOW EXPERIENCE：“沉浸式传播”的再认识 [J]. 首都师范大学学报（社会科学版）, 2019 (4).

[70] 李鲤. 超越表征：数字时代跨文化传播研究的新视野 [J]. 当代传播, 2020 (6).

[71] 李羽芹. 探究虚拟现实技术在新闻报道中的运用 [J]. 科技传播, 2020 (15).

[72] 林凌, 李昭熠. 个人信息保护双轨机制：欧盟《通用数据保护条例》的立法启示 [J]. 新闻大学, 2019 (12).

[73] 林凌, 贺小石. 人脸识别的法律规制路径 [J]. 法学杂志, 2020 (7).

[74] 刘美生. 全球定位系统及其应用综述（二）：GPS [J]. 中国测试技

术，2006（6）.

[75] 刘涛，杨烁燏. 融合新闻叙事：语言、结构与互动 [J]. 新闻与写作，2019（9）.

[76] 刘衍泽. 电子游戏艺术的交互性表达及其启示 [J]. 中国文艺评论，2021（4）.

[77] 潘亚楠. 新闻游戏：概念、动因与特征 [J]. 新闻记者，2016（9）.

[78] 潘忠党，刘于思. 以何为"新"？"新媒体"话语中的权力陷阱与研究者的理论自省：潘忠党教授访谈录 [J]. 新闻与传播评论，2017（1）.

[79] 彭兰. 场景：移动时代媒体的新要素 [J]. 新闻记者，2015（3）.

[80] 彭兰. 视频化生存：移动时代日常生活的媒介化 [J]. 中国编辑，2020（4）.

[81] 史安斌，钱晶晶. 从"客观新闻学"到"对话新闻学"：试论西方新闻理论演进的哲学与实践基础 [J]. 国际新闻界，2011（12）.

[82] 孙强. 媒介技术演进中的具身性情感研究 [J]. 新闻与传播评论，2021（4）.

[83] 孙少晶，陈昌凤，李世刚，等. "算法推荐与人工智能"的发展与挑战 [J]. 新闻大学，2019（6）.

[84] 孙振虎，李玉荻. "VR新闻"的沉浸模式及未来发展趋势 [J]. 新闻与写作，2016（9）.

[85] 王慧芳，陈栋. 数据新闻的主要特征分析 [J]. 传媒，2018（6）.

[86] 王建磊. 如何满足受众：日常化网络直播的技术与内容考察 [J]. 国际新闻界，2018（12）.

[87] 王昀. 新媒介研究拐点：人工智能时代传播学的现貌与反思 [J]. 编辑之友，2018（2）.

[88] 许向东，王冶溪. 智能传播中算法偏见的成因、影响与对策 [J]. 国际新闻界，2020（10）.

[89] 许燕，刘海贵. 具身体验：融合新闻的创新实践和理念更新 [J]. 西南民族大学学报（人文社科版），2019（12）.

［90］杨保军．论新媒介环境中新闻报道真实的实现［J］，编辑之友，2017（4）．

［91］姚静．新闻游戏：新媒体环境下的互动性新闻叙事模式［J］．传媒，2016（8）．

［92］余婷，陈实．人工智能在美国新闻业的应用及影响［J］．新闻记者，2018（4）．

［93］喻国明，焦建，张鑫．"平台型媒体"的缘起、理论与操作关键［J］．中国人民大学学报，2015（6）．

［94］喻国明，景琦．传播游戏理论：智能化媒体时代的主导性实践范式［J］．社会科学战线，2018（1）．

［95］喻国明，兰美娜，李玮．智能化：未来传播模式创新的核心逻辑：兼论"人工智能＋媒体"的基本运作范式［J］．新闻与写作，2017（3）．

［96］岳小玲．新闻游戏的存在价值与问题反思：以"Bury Me，My Love"为例［J］．传媒，2020（10）．

［97］张超．作为游戏的新闻：新闻游戏的复兴、意义与争议［J］．编辑之友，2017（3）．

［98］张建中，李建飞．重启新闻叙事：本土化新闻游戏创新与实践［J］．当代传播，2016（6）．

［99］张志安，吴涛．互联网与中国新闻业的重构：以结构、生产、公共性为维度的研究［J］．现代传播（中国传媒大学学报），2016（1）．

［100］郑雨雯，张慧雯．VR新闻的沉浸模式及传播效果研究［J］．传播力研究，2018（11）．

［101］周逵．作为传播的游戏：游戏研究的历史源流、理论路径与核心议题［J］．现代传播（中国传媒大学学报），2016（7）．

［102］周敏，侯颢．新闻边界视角下的新闻游戏探究［J］．现代传播（中国传媒大学学报），2016（1）．

［103］郭大伟等．新媒体技术与当下媒介传播的伦理困境研究［J］．新闻研究导刊，2016（8）．

［104］孙荟萃等. 新闻游戏发展状况与伦理困惑初探［J］. 西部学刊, 2017（5）.

［105］付波. 双重视野下的新闻游戏研究［D］. 武汉：华中师范大学, 2017.

［106］李静修. 全媒体视野下的受众审美心理研究［D］. 长春：吉林大学, 2013.

［107］刘研. 电子游戏的情感传播研究［D］. 杭州：浙江大学, 2014.

［108］庞媛媛. 游戏新闻叙事模式分析［D］. 呼和浩特：内蒙古大学, 2017.

［109］尚国强. 新媒介技术环境下中国电子游戏文化研究［D］. 长春：吉林大学, 2020.

［110］徐琳燕. 数字化时代的新闻游戏：现状、问题及出路［D］. 南京：南京师范大学, 2018.

［111］BOYD D. Facebook's privacy trainwreck：exposure, invasion, and social convergence［J］. Convergence, 2008（1）.

［112］BUCHER T. The friendship assemblage：investigating programmed sociality on Facebook［J］. Television & New Media, 2012：14（6）.

［113］CHUN G D S, YOO C Y, et al. Audience motivations for using interactive features：distinguishing use of different types of interactivity on an online newspaper［J］. Mass communication and society, 2008（4）.

［114］EVANS A. Stance and identity in Twitter hashtags［J］. Language & Internet, 2016（1）.

［115］EVANS S K, PEARCE K E, VITAK J, et al. Explicating affordances：a conceptual framework for understanding affordances in communication research［J］. Journal of computer mediated communication, 2017（1）.

［116］HUTCHBY I. Communicative affordances and participation frameworks in mediated interaction［J］. Journal of pragmatics, 2014.

［117］KINTSCH W, DENHERE G, ROSSI J P, et al. The role of knowledge in discourse comprehension：a construction-integration model［J］.

Psychological review, 1991 (1).

[118] LEVINSON P. Media evolution and rationality as checks on media determinism [J]. Studies in mass communication and technology. Norwood, NJ: Ablex, 1984.

[119] MAJCHRZAK A, Wagner C, Yates D, et al. The impact of shaping on knowledge reuse for organizational improvement with Wikis [J]. Mis quarterly, 2013 (3).

[120] REESE S D. The new geography of journalism research: levels and spaces [J]. Digital journalism, 2016 (7).

[121] SALEN K, ZIMMERMAN E. Rules of play: game design fundamentals [M]. Boston: The MIT Press, 2003.

[122] SWIERSTRA T, RIP A. Nano-ethics as NEST-ethics: patterns of moral argumentation about new and emerging science and technology [J]. Nanoethics, 2007 (1).

[123] DIJCK J V, POELL T. Understanding social media logic [J]. Media & Communication, 2013 (1).

[124] VITAK J, KIM J. You can't block people offline: examining how Facebook's affordances shape users' disclosure process. In: Proceedings of the 17th ACM conference on computer supported cooperative work and social computing, Baltimore [J]. ACM, 2014 (2).

[125] WILLEMS W. Beyond platform-centrism and digital universalism: the relational Affordances of mobile social media publics [J]. Information, communication & society, 2020 (5).

后　记

　　新闻游戏是一种新兴的新闻报道方式，具有沉浸性、想象性、角色扮演的移情化和故事情节的戏剧化、用户能够以第一人称视角感知新闻现场等诸多优势，对新媒体时代的新闻业的发展具有巨大的促进作用。然而，无论是学界还是业界，对新闻游戏的探讨并不多，散见于为数不多的论文和个别教材、专著的章节，鲜有对新闻游戏进行系统性阐述的作品。为了能够在一定程度上弥补这一缺憾，笔者尝试较为系统、全面地对新闻游戏展开研究。

　　游戏技术的迅猛发展和广泛普及，使新闻逐渐与游戏融合起来，催生了新闻游戏这一特殊的新闻形式，它既拥有新闻内容，又拥有游戏的叙事手法，使新闻的报道效果有了显著的提升。由此可知，新闻游戏是在网络游戏这一新兴传播科技的赋能下出现的，游戏技术是"新闻游戏"产生的重要杠杆。因而对新闻游戏进行探讨，可以将技术可供性作为切入点。基于此，笔者在对技术可供性的由来及其向新闻传播领域的延伸进行追溯的基础上，从生态可供性、场景可供性、程序可供性、叙事可供性、算法可供性、信息过滤可供性等方面入手，思考了各种可供性背景下新闻游戏的发展路径问题，并对新闻游戏的负面影响、未来媒体视野下新闻游戏的走向等问题展开了研究，为新闻游戏的发展寻找路径，并提供规避负面效应的策略。

　　在书稿撰写中，本人紧紧围绕"游戏技术为新闻业发展提供的可能性空间"这一主题来进行，力图勾勒新兴游戏技术支撑下新闻游戏的发展图景和走向。然而，在具体的撰写过程中，笔者却遇到了不少的困难——对于文科背景的我来说，"技术问题"确实是一道坎，将之与新闻生产和传播相结合就更为困难，因此在最初的研究中，我犹如进入一个歧路丛生的庞大迷宫，常常是左冲右突仍很难找到出口，加之英语阅读和翻译能力有限，常常在阅读外国原著的过程中碰到钉子，使我深感研究的艰辛。但由于新闻游戏是个较有价值的研究领域，因而我时时告诫自己必须坚持下去。

在长期的坚持和深入的思考中，我慢慢心有体会，慢慢领略到技术可供性与新闻游戏相结合的美妙之处，我在认真阅读技术赋能、社会学、媒介融合、智能新闻生产与传播等相关文献时，常常会有意外的收获，我的知识面也得以不断拓展，最终完成了《新闻游戏的发展进路研究：基于游戏技术可供性的视角》书稿的撰写。本书试图从技术可供性的角度，对"新闻游戏"进行一次全景式的、比较系统深入的考察、审视，希望为"新闻游戏"的发展提供参考意见，书稿作为一种出版的形式是完成了，但对书中所思的对象之"思"只能说是刚刚步入观景的大门，"新闻游戏"的研究是一个常新的、开放性的领域，需要大量的第一手资料和综合的理论能力方可驾驭，囿于学识和水平，书中肯定存在诸多疏漏与不当之处，欢迎读者批评指正。

本书的出版得到了湖南师范大学出版社的鼎力支持，在此表示衷心的感谢！同时，本书参阅、引用了若干文献数据，在此向所有被参阅、引用文献数据的作者们表示诚挚的感谢！

杨逐原

2024 年 3 月 18 日于花溪